新世纪法学教材

Human Rights Law

人权法学

龚向和 主编

北京大学出版社
PEKING UNIVERSITY PRESS

图书在版编目(CIP)数据

人权法学/龚向和主编. —北京：北京大学出版社，2019.1
新世纪法学教材
ISBN 978-7-301-30128-9

Ⅰ.①人… Ⅱ.①龚… Ⅲ.①人权—法的理论—教材 Ⅳ.①D90

中国版本图书馆 CIP 数据核字(2018)第 283701 号

书　　　名	人权法学 RENQUANFAXUE
著作责任者	龚向和　主编
责任编辑	朱　彦
标准书号	ISBN 978-7-301-30128-9
出版发行	北京大学出版社
地　　　址	北京市海淀区成府路 205 号　100871
网　　　址	http://www.pup.cn　新浪微博　@北京大学出版社
电子信箱	sdyy_2005@126.com
电　　　话	邮购部 010-62752015　发行部 010-62750672　编辑部 021-62071998
印　刷　者	河北滦县鑫华书刊印刷厂
经　销　者	新华书店
	787 毫米×1092 毫米　16 开本　17.75 印张　318 千字 2019 年 1 月第 1 版　2019 年 1 月第 1 次印刷
定　　　价	49.00 元

未经许可，不得以任何方式复制或抄袭本书之部分或全部内容。
版权所有，侵权必究
举报电话：010-62752024　电子信箱：fd@pup.pku.edu.cn
图书如有印装质量问题，请与出版部联系，电话：010-62756370

主 编 简 介

龚向和 男,1968年生,湖南邵阳人。1998年毕业于西北政法学院,获法学硕士学位;2002年毕业于武汉大学,获法学博士学位;2004年从中国社会科学院法学研究所博士后流动站出站,获法学博士后证书。2005—2006年作为教育部公派访问学者于瑞典隆德大学(Lund University)罗尔·瓦伦堡人权法与人道主义法研究所进行访学。曾任教于湖南师范大学法学院、湖南大学法学院,先后任讲师(2000)、副教授(2003)、教授(2006)。自2006年11月始,任教于东南大学,先后任人权法研究所所长、法学院副院长。曾任江苏省镇江市中级人民法院副院长(挂职)。入选教育部"新世纪优秀人才支持计划",被列入江苏省"六大人才高峰"高层次人才培养对象。2010年中国宪法学者文章总被引数排名第26位,2017年中国宪法学最有影响力学者排名第29位。

兼任江苏省法学会法理学与宪法学研究会副会长、江苏省人大常委会法工委备案审查专家、南京市人大常委会立法咨询专家、苏州市人民政府立法咨询专家、中国法学会宪法学研究会理事、中国人权研究会理事、江苏圣典律师事务所律师等。

作为负责人,主持国家社科基金项目两项、国家社科基金重大项目子课题两项,司法部重点项目、教育部人文社会科学研究规划基金项目、司法部一般项目、中国法学会项目等省部级以上科研项目十余项。在《中国法学》《法律科学》等期刊上发表学术论文八十余篇,其中CSSCI核心期刊论文五十余篇,被《新华文摘》、中国人民大学复印报刊资料、《高等学校文科学术文摘》以及《法学文摘》转载十余篇。出版个人专著《受教育权论》(2004)、《作为人权的社会权——社会权法律问题研究》(2007)、《社会权的可诉性及其程度研究》(2012),合著《模拟行政审判庭》(2003)、《人权法的若干理论问题》(2007)、《从民生改善到经济发展——社会权法律保障新视角研究》(2013)、《民生保障的国家义务研究》(2018)等,主编、参编教材十余部。获高等学校科学研究优秀成果奖(人文社会科学)、江苏省哲学社会科学优秀成果奖、中国法学家论坛征文优秀论文奖等七个奖项。

前　　言

享有充分的人权,是人类社会追求的伟大理想。第二次世界大战之后,随着联合国的建立以及国际人权法律制度的成熟,人权逐渐成为国际社会的主流话语,成为国际政治与法律论辩中的强音。任何国家要想获得良好的国际形象,成为一个负责任的国家,人权是不可逾越的底线。人权已经成为当今时代的主题之一。与此同时,为促进对人权的尊重和保障,联合国在许多重要的国际人权文书中确定了开展人权教育的原则与框架,并通过了具体实施人权教育的相关文件,如《联合国人权教育十年行动计划》(1995—2004年)、《国家人权教育行动计划准则》(1997年)、《世界人权教育方案》(2004年)等。国际层面人权话语的勃兴、人权教育文件的出台,促成了国家层面开展人权教育的积极行动。自20世纪80年代起,人权作为一门课程开始进入欧美大学的课程体系。到20世纪末,人权法在西方国家的大学中普遍开设,现已成为一门面向所有专业学生的热门课程。例如,美国哈佛大学采取多部门、多学科合作的方式进行人权教育,在2004—2005学年,开设了261门与人权有关的课程,给对人权问题感兴趣的学生提供了足够多的选择。[1] 又如,在英国,"人权法是一个很热门、很实际的专业,很多大学的法学院都提供人权法的硕士学位;如果学生愿意在该领域进一步研究,还可以获得博士学位。选择人权法作为主攻方向的人也很多,就在诺丁汉大学,每年注册攻读该专业的硕士和博士研究生就有五六十人,差不多占全部注册研究生人数的一半,而且其中有一大半的学生来自世界各地。"[2]

我国作为联合国安理会常任理事国、世界第二大经济体和第一大外汇储备国,是一个主动承担国际责任、勇于担当的负责任大国。享有充分的人权是我国人民和政府长期为之奋斗的目标。我国政府高度重视国际人权文书在促进和保护人权方面发挥的重要作用,已加入或批准包括《经济、社会、文化权利国际公约》在内的25项国际人权公约,并积极为批准《公民权利和政治权利国际公约》创造条件。

---

[1] 参见黎尔平:《哈佛大学的人权教育和研究》,载《人权》2005年第6期。
[2] 王云霞:《人权法教学在英国》,载《华东政法学院学报》2001年第4期。

2004年修正的《宪法》第33条明确规定"国家尊重和保障人权",开创了中国人权保障的新时代,"人权"这一伟大理想成为法律的基本价值和公民的基本权利,进而成为党和国家治国理政的基本理念和目标。2006年全国人大通过的《国民经济与社会发展第十一个五年规划纲要》提出"尊重和保障人权,促进人权事业全面发展"。2007年,党的十七大将"尊重和保障人权"写入《中国共产党章程》。2012年,党的十八大明确将"人权得到切实尊重和保障"作为全面建成小康社会的重要指标。为具体落实"国家尊重和保障人权"的宪法原则,自2009年开始,我国相继制定了三个国家层面的《国家人权行动计划》。这些具有里程碑意义的重大举措极大地推动了我国人权事业的稳健发展和人权教育的迅速展开,特别是高等院校的人权法教育。《国家人权行动计划》专门规定了"人权教育"的内容和要求,是我国高等院校开设人权法课程的直接依据和行动指南。《国家人权行动计划(2009—2010年)》"鼓励高等院校面向本科生开设人权公共选修课,面向法学专业本科生开设人权法课程";《国家人权行动计划(2012—2015年)》"鼓励高等院校开设人权公选课程和专业课程";《国家人权行动计划(2016—2020年)》"继续支持高校开展人权通识教育,进一步加强人权方面的学科和方向研究生的招生和培养"。

20世纪90年代末以来,我国大学的法律院系陆续开设各种形式和内容的人权法课程,至2006年底已有30所左右的高校开设了人权法课程。[①] 随着2009年以来《国家人权行动计划》的制定和实施,越来越多的高校开设人权法课程,人权法教育呈现蓬勃发展的态势,授课对象从最初的法学专业本科生、硕士生、博士生扩大到其他所有非法学专业学生,课程类型从法学专业课发展到全校非法学专业学生共享的公选课或通识课。当前,我国高校的人权法教育不仅是高等教育的组成部分,而且成为公民教育的重要途径。

与蓬勃发展的高校人权法教育相比,配套的高校人权法教材建设明显滞后。最初的人权法教学没有教材,由任课教师参照国际人权法和宪法的相关内容自行设计教学内容,以各具特色的人权法讲义授课。经过法学界的努力探索,我国人权法学教育家李步云先生向教育部申请编写人权法学规划教材。教育部于2002年6月批准了这一申请,第一次立项将人权法学作为高校规划教材即"十五"国家级规划教材。教育部第一部人权法学高校规划教材的立项、编写,在全国高校中激发了普遍开设人权法课程的热情,并进一步推动了法学界对人权法教材的研讨、编写工作。到目前为止,我国为满足高校人权法课程教学之需而出版的教材有十余部。

[①] 参见孙世彦:《我国大学法律院系中的人权法教学:现状、问题与思考》,载孙世彦主编:《中国大学的人权法教学——现状与展望》,科学出版社2009年版,第108页。

根据授课对象的不同,这些教材可以分为两种:一是作为法学专业本科生、研究生的专业课教材①,二是作为非法学专业学生的公选课或通识课教材②。从国际、国内人权保障的客观需要来看,我国高校人权法教育明显落后于人权保障实践的发展,而人权法教材建设滞后是重要原因之一。

我自 2002 年博士毕业后,有幸师从李步云先生从事人权法学研究和教学工作。作为湖南大学法治与人权研究中心主要成员,我尝试给法学专业本科生和研究生开设人权法课程的实践探索,并参与了李步云先生主编的我国第一部人权法国家级规划教材的论证、编写工作。2006 年来东南大学法学院工作后,我积极开展人权法的教学与研究工作。2007 年,东南大学全职引进了李步云先生,并成立了东南大学人权法研究所,组建了人权法教学与研究团队。此后,我们首先在法学院为本科生和研究生开设了人权法课程,然后相继在全校开设了通识课和研讨课,面向非法学专业学生开放,现已形成从法学专业本科生、硕士生、博士生到非法学专业本科生的人权法教学课程体系。2008 年,我参与了徐显明教授主编的我国第一部供研究生使用的人权法教材《人权法原理》的编写。十多年来,我虽然一直专注于人权法教学与研究工作,也参与了本科生和研究生的人权法教材编写,但是深感人权法教学的不易,特别是对教学内容选择的困惑始终没有消除。

人权法学体系一般由人权理论、人权制度和人权实施三大部分组成。人权法教材体系应该以人权法学体系为依据,遵循其逻辑结构关系,根据授课对象的不同,对内容进行相应的取舍并有所侧重。由于高校人权法课程的课时量限制(一般为 30 课时),法学专业和非法学专业学生的专业知识背景存在较大差异,因此编写人权法教材至少应考虑以下三个方面:一是体量大小,不宜太大,以 30 万字左右为宜。二是内容选择,应坚持人权理论—人权制度—人权实施的人权法教材体系,以人权具体制度为主,因为"不知人权、忽视人权或轻蔑人权是公众不幸和政府腐败的唯一根源"③。对于非法学专业学生来说,知道有哪些具体人权尤为重要,特别是要了解当前我国公民的重要人权。三是体例安排,宜通俗易懂、生动有趣,每章内容以案例、事例、历史事件等导入,从具体到抽象,最后列出课外材料,供有兴趣的

---

① 这类教材包括:李步云主编:《人权法学》,高等教育出版社 2005 年版;杨成铭主编:《人权法学》,中国方正出版社 2004 年版;尹奎杰:《人权法论》,吉林人民出版社 2005 年版;方立新、夏立安编著:《人权法导论》,浙江大学出版社 2007 年版;徐显明主编:《人权法原理》,中国政法大学出版社 2008 年版;杨春福主编:《人权法学》,科学出版社 2010 年版;林发新:《人权法论》,厦门大学出版社 2011 年版;张晓玲主编:《人权法学》,中共中央党校出版社 2014 年版;王广辉主编:《人权法学》,清华大学出版社 2015 年版。

② 这类教材包括:白桂梅主编:《人权法学》,北京大学出版社 2011 年版(2015 年修订);张永和主编:《人权之门》,广西师范大学出版社 2015 年版。

③ 1789 年法国《人权宣言》。

学生进一步学习。

基于以上情势,结合东南大学多年来人权法教学经验,我们编写了这本《人权法学》教材,供法学专业人权法专业课和非法学专业人权法公选课或通识课选用。全书共分九章:第一章介绍人权基本理论,包括人权的概念、人权的属性、人权的历史演变;第二章到第八章是具体人权制度,是本书的主体和重点,按照人权发展历史以及我国的人权观,选择了七项重要的人权,包括自由权、平等权、民主权、工作权、生存权、受教育权和特殊人权;第九章是人权保护机制,包括国内、联合国和区域性三个层面。

参与本书编写的均为多年来一直从事高校人权法教学与研究工作的教师,具体分工如下:

李步云,中国社会科学院法学研究所研究员,广东财经大学特聘教授、博士生导师,撰写第一章第一、二节;

龚向和,法学博士,东南大学法学院教授、博士生导师,东南大学人权法研究所所长,瑞典隆德大学(Lund University)罗尔·瓦伦堡人权法与人道主义法研究所访问学者,撰写第一章第三节与第三、六、七章;

陈道英,法学博士,东南大学法学院副教授,美国俄亥俄州立大学(The Ohio State University)访问学者,撰写第二章;

张雪莲,法学博士,东南大学法学院讲师,撰写第四、五章;

原新利,东南大学法学院博士研究生,兰州理工大学法学院副教授,澳大利亚拉筹伯大学(La Trobe University)访问学者,撰写第八章;

袁楚风,爱尔兰都柏林大学(UCD)与东南大学联合培养人权法方向法学博士,温州大学法政学院讲师,撰写第九章。

本书已被东南大学立项为校级规划教材,并获得东南大学法学院出版资助,在此表示感谢。在撰写过程中,受到知识与能力的限制,我们仍然发现一些问题尚未解决,恳请各位学界同仁不吝批评指正。

龚向和
2018 年 9 月于南京

目 录 | Contents

第一章　人权基本理论 ... 001
　第一节　人权的概念 ... 002
　　一、人权的主体 ... 003
　　二、人权的本原 ... 007
　　三、人权的内容 ... 022
　第二节　人权的属性 ... 024
　　一、人权的普遍性与特殊性 ... 024
　　二、人权的政治性与超政治性 ... 028
　第三节　人权的历史演变 ... 032
　　一、前近代人权：以正义为基础的人权观念 ... 032
　　二、近代人权：以自由为核心的第一代人权 ... 034
　　三、现代人权：以平等为核心的第二代人权 ... 036
　　四、当代人权：以博爱为核心的第三代人权 ... 038

第二章　自由权 ... 042
　第一节　人身自由 ... 044
　　一、人身自由的界定 ... 044
　　二、人身自由的保护 ... 046
　第二节　表达自由 ... 050
　　一、表达自由的界定 ... 050
　　二、言论自由的法律保护 ... 052

三、知情权的法律保护　　057

第三章　平等权　　065

第一节　平等权概述　　067
　　一、平等权的含义　　067
　　二、平等权的理论基础　　069
　　三、平等权的立法现状　　075

第二节　平等权的分类　　082
　　一、平等标准的变迁　　082
　　二、一般平等权与具体平等权　　083
　　三、形式平等权与实质平等权　　083
　　四、平等对待与平等结果　　085

第三节　平等权的价值与效力　　085
　　一、平等权的价值　　085
　　二、平等权的效力　　087

第四节　合理差别对待：以少数人与弱势群体的权利保护为例　　089
　　一、少数人的平等权问题　　089
　　二、弱势群体的平等权问题　　093

第四章　民主权　　098

第一节　民主权概述　　099
　　一、民主权的含义　　099
　　二、民主权的理论基础　　100
　　三、民主权的构成范围　　101

第二节　选举权　　102
　　一、选举权的含义　　102
　　二、选举权的基本原则　　104
　　三、选举程序　　110
　　四、选举权的保障　　114

第三节　全民公决权　　115
　　一、全民公决权的法律渊源　　115
　　二、全民公决的范围　　117
　　三、全民公决权的限制　　119

第四节　请愿权　120
　　一、请愿权概述　120
　　二、请愿权的属性　122
　　三、请愿权在我国发展的可能性　123
第五节　担任公职权　124
第六节　抵抗权　126

第五章　工作权　131
第一节　工作权概述　132
　　一、工作权的正当性　132
　　二、工作权的法律化　133
　　三、工作权的保护范围　135
第二节　就业自由权　136
　　一、就业自由权的含义　136
　　二、就业自由权的限制　138
第三节　就业保护权　140
　　一、就业保护制度　141
　　二、妇女的就业保护　142
第四节　免于失业保障权　143
第五节　由就业派生的权利　144
　　一、获得合理的工作和休息时间的权利　145
　　二、获得安全卫生的工作条件的权利　147
　　三、获得公平的劳动报酬的权利　147
第六节　工作平等权　149
　　一、禁止就业歧视　149
　　二、特殊就业保护　152

第六章　生存权　159
第一节　生存权概述　161
　　一、生存权的含义　161
　　二、生存权的性质与内容　162
　　三、生存权的保障标准　165
　　四、生存权的国家义务　168

第二节 社会保障权 —— 170
　　一、社会保障权概述 —— 170
　　二、社会保障权的发展历程 —— 174
　　三、社会保障权的主要内容 —— 175

第三节 适当生活水准权 —— 177
　　一、适当生活水准权概述 —— 178
　　二、食物权 —— 180
　　三、衣着权 —— 181
　　四、住房权 —— 182

第四节 健康权 —— 183
　　一、健康权的含义 —— 183
　　二、健康权的内容构成 —— 185
　　三、作为基本人权的健康权保障模式 —— 186

第七章 受教育权 —— 192
第一节 受教育权的概念 —— 193
　　一、受教育是权利而不是义务 —— 193
　　二、受教育权的主体是所有公民 —— 195
　　三、受教育权的义务相对人是国家 —— 195
　　四、受教育权的客体是国家的积极行为 —— 196
　　五、受教育权的内容体系 —— 197

第二节 学习机会权 —— 197
　　一、入学升学机会权 —— 198
　　二、受教育选择权 —— 200
　　三、学生身份权(学籍权) —— 201

第三节 学习条件权 —— 203
　　一、教育条件建设请求权 —— 203
　　二、教育条件利用权 —— 205
　　三、获得教育资助权 —— 206

第四节 学习成功权 —— 207
　　一、获得公正评价权 —— 207
　　二、获得学业证书学位证书权 —— 208

第八章　特殊人权 … 212

第一节　妇女权利保障 … 214
一、妇女权利保障的依据 … 214
二、妇女权利保障的主要内容 … 218

第二节　儿童、老年人权利保障 … 221
一、儿童权利保障的法理和规范依据 … 221
二、儿童权利保障的主要内容 … 224
三、老年人权利保障的基础和依据 … 224
四、老年人权利保障的主要内容 … 225

第三节　其他特殊主体的权利保障 … 227
一、残疾人权利保障的特殊性和规范依据 … 227
二、归侨、侨眷权益保护 … 232

第九章　人权保护机制 … 238

第一节　人权保护的第一层级：国内人权保护 … 239
一、国内人权保护：国家义务主体及国家义务 … 239
二、国内宪法、行政法与刑法人权保护机制 … 251
三、民商法、专利法等人权保护机制 … 252

第二节　人权保护的第二层级：联合国人权保护 … 254
一、联合国人权条约体系保护机制 … 255
二、基于《联合国宪章》的人权监督机制 … 256

第三节　人权保护的第三层级：区域性人权保护 … 258
一、欧洲人权保护机制 … 258
二、美洲人权保护机制 … 262
三、非洲人权保护机制 … 265

第一章 人权基本理论

➢ 学习目的

- 掌握人权的内涵,理解"天赋人权"与"法定权利""社会权利"的联系与区别。
- 掌握三代人权的基本内容。
- 理解人权的普遍性和特殊性、政治性和超政治性的关系。

➢ 知识要点

- 人权是人之为人所应该享有的权利。
- "天赋人权"强调人权与生俱来,与"自然法学派"关系密切;"法定权利"主张人的权利源自法律规定,所对应的只是人权的法律规范层面,忽视了人权的道德性、人性等内涵,因此是片面的;"社会权利"强调人权的社会性,具有其科学的一面,但是同样否认"人性尊严"等人权的基本内核,因此也是片面的。
- 人权的普遍性和特殊性各有自己的理论基础和根据,两者应当是统一的,只肯定或过分强调其中的一个方面是不正确的。
- 人权发展已有三代,第一代人权以自由为基本内核;第二代人权以平等为主要思想;第三代人权以博爱为主题,强调人权的连带性、集体性。

➢ 案例导入

【案例 1-1】 南京"悼念权"案

2008年2月,南京的王老太病逝,生前一直赡养她的侄子赵某某带着一帮亲戚到火葬场奔丧,竟吃惊地发现王老太的遗体已被其养女提前火化。大过年的,大家竟然奔了空丧。无奈之下,赵某某等人找来110民警。在民警的协调下,众人对着骨灰进行了追悼。赵某某等人异常气愤,将王老太的养女等人推上了被告席。8月18日,南京市秦淮区人民法院公开审理了这起南京首例讨要"悼念权"案。

【案例1-2】 北京"视觉心理卫生权"案

吕某家住北京丰台某小区3号楼。据他介绍,2000年9月,他家西北侧一大厦开工后,原本站在窗前就能看到的西山看不见了,阳光也照不进屋内。另外,这座大厦的许多阳台都可直视他家主卧室等处。因此,吕某认为开发商侵犯了他的眺望权、采光权、视觉卫生权,也使他的隐私权受到侵害。于是,吕某于2003年7月2日将开发商告上了法庭。

【案例1-3】 科索沃战争

1999年3月24日,北约以"制止南联盟政府压制科索沃,保护当地阿尔巴尼亚人的安全和人权"的名义对南斯拉夫实施了长达54天的空袭。时任美国总统克林顿和英国首相布莱尔宣称,这是"正义的战争","是捍卫人道的战争"。克林顿还宣称,美国今后要在世界各地推行"科索沃模式"。

【案例1-4】 伊拉克战争

2003年3月20日,美国和英国未经联合国授权,以萨达姆政权拥有大规模杀伤性武器以及实质性违反联合国第1441号决议为由,对伊拉克发动战争。时任美国总统小布什阐述战争目标时表示,使用武力是为了"把伊拉克人民从萨达姆政权的暴政下解放出来",企图将此与人道主义结合起来。结果,大规模杀伤性武器没有找到,战争也没有使伊拉克人民从人道主义灾难中解脱出来。中国国务院新闻办公室于2008年3月13日发表的《2007年美国的人权纪录》指出:"美军入侵伊拉克制造了当今世界最大的人权悲剧和人道主义灾难。据报道,自2003年美军入侵伊拉克以来,已经有66万人丧生,其中伊拉克平民占99%,平均每天死亡450人。"

第一节 人权的概念

当前,人权话语已成为社会生活中的主流话语,各类"人权"爆炸式增长,似乎有滥用人权之嫌,引起了社会各界的广泛争议。正如上述案例所示,人权意识也日益高涨,出现了一些新的权利诉讼,如亲吻权、悼念权、视觉卫生权、死刑犯的生育权、男女变性权等。那么,到底什么是人权?我们认为,人权是人依据其自身的本性所应当享有的权利。这个定义概括了"人权"这一概念的基本特征。它至少涉及如下三个方面的内容:一是人权的主体,即什么人可以享有人权;二是人权的本原,即人之所以应当享有人权,是基于人有本性,而不是任何外界的恩赐;三是人权的内容,也可称为"人权的客体",即人可以享有什么权利。

一、人权的主体

(一)个人

"人权"一词,在英语里为"human rights",其中"human"最基本的/首要的语义是"人的或关于人的"。这里的"人",主要是指单个的"人"。人权的主体,即人权的具体"享有者"和行使者,主要是指个人,即有生命的自然人。只要他(或她)是人,就是人权的主体,就应当享有人权。《世界人权宣言》第2条指出:"人人有资格享受本宣言所载的一切权利和自由,不分种族、肤色、性别、语言、宗教、政治或其他见解、国籍或社会出身、财产、出生或其他身份等任何区别。并且不得因一人所属的国家或领土的政治的、行政的或者国际的地位之不同而有所区别,无论该领土是独立领土、托管领土、非自治领土或者处于其他任何主权受限制的情况之下。"尽管人权的主体在实践中经过很大的发展变化,至现代已具有多元化趋势,但是"人人都应当享有人权,个人是人权的基本主体"这一理念是不变的。显然,这与自然权利理论和"人人平等"观念是密切联系在一起的。

在古代西方,自然权利说是"天赋人权"论的早期形态。换句话说,当时所谓的"人权"或朦胧的人权意识,指的就是"自然权利"。这种权利的主体,纯粹是个人。自然法学说最早产生于古希腊城邦国家的部落时期。在亚历山大建立起的庞大帝国中,人们不再生活在以往那种自给自足的经济社会中。斯多葛学派主张,应把伦理、政治、法律思想的研究重点从过去的国家至上,转移到个人、人性与人的幸福方面。该学说认为,人人都有共同的人性,人人都是上帝的儿子,因而彼此之间都是兄弟。古罗马的西塞罗及后来的塞涅卡等人继承与发展了自然法理论,其基本论点仍然是,每个人都享有某种程度的人格尊严,所有人都是平等的。他们所说的"自然权利"的享有者,都是指个人。

在近代西方,从荷兰的格劳秀斯到英国的霍布斯、洛克等,继承与发展了自然法学说。特别是洛克,使自然法理论更加系统与完善,倡导以人权反对神权、君权与特权,使人权成为资产阶级革命的主要武器。他们所说的自然权利的享有者,仍然是指个人。洛克对自然状态、自然法、自然权利的周密论证,成了美国《独立宣言》和法国《人权宣言》直接的、主要的思想渊源及理论基础。标志着近代人权产生的这两个文件所指的人权的享有者,也是个人。例如,《独立宣言》指出:"我们认为这些真理是不言而喻的:人人生而平等,他们都从造物主那里被赋予了某些不可转让的权利,其中包括生命权、自由权和追求幸福的权利。为了保障这些权利,所以才在人们中间成立政府。"《人权宣言》第 1 条和第 2 条分别指出:"在权利方面,人们生来是而且始终是自由平等的,只有在公共利益上面才显示出社会上的差别。""任何政治结合的目的,都在于保存人的自然的和不可动摇的权利。这些权利就是自由、财产、安全和反抗压迫。"

近代西方人权及与此相适应的人权观念,与资本主义社会重视个性解放、个人权利、个人自由有关。有人据此认为,以集体主义为基本价值取向的社会主义不应强调人权的主体主要是个人。强调个人权利必然导致个人主义,损害集体利益和公共利益。我们认为,这是不符合马克思主义基本立场与观念的。集体、社会、人类只能在普遍的个人之中存在。离开了个人,集体、社会、人类不过是一种空洞的、抽象的存在。正如马克思所说:"全部人类历史的第一个前提无疑是有生命的个人的存在。"[①]"人们的社会历史始终只是他们的个体发展的历史"[②]。这里所说的"个人""个体",是"有感觉的、有个性的、直接存在的人",是"从事实际活动的人",是"可以通过经验观察到的、在一定条件下进行的发展过程中的人"[③]。

"人权"与"公民权"或"公民的基本权利"不能混为一谈。在中国,曾有过混淆这两个不同概念的现象。例如,有的学者说:"什么是人权?简言之,人权就是人民的权利,或者叫公民的基本权利。在资本主义国家里,人权,一般是公民基本权利的通称,即公民的基本权利也可以叫作人权。"[④]以此为理由,他反对在中国讲人权,或认为没有必要在中国讲人权。这在逻辑上和事实上都是不能成立的。所谓公民,通常是指具有一个国家的国籍,根据该国宪法和法律,享有权利和承担义务的自然人。国籍的取得,要具有一定的条件。国籍也可以丧失,包括自愿丧失与非自愿丧失。所以,几乎世界上的任何一个国家都可能有非公民生活或工作在那里。居住在某一国家里的"外国人"应当享有他们所应当享有的人权,因灾害或战争而流落异国的难民也应当享有居住国或国际社会给予的救助以及相应的权利。世界上还有"无国籍人"生活或工作在某些国家,联合国专门为这些人制定了一些人权文书,以保障其权利,如《关于难民地位的公约》(1951 年)、《关于无国籍人地位的公约》(1954 年)、《减少无国籍状态公约》(1961 年)、《难民地位议定书》(1967 年)、《非居住国公民个人人权宣言》(1986 年)等。那种认为如果"人权就是公民权",那么这些人就与人权无关,就不应当享有人权的观点,显然是不正确的。

---

① 《马克思恩格斯选集》(第 1 卷),人民出版社 1995 年版,第 67 页。
② 《马克思恩格斯选集》(第 4 卷),人民出版社 1995 年版,第 532 页。
③ 《马克思恩格斯选集》(第 1 卷),人民出版社 1995 年版,第 73 页。
④ 乔伟:《论人权》,载《文史哲》1989 年第 6 期。

（二）社会群体

人权的主体主要指个人，同时也包括某些社会群体，这是"人"作为人权主体的延伸。这些群体包括妇女、儿童、残疾人、少数种族或民族、消费者、失业者，也包括犯罪嫌疑人及罪犯在内。这些社会群体权利的出现，在历史上有一个发展过程。在20世纪中后期，这些社会群体的权利逐步由国内进入国际，现已得到不少国际人权文书的认可，如《消除对妇女一切形式歧视公约》(1979年)、《儿童权利公约》(1989年)、《消除一切形式种族歧视公约》(1965年)、《关于促进就业和失业保护的公约》(1988年)、《囚犯待遇最低限度标准规则》(1955年)等。

在一国范围内，群体权利也可称为"集体人权"。有国际和国内学者否认上述群体权利是集体人权，认为它们与个人人权没有什么区别，仍应属于个人人权的范畴。我们认为，这种观点是不正确的。两者的区别主要表现在如下三个方面：一是群体人权与个人人权相比，在人权的主体和内容上都有不同。个人人权的主体是任何一个个人，而国内特殊群体权利的享有者是其中的某一部分人群（如妇女、儿童、少数民族等）；在内容上，后者不仅享有个人应享有的个人权利，而且享有自己作为特殊群体的一员应享有的特殊权利。二是特殊群体通常会通过法律从国家得到整体上的特殊权利保障。例如，我国对少数民族通过《民族区域自治法》在政治、经济、文化等各方面给予各种特殊权利；属于这些特殊群体的个人，也主要是通过国家对这类群体的特殊权利保障得到某些特殊利益。三是代表特殊群体利益的一些民间组织或半官方组织，如妇女组织、工会组织、残疾人组织等，可以在法律上代表该群体向国家提出一定的权利要求，或在政治上施加这方面的影响；某些特殊群体组织甚至可以为寻求权利救济而代表该群体诉诸法律。

上述特殊群体的一个共同特点是属于社会弱势群体的范畴，其权利保障的理论基础是正义理念与人道原则。尽管女性与男性在人口比例上相差无几，但是由于生理的、历史的、文化的（包括民族的、宗教的）种种原因，她们在一定时期是社会上的"弱者"。犯罪嫌疑人被指控后，人身自由受到限制。但是，这类人群不一定就实施过犯罪，由于其应有权利易受侵犯，因而应受到"无罪推定"原则及其他措施的特别保护。罪犯这一群体的情况更为特殊。尽管罪犯对社会有过种种危害，但是他们已经得到应有的惩罚。因此，在服刑期间，他们的应有权利仍须得到应有保障。随着人类物质文明、精神文明、制度文明的不断发展和进一步提高，社会特殊群体的权利保障将日益加强。

（三）民族、一国人民、全人类

与个人人权相对应的集体人权分为国内集体人权与国际集体人权两类。后者主要包括：人民自决权、自由处置天然财产和资源权、发展权、和平与安全权、环境权、食物权、人道主义援助权等。这类国际集体人权的主体有某些民族、一国人民以及全人类。民族自决权首先由《给予殖民地国家和人民独立宣言》（1960年）所确立，后经国际人权"两公约"（《经济、社会、文化权利国际公约》与《公民权利和政治权利国际公约》）的第1条共同予以肯定，使这项人权由没有强制约束力的宣言转变为由有强制约束力的公约所确立。这项人权是在20世纪60年代非殖民地运动中被提出来的。但是，在上述宣言与公约中，均未对"人民"和"民族"下定义，因此对这项权利的内容及其权利主体的理解一直存在分歧。关于这种分歧的争论在非殖民地运动结束后更为激烈。一些学者和国家认为，这项权利仅限于殖民地人民和被外国压迫的民族；另一些学者和国家则认为，权利持有者包括主权国家中的少数人或土著人团体。我们的解释倾向于前者。

一国人民作为国际集体人权的主体，主要反映在发展权中。《发展权利宣言》（1986年）序言规定："确认发展权利是一项不可剥夺的人权，发展机会均等是国家和组成国家的个人一项特有权利。""发展权利是一项不可剥夺的人权，由于这种权利，每个人和所有各国人民均有权参与、促进并享受经济、社会、文明和政治发展……"广义的发展权，是"各国人民"都应当享有的权利。狭义的发展权，是一种各国人民都有"发展机会均等"的权利，是发展中国家的一项"特有权利"。它是发展中国家提出并力主实现的权利，针对的是不合理的国际政治与经济旧秩序，后来逐步成为狭义发展权的具体内容，体现在诸如世界贸易组织的"普惠制"、减免穷国债务以及发达国家与国际组织对发展中国家的各种援助中。《发展权利宣言》序言中所说"国家"应理解为第1条中所说"各国人民"，因为"国家""政府"都不能成为人权的主体。就人权而言，"国家""政府"都是义务主体。所谓"国家""政府"的权利，那是另一个范畴的问题。

"全人类"或"各国人民"作为国际集体人权的主体，主要反映在环境权以及和平与安全权中。例如，《人类环境宣言》规定："人类有权在一种能够过尊严和福利的生活的环境中，享有自由、平等和充足的生活条件的基本权利……"《非洲人权和民族权宪章》规定："一切民族均有权享有一个有利于其发展的普遍良好的环境。"环境问题直接涉及全人类的共同利益，如大规模污染空气与海洋，其受害者是全人类。又如，《人民享有和平权利宣言》（1984年）指出："全球人民均享有和平的神圣权利。"在一些国家拥有核武器的当今时代，如果发生局部战争，甚至是引发全面战争，全人类的人身与财产等安全势必遭到严重损害。类似第二次世界大战（以下简称"二战"）给人类带来的灾难，绝不能再度发生，全世界人民的根本利益不容触犯。

全人类作为国际集体人权的主体,其范围最为广泛,包括各国政府、联合国系统的所有机构以及其他国际组织。

二、人权的本原

人权的本原,是指人权的根源,即人为什么应当享有人权,国家为什么应当保障人权。人权是人作为人所应当享有的,还是国家和法律所赋予的,又或是基于别的什么条件或原因所获得的?这关系到人应当享有人权的正当性,是必须予以认真探究和回答的关于人权的一个基本理论问题。

(一)西方学者的人权本原论

广义的人权在国家和法律出现之前就有了,而以自由、平等、人道为其重要内容与特征的狭义的人权则是在近代商品经济和民主政治出现后才有的。近代以来,西方的人权本原论存在三种基本观点,即"天赋人权"论、"法律权利"说与"社会权利"说。其中,"天赋人权"论始终占据着主导地位,影响极为广泛与深远,因此这里对其加以重点讨论。

1. 古代的"自然权利"说

"天赋人权"论源自西方两千多年前即已存在的"自然权利"说,有时人们甚至把它们看作一回事。最早,自然法学说诞生于古希腊城邦国家的没落时期。随着亚历山大建立起庞大的帝国,人们开始不再生活在自给自足的城邦国家里,要求重新认识世界和自己。斯多葛学派由此兴起。这一学派认为,人人都是上帝的儿子,因而彼此之间都是兄弟。人有共同的人性,这与自然规律是基本一致的。上帝有理性,因而人也有理性,理性就是自然法则,告诉人们必须做什么和回避什么。理性是到处适用的公正和正确的标准,它的各项原则是不可改变的,无论统治者还是居民都必须遵守,因而它就是上帝的法律。斯多葛学派认为,自然法具有更大的权威,是条例与习俗的准则。古罗马的西塞罗继承与发展了斯多葛主义。他提出,自然法先于国家和法律而存在,它有两个来源:上帝的旨意和人类的本性——理性,是永恒不变的。依据自然法,每个人都享有一定的尊严,所有人都是平等的。人们如果不尊重彼此的权利,社会就无法长期存在下去。自然法体现正义,任何与其相违背的法律都是不道德、不合理的。西塞罗的观念对罗马法有过很大的影响。古罗马衰落时代的塞涅卡对自然法思想引入宗教起过重要作用。他认为,每个人都是两个共和国的成员:在公民的国家里,他是一个居民;同时,他又因其人性而属于一切有理性的人所组成的更大的国家——它不是法律的和政治的,而是以道德与宗教为纽带。在这个国家里,所有人都是平等的,怜悯、同情、慈善、宽容、仁爱等人道主义精神有着崇高的地位。这些思想后来成了基督教伦理观念的中心内容。

2. 近代西方的"天赋人权"论

在近代,随着商品经济的发展和人文主义的兴起,自然法学说得到广泛的发展。荷兰学者格劳秀斯对此做出了重要贡献。他也认为自然法的渊源是上帝的旨意和人类的理性。但是,他开始将自然法引入对市民社会特性与原则的分析中,包括对个人财产的天赋权利与社会契约关系的论证。他说:"有约必践,有言必偿,有罪必罚等等,都是自然法。"他认为自然法的一系列原则是不证自明的公理,并由此推演出国内成文法和国际法的一系列原则。英国学者霍布斯是另一位著名的自然法倡导者。他的突出贡献是,开始抛弃笼罩在自然法之上的宗教的神秘面纱,力图将自然法学说建立在科学的推理和实证的基础上。他提出,在自然状态中,人人享有自然权利。但是,由于人的天性中存在猜疑、争夺等非理性的东西,人们又处于一种战争状态中,其生存与安全得不到保障。因此,自然法的第一条原则是寻求与信守和平;第二条原则是每个人都放弃自己的一部分自然权利而组成社会,以实现人类自我保护的目的,社会是契约的产物。由这一观点出发,霍布斯又引申出一系列自然法原则,如遵守信约、宽恕、平等、公道、公平分配、相互尊重等。他认为,自然法是理性的戒条,只在内心具有约束力,需要有成文法加以保护。成文法不应是主权者主观意志的产物,而应当源自理性,以自然法为其基础和准则。

英国学者洛克是近代自然法理论的集大成者,对后世影响极大。与霍布斯相反,他是性善论者。他认为,在自然状态下,人们的行为受自然法的支配。"人们在自然法的范围内,按照他们认为合适的办法,决定他们的行动和处理他们的财产和人身,而无须得到任何人的许可或听命于任何人的意志。"① 然而,他认为,这种自然状态也有很大的缺陷,主要是:没有成文法作为判断是非和处理利益冲突的明确而具体的标准;缺少一些有权执行成文法以处理各种争议与纠纷的裁决者;没有一种政治权威与力量,以保证执法者所作裁决的执行与遵守。这样,人们就同意通过订立契约的形式,建立政治社会,成立国家。国家的目的和宗旨是保障公民的生命、安全、自由、平等、财产和追求幸福的权利。这些权利不是来自外界的恩赐,而是公民应当享有的一种自然权利和天赋权利。人们在政治国家里所放弃的,只是权利不能无限制地行使,也不能自己去处理各种违法行为。如果政府制定严重违背自然法精神的法律,变成侵犯人民权利和压迫人民的工具,那么人民就有权推翻这个政府。洛克在《政府论》中对自然状态、自然法、自然权利十分严密的分析与论证,

---

① 〔英〕洛克:《政府论》(下篇),叶启芳、瞿菊农译,商务印书馆1964年版,第5页。

使自然法、自然权利思想的发展达到了高峰,并成为后来被写入一些具有里程碑意义的权利宣言和宪法的"天赋人权"观念的直接思想渊源。1774年10月14日北美第一届大陆会议通过的《权利宣言》就认为,"自古不变的自然法则"是殖民地获得自身权利的主要依据。1776年通过的美国《独立宣言》指出:"我们认为这些真理是不言而喻的:人人生而平等,他们都从造物主那里被赋予了某些不可转让的权利,其中包括生命权、自由权和追求幸福的权利。"1789年8月通过的法国《人权宣言》指出:"任何政治结合的目的,都在于保护人的自然的和不可动摇的人权。这些权利就是自由、财产、安全和反抗压迫。""为了保障这些权利,所以才在人们中间成立政府。而政府的正当权力,则系得自被统治者的同意,如有任何一种形式的政府变成损害这些目的的,那么人民就有权来改变或废除它。"

3. 近代中国学者的"天赋人权"论

"天赋人权"论是清末民初分别经由英美和日本两个渠道传入中国的。有意思的是,尽管当时中国的政治、经济、文化与西方有很大的区别,但是中国学者阐释"天赋人权"并非鹦鹉学舌,关于这一理论的一些论据之间是如此相同。例如,康有为说:"凡人皆天生。不论男女,人人皆有天与之体,即有自立之权,上隶于天,人尽平等,无形体之异也。"[①]康有为所说人的"自立"(即自由)与"平等"是一种"天权",并非是指人权为上天所赋予,而是指人应当生而平等、生而自由。梁启超说:"人权者,出于天授者也,故人人皆有自主权,人人皆平等。"[②]"人也,生而有平等之权,即生而当享自由之福,此天之所以与我,无贵贱一也。"[③]"自由者,天下之公理,人生之要具,无往而不适用者也。"[④]"自由者,权利之表征也。凡人所以为人者,有二大要件,一曰生命,二曰权利。二者缺一,时乃非人。故自由者,亦精神界之生命也。"梁启超所说"天授"当然不是指人权是上帝或神明所赐予的,而是指自由与平等是生命的一部分,是与生俱来的,乃是"公理"。[⑤] 陈独秀认为,人的平等与自由属于人格的范畴,应当为每个人所"固有"。他说:"社会之所向往,国家之所祈求,拥护个人之自由权利与幸福而已。"[⑥]"解放云者,脱离夫奴隶之羁绊,以完其自主、自由之人格之谓也。我有手足,自谋温饱;我有口舌,自陈好恶;我有心思,自崇所信;绝不

---

① 钱钟书主编:《康有为大同论二种》,三联书店(香港)1998年版,第188页。
② 梁启超:《国家思想变迁异同论》,载张枬、王忍之编:《辛亥革命前十年间时论选集》(第一卷·上册),三联书店1960年版,第30页。
③ 梁启超:《论学术之势力左右世界》,载《梁启超选集》,上海人民出版社1984年版,第271页。
④ 梁启超:《新民说》,载张枬、王忍之编:《辛亥革命前十年间时论选集》(第一卷·上册),三联书店1960年版,第136页。
⑤ 参见梁启超:《十种德性相反相成义》,载《梁启超选集》,上海人民出版社1984年版,第158页。
⑥ 陈独秀:《袁世凯复活》,载任建树等编:《陈独秀著作选》(第一卷),上海人民出版社1984年版,第240页。

认他人之越俎,亦不应主我而奴他人;盖自认为独立自主之人格以上,一切操行,一切权利,一切信仰,唯有听命各自固有之智能,断无盲从、隶属他人之理。""法律上之平等人权,伦理上之独立人格,学术上之破除迷信、思想自由","此三者为欧美文明进化之根本原因"。胡适着重从人的个性和人格角度看待这个问题。他说:"社会最大的罪恶莫过于摧折个人的个性,不使他自由发展。""社会国家没有自由独立的人格,如同酒里少了酒曲,面包里少了酵母,人身上少了脑筋;那种社会国家决没有改良进步的希望。"①李大钊从人的价值角度阐释这个问题,他说:"自由为人类生存必需之要求,无自由则无生存之价值。"②罗隆基则从满足人的需要和幸福角度解释人权的本原,他说:"人权,简单地说,就是一些做人的权,人权是做人的那些必要的条件。"③"说彻底些,人权的意义,完全以功用二字为根据。凡对于下列之点有必要功用的,都是做人的必要的条件,都是人权:(一)维持生命;(二)发展个性,培养人格;(三)达到人群最大多数的最大幸福的目的。"④

通过上述中国一些先进思想家有关人权本原问题的论断,我们大致可以用一句话加以概括:人权是人作为人所应当享有的权利,不是任何外界的恩赐;否认人权就是否认做人的权利,没有人权,就失去了做人的资格。这与西方"天赋人权"论所蕴含的各种道理是相通的。

4. 西方的"法律权利"说和"社会权利"说

在西方人权思想发展史上,与"天赋人权"论相对立的有"法律权利"说,或曰"法赋人权"论。代表人物有边沁、戴西、密尔等,在法学史上属法律规范主义这一流派。该学说强调人权不是生而有之的,而是法律赋予的;否认法律与人权的伦理性,认为伦理属于主观的范畴,每个人都有自己的伦理观,对其好坏、是非难以作出客观的、确切的判断;批评"天赋人权"论的"自然状态"具有虚构性,指出其"自然法"具有神秘性,因而是不科学的。边沁说:"权利是法律的产物;没有法律也就没有权利——不存在与法律相抗衡的权利,也不存在先于法律的权利。"⑤"权利是法之子,自然权利是无父之子。""在一个多少算得上文明的社会里,一个人所以能够拥有一切权利,他之所以能抱有各种期望来享受各种认为属于他的东西,其唯一的由来是法。"⑥在人权的本原这个意义上,这种理论是不正确的,但是也包含一定的

---

① 胡适:《易卜生主义》,载杨犁编:《胡适文萃》,作家出版社1991年版,第741—744页。
② 李大钊:《宪法与思想自由》,载《李大钊文集》(上),人民出版社1984年版,第210页。
③ 罗隆基:《论人权》,载《新月》1929年第2卷第5号。
④ 同上。
⑤ Cite from H. L. A. Hart, *Essays on Bentham*, Oxford University Press, 1981, p.82.
⑥ 转引自张文显:《当代西方法学思潮》,辽宁人民出版社1988年版,第357页。

合理因素。人权有三种存在形态,即应有权利、法律权利与实有权利。① 人权本来的含义是,一种依照人的本性及其人格和尊严所应当享有的权利。需要指出,我们之所以不用西方学者常用的"道德权利"这一术语,是因为"道德"属于主观的领域,而应有权利是人与人之间的一种社会关系,是社会生活中客观存在的现象。法律上的权利只是对人所应当享有的权利的一种认可。美国第一部宪法制定与通过之时,并未规定有关人权保障方面的内容,只是后来才有《权利法案》作为修正案予以补充。我们不能说美国人民在此之前不应当享有他们应当享有的人权。中国 1982 年《宪法》第一次规定公民的人格尊严不受侵犯,我们也不能说中国公民在此之前不应当享有人格尊严权。

宪法与法律是人制定的。立法者也可以不在法律中对公民权利保障作出规定,甚至还可以运用宪法与法律的形式与手段,剥夺公民所应当享有的权利。即使法律对人权保障作出明确规定,公民也不一定能够享受到;相反,即使法律对权利保障不作规定,公民也不一定一点权利都享受不到,因为人应当享有的各种权利在某种程度上和某些方面,能够得到其他社会组织的章程、乡规民约与习俗、宗教与文化传统观念的认可、支持与保护,这就是所谓的"实有权利"。同时,各种伦理道德观念和价值准则尽管具有相对性,但是具有理性的人类是完全可以认识和把握的。况且,伦理与其他价值标准在不同的人群那里既有特殊性,也有共同性,人们可以就此达成共识。人类的文明发展史充分证明了这一点。因此,主张在法学研究中将价值与道德性的东西排除出去,认为对人性、正义、理性这些东西人们无法把握与求得共识的观点是不正确的。这是在人权本原问题上"法律权利"说的根本错误所在。然而,在现代社会中,用法律的形式与手段将人应当享有的权利明确规定下来,是人权形态中一种具体的、明确的并最能得到实现的人权。在这个意义上,"法律权利"说包含某种合理的、积极的因素与成分在内。

另一种与"天赋人权"论相对立的观点是"社会权利"说。该说认为,人是一种"政治动物"②、"社会动物",不能脱离社会而独立存在;人们生活在各种社会关系之中,彼此之间存在着一种连带关系。因此,每个人的利益都有可能受到他人或社会组织的侵犯,每个人也都有可能去侵犯他人或各种社会组织的整体利益。这就需要法律予以调整,于是产生了人权问题。应当说,这些看法是正确的。但是,该说进而否定"天赋人权"论的合理内核,不承认人"生而平等""生而自由";不承认人权来源于"人的本性""人的人格与尊严"。这是根本错误的。其实,人权既有其历史

---

① 参见李步云:《论人权的三种存在形态》,载《法学研究》1991 年第 4 期。
② 〔古希腊〕亚里士多德:《政治学》,吴寿彭译,商务印书馆 1981 年版,第 7 页。

性、时空性,又有其超历史性、超时空性。有些人权如生命、安全、自由、平等是人生而有之的,而有些人权如选举权、罢工权是在一定历史条件下才产生的。正如卢梭所说:"人生而自由,但无往不在枷锁之中。"前者指的是人权的应然性,后者指的是人权的实然性。我们必须善于将应然与实然区别开来,同时又必须善于将两者统一起来。

西方流行的三种人权本原理论都有其合理的方面,也各有其局限性。相较而言,"天赋人权"论包括更多的科学成分在内,相当深刻地阐明了人权产生的内在根据,十分明确地指出人权存在的根本价值。因此,它始终处于主流地位,为越来越多的人民和政府所认可与接受,并被写进各种各样的国际人权文书。从《世界人权宣言》到国际人权"两公约",以及各种地区性人权公约,在人权本原问题上,它们所表达的无一不是"天赋人权"的理念。

但是,一些学者对"天赋人权"论采取了完全否定的态度,或者否定那些不该否定的合理的、科学的内容与成分。例如,有学者认为:"资产阶级人权理论把上帝、人性、理性作为权利的本源,并把权利看成是抽象的、永恒不变的、普遍适用的,抹杀了人权的历史性和阶级性,因而是唯心主义的和形而上学的。所谓天赋人权理论只是一种抽象的假说,只是在观念上和理论上进行论证,而没有科学的根据……"[①]"这种所谓的天赋人权论的实质是什么呢?它是否符合人的本质呢?马克思指出,人的本质在于他是一种社会存在物。"[②]"天赋人权"论的确有它片面的、不正确的地方,即否定了人的社会属性的一面,因而并不是完全科学的。但是,"天赋人权"论肯定了人的自然属性的一面,则是正确的,含有很大的科学成分在内。

(二)当代中国学者的若干观点

人权的本原也是不少中国学者深入思考的一个重要理论问题,他们提出了各种各样的见解。

1. "斗争得来"说

例如,有学者认为:"人民掌握了国家主权,才能获得人权,人权是经过革命、经过夺取政权争来的。"[③]这种看法在20世纪50年代以后的一些宪法学教科书中比较常见,即中国公民的基本权利是"斗争得来"的。这种看法当时比较流行,也与毛

---

① 孙国华主编:《人权:走向自由的标尺》,山东人民出版社1993年版,第220页。
② 同上。
③ 张光博:《关于宪法学涉及的几个理论问题》,载《人民之友》2000年第12期。

泽东讲过的一句话有关:"自由是人民争来的,不是什么人恩赐的。"①斗争与革命是人权实现的一种方式,与人权产生的根源是两个不同范畴的问题。在人权实现的各种方式中,斗争与革命是十分重要的,但是必须有一个前提,即人权应当属于你、属于我、属于他,否则人们通过斗争去获取不该属于他们的东西,那是既不合理又不合法的。

2."商赋人权"说

持这种看法的人认为,人权是资本主义商品经济的产物。20世纪80年代中期,这种观点在中国相当流行。在这些学者看来,"商赋人权"说是马克思主义的,是对抗"天赋人权"论的一种科学理论。的确,近代与现代意义上的人权,是与资本主义商品经济联系在一起的,资本主义商品经济是近代人权产生的经济基础。恩格斯指出,近代"大规模的贸易,特别是国际贸易,尤其是世界贸易,要求有自由的、在行动上不受限制的商品所有者,他们作为商品所有者是有平等权利的,他们根据对他们所有人来说都是平等的(至少在当地是平等的)权利进行交换。从手工业到工场手工业转变的前提是,要求有一定数量的自由工人……他们可以和厂主订立契约出租他们的劳动力,因而作为缔约的一方是和厂主权利平等的。""由于人们……生活在那些相互平等地交往并且处在差不多相同的资产阶级发展阶段的独立国家所组成的体系中",因而资产阶级反对封建等级和特权的要求,"就很自然地获得了普遍的、超出个别国家范围的性质,而自由和平等也很自然地被宣布为人权。"②因此,这种观点包含一定的合理因素。但是,从人权本原的角度看,它在总体上是不科学的。这是因为,狭义的即近代意义上的人权是近代资本主义经济与政治制度出现以后才有的,而广义的人权却与人类社会共始终。人权是人作为人依其本性所应当享有的权利。我们不能说在近代政治与经济出现以前,人不应当也绝不可能享有任何权利。事实上,朦胧的人权意识古已有之。如前文所述,自然权利思想在西方源远流长;在古老的中国,人权思想与精神所内含的人本主义思想与人文主义精神也是十分丰富的,如"仁者爱人""天地间,人为贵""民贵君轻""己所不欲,勿施于人""天下为公""天下一家""均贫富,等贵贱"等。从制度层面而言,不仅东西方封建专制主义国家所保护的臣民的生命、安全与财产属于广义的人权的范畴,而且在国家与成文法律出现之前的原始社会,氏族成员就已享有不少权利。例如,恩格斯曾引述摩尔根的发现,即北美印第安人的易洛魁氏族的权利与义务有:(1)选举和罢免酋长和酋帅的权利;(2)不在氏族内通婚的义务;(3)相互继承

---

① 《毛泽东选集》(一卷本),人民出版社1964年版,第1070页。
② 《马克思恩格斯选集》(第3卷),人民出版社1995年版,第446—447页。

已故氏族成员遗产的权利;(4)互相援助和代偿损害的义务,包括血族复仇的义务;(5)给氏族成员命名的权利;(6)参加宗教节日和宗教仪式的权利;(7)有共同的墓地;(8)有议事会,这是氏族一切成年男女享有平等表决权的民主集会。这些既是群体权利,也包含个人权利。"大家都是平等、自由的,包括妇女在内。"① 其次,"人权是资本主义商品经济的产物"的观点之所以不正确,是因为这种观点只看到了近代人权产生的经济条件这一点,而没有看到并否定了人权产生的内在根据,即它是人性的要求。

3. "国赋人权"说

有学者认为:"不是天赋人权,也不是商赋人权,而是国赋人权。"② 近代启蒙思想家几乎一致认为,人权是国家权力的基础和源泉,国家权力的目的和价值应当是保障人权。前者如,但丁说:"教会的根基就是基督……而帝国的基石则是人权。帝国不能做任何有违反人权的事。"③ 弥尔顿认为:"民权是一切君主权力的源泉。"④ "人民的权力高于国王的权力。"⑤ "国王只是为了人民才能成为国王,人民则不必为了国王才能成为人民。"⑥ 后者如,弥尔顿说:"人民的权利从自然秩序上来讲便是至高无上的。"⑦ "人们组成政体的目的是:'过安全和自由的生活,不受摧残和侵害'。"⑧ 洛克说:"政府的目的是为人民谋福利。"⑨ 霍尔巴赫说:"君主是人民的生命、财产和自由的捍卫者与保护者;只有在这个条件之下人民才同意服从。"⑩ 这些启蒙思想家讲的道理浅显,却深刻地阐明了国家与人权的关系。他们讲"君主""国王"应当如何如何,是一种对君主专制主义的批判,从而为民主共和制奠定了理论基础。"国家应保障人权"与"人权是国家所赋予的"完全是两回事。如果国家不能保障人作为人依其本性所应当享有的权利,那么国家的存在就失去了意义。如果国家权力真正掌握在人民手里,那么国家可以保障人权。如果国家权力掌握在独裁者、专制者手里,那么国家就不能保障人权。希特勒运用国家权力蹂躏德国人民和世界人民,就是明证。如果"国赋人权"说可以成立,那么国家不保障人权甚至剥夺或侵犯人权,就成了合理合法的事情,因为人权本来就不是人作为人所应当享有

---

① 《马克思恩格斯选集》(第4卷),人民出版社1995年版,第95页。
② 张光博:《关于宪法学涉及的几个理论问题》,载《人民之友》2000年第12期。
③ 〔意〕但丁:《论世界帝国》,朱虹译,商务印书馆1985年版,第75—76页。
④ 〔英〕弥尔顿:《为英国人民声辩》,何宁译,商务印书馆1982年版,第76页。
⑤ 同上书,第93页。
⑥ 同上书,第152页。
⑦ 同上书,第109页。
⑧ 同上书,第16页。
⑨ 〔英〕洛克:《政府论》(下篇),叶启芳、瞿菊农译,商务印书馆1964年版,第139页。
⑩ 〔法〕霍尔巴赫:《自然的体系》(上卷),管士滨译,商务印书馆1964年版,第291页。

的。既然人权"国赋",那么国家可以给人民以人权,也可以不给人民以人权。这显然是荒谬的。

4."生赋人权"说

这种观点也可称为"生产方式"说。持这种观点的人认为:"人权不是天赋的,而是社会历史的产物,是社会一定方式的产物,是社会一定经济关系在制度上、政治上和法律上的表现。马克思说:'权利永远不能超出社会的经济结构以及由经济结构所制约的社会的文化发展'。"[①]"也可以说,人权是社会一定生产方式或经济关系赋予的,可简称为'生赋人权'。"[②]这种看法肯定了存在"原始人权",人权并不是资本主义商品经济出现以后才有的。以生产、分配、交换、消费等为主要内容的社会经济结构在人类历史发展的不同阶段,对人权的不同状况有着重要影响。但是,这只是人权存在与发展的外在条件,而不是它的内在根据。人权的存在是一个由低级向高级发展的过程。除了生命、安全、自由、平等、财产、人格尊严、最低生活保障、追求幸福等是人生而有之的权利外,不少人权虽是在一定历史条件下形成的,但其内在根据仍是人的自然属性即人性。这里存在两种不同情况:一是有些人权并非人生而有之,如选举权、罢工权。没有一定的经济条件,就不会出现现代的民主代议制度,就不会出现选举权与被选举权。但是,选举权与被选举权存在的内在根据、合理性及其价值仍取决于人性,即人的天性、德性和理性。主张"朕即国家"的"主权在君"是不正义的,国家的一切权力属于人民,"主权在民"才是正义的。选举权与被选举权表现了人的意志自由,反映了公民与政府官员、公民与公民之间的利益关系,体现了人类的理性。只有当国家的大事由人民说了算的时候,人们才能更好地认识和改造这个世界。二是有些人权虽是人生而有之,但其具体内容随人类物质的、精神的、制度的文明的发展而不断扩大范围与丰富内容,如自由与平等。人身自由、思想自由应是与生俱来的,而言论、出版、结社、集会游行等自由则是历史地形成的。平等也是这样,男女平等、种族平等应是与生俱来的,而选举平等、法律平等这样一些方面的内容则是历史地形成的。人们对"自由是人的一种天性"比较容易理解,而对"平等也应当是人生而有之的"则需作更多的阐述。其实,对这一点,恩格斯已说得很明白。他指出:"一切人,作为人来说,都有某些共同点,在这些共同点所及的范围内,他们是平等的,这样的观念自然是非常古老的。但是现代的平等要求与此完全不同;这种平等要求更应当是从人的这种共同特性中,从人就他们是人而言的这种平等中引申出这样的要求:一切人,或至少是一个国家的一切公

---

① 叶立煊、李似珍:《人权论》,福建人民出版社1991年版,第255页。
② 同上书,第4页。

民,或一个社会的一切成员,都应当有平等的政治地位和社会地位。要从这种相对平等的原始观念中得出国家和社会中的平等权利的结论,要使这个结论甚至能够成为某种自然而然的、不言而喻的东西,必然要经过而且确实已经经过了几千年。"① 在这里,恩格斯明确肯定了平等源于人与人有"共同特性",而现代政治地位和社会地位的平等权利是其必然的"引申",今天已成为"不言而喻"的东西。

（三）人权源自人的本性

自 1991 年以来,经过一些学者的共同努力研究,中国多数学者已倾向于认同一种看法,即人权的本原,应从人的自身即人的本质中去寻找,它不可能是任何外界的恩赐。现在的主要分歧是,究竟什么是人的本质?一种观点认为,它包括社会属性与自然属性两个方面。另一种观点则认为,它仅是指社会属性,即人权仅来源于人的社会属性。②

1. 国际人权文书的观点

关于人权的本原,在各种主要的国际人权文书中,都有非常明确的规定,而且将之作为人权需要保障的主要理论根据及其正义性和正当性的根本来源。例如,《联合国宪章》(1945 年)指出:"对人类家庭所有成员的固有尊严及其平等的和不移的权利的承认,乃是世界自由、正义与和平的基础。"它肯定了人的尊严与平等是人类所"固有"的,并非外界恩赐。《世界人权宣言》(1948 年)指出:"人人生而自由,在尊严和权利上一律平等。他们富有理性和良心,并应以兄弟关系的精神相对待。"《公民权利和政治权利国际公约》和《经济、社会、文化权利国际公约》(1966 年)也明确指出,人的"权利是源于人身的固有尊严"。第二次世界人权会议于 1993 年 6 月 25 日通过的《维也纳宣言和行动纲领》（以下简称《维也纳宣言》）重申:"人权和基本自由是全人类与生俱来的权利";"一切人权都源于人与生俱来的尊严和价值"。同时,各种地区性人权公约也对"天赋人权"论持赞同态度。例如,《美洲人权公约附加议定书》(1988 年)指出:"人的基本权利并非源于某人是某国的国民,而是源于人类本性。"《非洲人权和民族权宪章》(1981 年)持完全相同的态度,指出:"基本人权源于人类本性,此乃国际保护的法律依据。"在这些规定中,使用了许多重要的概念,如"固有尊严""价值""理性""良心""平等",这些都可归纳为人类的"本性"。这些"与生俱来"的本性,都是指人的自然属性。这显然是受"天赋人权"论的影响,其缺陷是忽视了作为人权本原的人的社会属性这一面。中国是联合国成员国,一贯尊重与遵守《联合国宪章》和《世界人权宣言》的宗旨和原则,已加入《经济、社会、文

---

① 《马克思恩格斯选集》（第 3 卷），人民出版社 1995 年版，第 444 页。
② 参见孙国华主编：《人权：走向自由的标尺》，山东人民出版社 1993 年版，第 5、9—10 页。

化权利国际公约》和签署《公民权利和政治权利国际公约》,对它们所确立的人权本原的理念与原则,从没有也不会作出根本性保留,而只会通过深入研究以使其科学内涵更为丰富和完善。

人权源于人的本性,这种本性包括两个方面,即人的社会属性和人的自然属性。

2. 人的社会属性

所谓人的社会属性,是指人生活在各种人与人之间的社会关系中,人的利益与道德、思想与行为都不可能不受各种社会关系的性质与特点的影响和制约。这就是亚里士多德所说的,人是一种"社会动物""政治动物"。马克思主义也认为:"人是最名副其实的政治动物,不仅是一种合群的动物,而且是只有在社会中才能独立的动物。"[①]人权是一种社会关系,是人与人之间的利益关系与道德关系,是社会生活中受以正义为核心的一套伦理观念所支持与认可的一种人的利益分配、追求与享有。从人权的本原上看,人的社会属性对人权的意义有两点:第一,社会关系是人权存在的一个前提条件,如果是一个人生活在这个世界上,即人不是生活在人与人之间的社会关系中,就不会存在人权与人权问题。第二,人权、人权制度和人权思想都受一定历史时期的社会政治、经济、文化制度的影响与制约。人权的内容及其实际能够享有的程度,是伴随着人类的物质文明、制度文明与精神文明的日益发展而不断进步和提高的。

3. 人的自然属性

所谓人的自然属性,就是人们通常所说的"人性",包括天性、德性与理性三个基本要素。

(1) 天性

人类天性的第一个主要内容是生命。人的生命不受肆意剥夺,人身安全不受任意伤害;人的人身自由不受侵犯,思想自由不受禁锢;人的最低生活得到保障,有追求幸福的愿望。这些都是人类"与生俱来"的天性和本能。卢梭说:"人性的首要法则,就是要维护自身的生存。人性的首要关怀,就是对于其自身所应有的关怀。"[②]在他看来,这种生存欲念甚至是生于和重于理性和道德的。他说:"人最初的感情是对于自己的存在的感情;人最初的关怀是对于自己的生存的关怀。"[③]我们将生命权作为一项首要的人权,道理很简单,如果一个人失去了生命,也就失去了一

---

① 《马克思恩格斯选集》(第2卷),人民出版社1995年版,第2页。
② 〔法〕卢梭:《社会契约论》,何兆武译,商务印书馆1982年版,第5页。
③ 北京大学哲学系外国哲学史教研室编译:《十八世纪法国哲学》,商务印书馆1979年版,第154页。

切。其实,这是无须任何证明的。只要我们提出这样的问题:你想活吗?正常人都会回答:"我想。"如果某人说"不",那他一定是疯子或由于某种特殊原因而失去了生存欲望的人。空想社会主义者莫尔说:"世界上没有一样值钱的东西像我们的性命那样宝贵。"①

　　人类天性的第二个主要内容是福利。洛克说:"一切含灵之物,本性都有追求幸福的趋向。"②物质生活的需要是人的第一需求。这也是人们可以自觉地认识到的一个简单的道理。马克思正是从这一简单的道理出发,有了一个伟大的历史发现。恩格斯在《在马克思墓前的讲话》中指出,马克思一生有两个最重要的发现,一是唯物史观,二是剩余价值论。他说:"正像达尔文发现有机界的发展规律一样,马克思发现了人类历史的发展规律,即历来为繁芜丛杂的意识形态所掩盖着的一个简单事实:人们首先必须吃、喝、住、穿,然后才能从事政治、科学、艺术、宗教等等;所以,直接的物质的生活资料的生产,从而一个民族或一个时代的一定的经济发展阶段,便构成基础,人们的国家设施、法的观点、艺术以至宗教观念,就是从这个基础上发展起来的,因而,也必须由这个基础来解释,而不是像过去那样做得相反。"③我们从"人们首先必须吃、喝、住、穿"的人类天性和本能这样"一个简单事实"中,领悟到人的经济权利在整个人权体系中的基础性地位。

　　人类天性的第三个主要内容是自由。任何动物都不情愿有人把它关在笼子里,而是希望能在大自然里自由自在地活动。在这一点上,人与动物是没有什么区别的。但是,人是有思想、有理性的高级动物。人的思想自由是任何他人所无法干预与剥夺的。受思想自由支配的人的行为自由,仅仅受法律与道德的约束。说法律是限制自由,毋宁说它是保障自由。这种思想自由与行为自由,是人类的天性与本能;人的自由与自觉的活动,是人类认识与改造世界的力量源泉。空想社会主义者马布里说:"自然界赋予我们的理性,自然界在我们初生时给予我们的自由,以及自然界在我们心中播下的不可遏止的追求幸福的愿望,是每个人有权反对统治我们的不公正政府的侵犯的三种本能。"④他还说,自由对于人类来说,"它的重要性与理性相等,它甚至与理性不可分离。自然界赋予我们以思考和判断的能力,而如果没有自由,我们就不能利用自己的理性。"⑤有人认为,马克思主义重视平等,忽视自由。这是一种误解。马克思和恩格斯所处的时代是一个"无产阶级革命时代",其

---

① 〔英〕托马斯·莫尔:《乌托邦》,戴镏龄译,商务印书馆1959年版,第40页。
② 〔英〕洛克:《人类理解论》,关文运译,商务印书馆1959年版,第236页。
③ 《马克思恩格斯选集》(第3卷),人民出版社1995年版,第776页。
④ 北京大学哲学系外国哲学史教研室编译:《马布利选集》,商务印书馆1981年版,第113页。
⑤ 北京大学哲学系外国哲学史教研室编译:《十八世纪法国哲学》,商务印书馆1979年版,第771页。

中心任务是反对资本的剥削与压迫。因此,这两位马克思主义创始人在人权的本原问题上,只强调人的社会属性,强调人权的阶级性和历史性,而忽视了人的自然属性的一面。他们虽然集中力量抨击资本主义的人权制度及与其相适应的人权观的"虚伪性"和局限性,但是十分重视自由的价值。他们认为,在共产主义制度下,社会"不再有任何阶级差别,不再有任何对个人生活资料的忧虑,并且第一次能够谈到真正的人的自由,谈到那种同已被认识的自然规律和谐一致的生活"①。"这是人类从必然王国进入自由王国的飞跃。"②这时,"人终于成为自己的社会结合的主人,从而也就成为自然界的主人,成为自己本身的主人——自由的人"③。

(2) 德性

人性的第二个基本要素是德性,其主要内容有平等、博爱、正义。人是一种有伦理道德并对其无限追求的高级动物,这是人区别于一般动物的一个根本点。人生性就有"仁爱心""同情心""怜悯心""恻隐心",并在人与人之间相互依存、相互影响的关系和交往中逐渐养成以平等、博爱、正义为核心的一套伦理道德观念。当我们说人权的本来含义是一种"应有权利"时,它就已经包含道德的意蕴。当我们依人道主义原则救助弱势群体,依现代民主理念既要服从多数又要保护少数时,人权的伦理性也是显而易见的。平等、博爱、正义作为道德基本准则源自人性以及人所固有的价值与尊严,在各种重要国际人权文书中都有明确肯定。例如,《联合国宪章》指出:"对人类家庭所有成员的固有尊严及其平等的和不移的权利的承认,乃是世界自由、正义与和平的基础。"《世界人权宣言》规定:"人人生而自由,在尊严和权利上一律平等。他们赋予理性和良心,并应以兄弟关系的精神相对待。"这些规定清楚地表明,平等、博爱、正义源自人的本性所决定的人的尊严,而这也是中外历史上的进步思想家们所反复阐明的。

古今中外的学者从伦理道德的视角对人性所作的分析,其观点可归纳为四种,即"性善论""性恶论""性善性恶兼有论""性善性恶皆无论"。这四种观点各有其道理,其中"性善论"对后世的伦理道德建设起了非常重要的作用而成为主流的理论。因为平等、博爱、正义、人道、宽容这些人类道德共同的和基本的价值,不是任何外界的恩赐,而只能从"人性善"中得到合理的解释。凡严重违背与破坏这些基本价值的恶行,都被人们谴责为丧失"人性",即是证明。

在古代中国,"性善论"始终占据主导地位。其中,儒家思想的影响最为深远,

---

① 《马克思恩格斯选集》(第3卷),人民出版社1995年版,第456页。
② 同上书,第758页。
③ 同上书,第760页。

又以孟轲的观点最具代表性,他说:"恻隐之心,人皆有之;羞恶之心,人皆有之;恭敬之心,人皆有之;是非之心,人皆有之。恻隐之心,仁也;羞恶之心,义也;恭敬之心,礼也;是非之心,智也。仁义礼智,非由外铄我也,我固有之也,弗思耳矣!"(《孟子·告子上》)他举例说,当一个人看到一小孩将掉进一口井里时,就会产生"恻隐之心"而去相救。这个人之所以会这样做,不是因为他与孩子的父母有什么交情,不是因为他想得到"乡党朋友"的赞誉,也不是怕别人说他坏话,而仅仅是因为人皆有"不忍人之心"。(《孟子·公孙丑上》)正是在儒家"性善论"的基础上,形成了中国历史悠久的人文主义传统。诸如"仁者爱人""己所不欲,勿施于人""天地间,人为贵""君轻民贵""天下为公""世界大同""均贫富,等贵贱""四海之内皆兄弟""无处不均匀,无人不饱暖"等,这些进步的观念在今天也仍然可以成为我们建立现代人权理论的重要思想渊源。

虽然中国的人文主义传统可以与西方相媲美,但是由于古希腊、罗马存在比较发达的简单商品经济以及"城邦国家"这种特殊历史现象,西方自由、平等、博爱的人文主义传统对社会政治制度的影响在某种程度上要更为广泛和深刻,其主要的理论同样是"性善论"。古希腊的人性理论有三个主要派别:一是以普罗泰哥拉为代表的人性解放论,认为人性在于人的感性欲望;二是以德谟克里特为代表的理性人性论,即人要通过理性认识世界以指导自己的行动;三是以柏拉图为代表的一派,认为理性是人的本性,主张人以理智克制自己的欲望以达到绝对的和普遍的善。普罗泰哥拉提出了"人是万物的尺度"这一著名命题。他认为,神性是人性的一部分,因为神性是善的,所以人性也是善的。人人都具有公正、诚实、尊敬等政治德行。但是,他又说:"至于神,我既不知道他们是否存在,也不知道他们像什么东西。"[1]后来的亚里士多德是之前三派思想的集大成者。他在人类历史上第一个从现实生活的实际出发阐释人性,第一次提出人与动物相区别是由于人有"善恶""正义"等伦理道德观念。他说:"人类所不同于其他动物的特性就在他对善恶和是否合乎正义以及其他类似的观念的辨认。"[2]

马克思主义创始人描绘与赞美过原始社会自由、平等、博爱的美景,也无情地批判过在阶级对抗社会中这些人类基本价值被异化后的局限性和虚伪性。他们还借用摩尔根的话,预言过未来社会的美好前景:"管理上的民主,社会中的博爱,权利的平等,普及的教育,将揭开社会的下一个更高的阶段,经验、理智和科学正在不断向这个阶段努力。这将是古代氏族的自由、平等和博爱的复活,但却是在更高级

---

[1] 北京大学哲学系外国哲学史教研室编译:《古希腊罗马哲学》,三联书店1957年版,第138页。
[2] 〔古希腊〕亚里士多德:《政治学》,吴寿彭译,商务印书馆1981年版,第418页。

形式上的复活。"①

（3）理性

人性的第三个基本要素是理性,它的主要内容包括：一是理性（狭义的）,即理性认识能力。人可以通过这种能力去认识和改造世界。二是理念,即人类通过理性认识能力共同创造与享有"精神文明"成果。人类正是运用这些"理论""理念",进一步认识与改造世界的。三是理智,即人克制自己的能力。人可以通过理智,克制自己不去做那些不合情和不合理的事情,不去谋取那些不正当和不合法的利益。西方学者在谈论人性时,用得最普遍的就是"理性"这个词,并认为这是人性的重要内容。在人性的意义上使用"理性"这个词,是在近代才被引入中国的。

在西方,用理性阐述人性,历史悠久。例如,苏格拉底说,人的具体德行,如"节制、正义、勇敢、敏悟、强化、豪爽"等,如果不以知识为指导,就会变得有害无益。如果一个人"勇敢而不谨慎,岂不是二种莽撞？一个人若是没有理性,勇敢对他是有害的,但他若是有理性,这对他岂不就有益了？"②柏拉图提出的与"感觉世界"相对应的"理念世界""善的理念",也属于理性的范畴。亚里士多德认为,人的本性在于理性,人能用理性支配自己的行为,控制自己的欲望,使行为合乎道德,这就是幸福和快乐；"理性的、沉思的活动"是"人的最完满的幸福"。他说："对于人,符合于理性的生活就是最好的和最愉快的,因为理性比任何其他的东西更加是人。因此这种生活也是最幸福的。"③伊壁鸠鲁认为："使生活愉快的乃是清醒的理性,理性找出了一切我们的取舍的理由,清除了那些在灵魂中造成最大的纷扰的空洞意见。"④马克思、恩格斯对伊壁鸠鲁的评价很高,称"他是古代真正激进的启蒙者,他公开地攻击古代的宗教,如果说罗马人有过无神论,那么这种无神论就是由伊壁鸠鲁奠定的"⑤。

欧洲自文艺复兴开始,杰出的人文主义者和后来的启蒙思想家高举理性的旗帜,以人性反对神性,以人权反对特权,以民权反对君权,为近代民主革命"鸣锣开道"。恩格斯曾赞叹："这是人类以往从来没有经历过的一次最伟大的、进步的变革,是一个需要巨人而且产生了巨人——在思维能力、激情和性格方面,在多才多艺和学识渊博方面的巨人的时代。"⑥但丁说："人的高贵,就其许许多多的成果而

---

① 《马克思恩格斯选集》（第4卷）,人民出版社1995年版,第179页。
② 转引自北京大学哲学系外国哲学史教研室编译：《古希腊罗马哲学》,三联书店1957年版,第161页。
③ 同上书,第328页。
④ 周辅成编：《西方伦理学名著选辑》（上卷）,商务印书馆1964年版,第104—105页。
⑤ 《马克思恩格斯全集》（第3卷）,人民出版社1960年版,第147页。
⑥ 《马克思恩格斯选集》（第4卷）,人民出版社1995年版,第261—262页。

言,超过了天使的高贵。""我们必须这样来理解:自由的第一个原则就是意志的自由。""这种自由,或者这一个关于我们所有人的自由的原则,乃是上帝赐给人类的最伟大的恩惠:只要依靠它,我们就享受到人间的快乐;只要依靠它,我们就享受到像天堂那样的快乐。"①斯宾诺莎说:"人们唯有遵循理性的指导而生活,才可以做出有益于人性并有益于别人的事情来,换言之才可以做出符合每人本性的事情来。"②他还说,民主政治"是最好的政治制度,最不容易受人攻击,因为这最合于人类的天性。……我们离人类的天性越远,因此政府越变得暴虐。"③孟德斯鸠说:"是有一个根本理性存在着的。法就是这个根本理性和各种存在物之间的关系,同时也是存在物彼此之间的关系。"④在他看来,"理性"是指事物的规律,法在调整社会关系时,必须反映与体现事物的规律。费尔巴哈也强调,要把理性看作人的本质,这是人类的人性。他说:"人自己意识到的人的本质究竟是什么呢? 就是理性、意志、心力。一个完善的人,必定具备思维力、意志力和心力。思维力是认识之光,意志力是品性之能量,心力是爱。理性、爱、意志力,这就是完善性,这就是最高的力,这就是作为人的人的绝对本质,就是人生存的目的。"⑤

总之,以上引述的西方思想家关于"理性"的科学内涵的阐释,从人的自然属性角度看是正确的。但是,我们还应当将它们与人的社会属性作为一个统一体进行观察与定位。这样,"人的本质"的概念才是全面的,人权的本原问题才可能得到比较准确、科学的回答。

三、人权的内容

人权的内容,也可称为"人权的客体",是指人可以和应当享有的权利。那么,什么是权利?它的基本构成要素有哪些?中外学者对此有各种主张。我们认为,权利最主要的构成要素有三个:权威、利益、自由。权利就是指由特定权威所认可、支持与保障的权利主体能够自由支配的各种利益。首先,权利的基础是利益。这里的"利益",其含义很广,不仅指物质利益,还包括精神利益、人身利益以及行为自由等。离开利益这一最本质的东西,"权利"这个概念就会变得毫无意义。其次,不是所有的利益都是权利,某种利益必须得到一定的社会权威认可、支持与保障才能

---

① 转引自姜国柱、朱葵菊:《论人·人性》,海洋出版社1988年版,第435页。
② 〔荷〕斯宾诺莎:《伦理学》,贺麟译,商务印书馆1958年版,第179—180页。
③ 同上书,第276—277页。
④ 〔法〕孟德斯鸠:《论法的精神》(上册),张雁深译,商务印书馆1985年版,第1页。
⑤ 〔德〕费尔巴哈:《费尔巴哈哲学著作选集》(下卷),荣震华等译,商务印书馆1984年版,第27—28页。

成为权利。由国家法律所认可与保障的公民或法人享有的利益,就是法律权利。由政党组织的权威所认可与保障的党员所能享受的利益,就是某一政党党员的权利。由工会组织的权威所认可与保障的工会会员的利益,就是该工会会员的权利。最后,权利主体对自己所享有的这种利益可以通过作为或不作为予以自由支配和处置;否则,权利主体享有的利益将不能够实现。由此可见,不是所有的权利都是人权。人权中的"权利"有其特定的含义:第一,权利的主体不是某种社会组织的成员,甚至也不是某一国家的公民,而是泛指一般的"人",即只要是"人"就可以享有人权。当然,这里的"人"除了"个人",还包括国内或国际上某些特定的群体或集体。第二,人权是一种人"应当"享有的权利,而应不应当是个道德问题。因此,人权的另一特点是,人所享有的利益是由以正义为核心的人类所共同持有的一整套伦理道德准则所认可、支持与保障的。第三,权利的内容具有一般性,不是某些人或组织之间任意的相互"约定"。

在国内外学者中,对人权内容的理解,有过于狭窄和过于宽泛两种倾向。例如,有学者认为,"人权概念无论是在被发明出来的时候,还是现代的使用中,都不指涉和涵盖公民的全部权利,而仅指涉那些基本的和普遍的权利",或者说,"屈指可数的主要的权利"。[①] 人权,"指人身自由和其他民主权利"[②]。但是,将人权的内容局限于"公民的基本权利"是不对的。宪法规定了公民的基本权利,各种法律还会规定各种非基本权利。公民的基本权利与非基本权利是相对的,其界限有不确定的一面。现在联合国系统制定的七十多个主要人权文书所确认的人权内容,不仅仅是各国宪法所规定的基本权利。残疾人的某些特殊权利,对健康人不适用;消费者的权利,生产者不能享有;罪犯的某些特殊权利,对一般公民不适用;犯罪嫌疑人的某些权利,对未受刑事指控的人不适用。这些可以被视为公民的非基本权利,但是无疑都属于人权的范畴。

在人权内容的界定上,需要防止的另一种倾向是对它理解得过于宽泛,即对"人权的泛化"。我们固然不能把某些社会团体或组织中的成员在其所在组织中的权利视为人权,也不能将国家机构中某些人民代表(或议员)或工作人员的某些特定权利称为"人权"。例如,我国各级人大代表享有的"言论免责权"和"人身特殊保护权"就不是人权。法官、检察官及政府行政工作人员都有某些在其特定行业中与岗位上所享有的特定权利,那也不是人权。在法律权利或法定权利中,哪些是人

[①] 参见张光博:《坚持马克思主义的人权观》,载《中国法学》1990年第4期。
[②] 《法学词典》编辑委员会编:《法学词典》,上海辞书出版社1980年版,第8页。

权,哪些不是人权,更要注意区分。人权主要存在于宪法与法律的一般性规定中,而在某些具体法律关系中,双方当事人的权利不是人权。例如,在一个买卖合同中,缔约双方自主约定的权利就不是人权。又如,在我国实行的农村家庭联产承包责任制中,农民与政府签订合同,农民一方享有的一些权利,一般说来也不能被理解为人权,最多只能说是财产权的延伸,因为其中有些权利的内容是自主约定的,可以改变。

第二节　人权的属性

人权的属性涉及人权这种社会现象一些深层次的问题,如人权的普遍性与特殊性、人权的政治性与超政治性。这些问题在国际上始终存在激烈的论争,是一定要搞清楚的。

一、人权的普遍性与特殊性

(一) 国际人权文书与中国政府的立场

对人权的普遍性与特殊性问题,长期以来,各国政府之间存在意见分歧,学者之间也有不同看法。深入探讨这个问题,是很有意义的。

1993年6月14日至25日,联合国在维也纳召开了第二次世界人权大会。这次会议是继德黑兰人权会议召开25年之后、《世界人权宣言》公布45年之后举行的。这次会议通过的《维也纳宣言》,被视为现代人类为加强人权保障而奋斗的历史进程中一个新的里程碑。这一文件取得的重大成果之一,就是强调人权具有普遍性,也肯定了人权的普遍性与特殊性是统一的、不可分割的。《维也纳宣言》规定:"世界人权会议重申,所有国家庄严承诺依照《联合国宪章》、有关人权的其他国际文书和国际法履行其促进普遍尊重、遵守和保护所有人的一切人权和基本自由的义务。这些权利和自由的普遍性不容置疑。"[①]"在国家级和国际级促进和保护人权和基本自由应当普遍……"[②]尽管在《维也纳宣言》中,人权的普遍性被着重强调,人权的特殊性被以较弱的语句表达;尽管这一文件是在会议最后一天才达成一致并获得通过的,各国政府能够在人权这一长期争论不休乃至尖锐对立的问题上达

---

① 《维也纳宣言》第一部分,第一段。
② 《维也纳宣言》第一部分,第八段。

成这样一个基本的共识,终究是人们的理智和宽容的胜利。

中国政府代表团在维也纳会议上虽然着重强调不应忽视人权的特殊性,但是对人权的普遍性并未予以否定。会议期间,中国政府代表团成员田进先生对记者发表意见,明确地肯定了人权的普遍性。他说:"人权有共性,即普遍性,联合国通过了几十个关于人权的国际文书,就是普遍性的一种体现。但人权问题也有特性。这种特性是由各国不同的历史、文化和观念以及不同的社会政治和经济条件造成的。发展中国家认为,谈论人权问题,要兼顾共性与特性这两个方面。而一些发达国家只讲共性,却不愿讲特性。"①《维也纳宣言》通过后,中国政府代表团副团长金永健指出,该宣言在承认人权具有普遍性的同时,也要求考虑不同国家的历史文化和宗教背景,具有积极意义。② 在此以前,在中国国家领导人的讲话和政府文件中,虽然没有或很少使用过"人权具有普遍性"这样的概念和语言,但是表达过这样的思想和精神。例如,周恩来总理于1954年在《在亚非会议全体会议上的发言》中说:"各族人民不分种族和肤色都应该享有基本人权,而不应该受到任何虐待和歧视。""反对种族歧视,要求基本人权……已经是觉醒了的亚非国家和人民的共同要求。"③1991年发布的《中国的人权状况》(白皮书)指出:"享有充分的人权,是长期以来人类追求的理想。""联合国通过的有关人权的宣言和一些公约,受到许多国家的拥护和尊重。中国政府对《世界人权宣言》也给予了高度的评价,认为它'作为第一个人权问题的国际文件,为国际人权领域的实践奠定了基础'。"

(二)人权的普遍性与特殊性的基本含义

人权的普遍性与特殊性的基本含义是:人,作为人,不论其种族、肤色、性别、语言、宗教、政见、财产、教育等状况如何,都应当享有他应当享有的权利;在一个国家中,在这个国家的任何历史时期,人人都毫无例外地应当享有生命权、人身安全权、人身自由权、思想自由权、人格尊严权、最低生活保障权等与生俱来的最基本的人权。这是人权普遍性的突出表现。在一个国家的不同历史时期(如古代、中世纪、近代、现代),人权制度的变化呈现出不同的特点,不同的人实际能够享有的权利在量与质上是有差别的。这是人权特殊性的一种表现。在现今的国际社会中,不同社会制度的国家普遍承认和尊重《联合国宪章》提出的保障人权的宗旨以及《世界人权宣言》和"国际人权公约"所确认的保障一系列基本人权与自由的原则,共同签

---

① 《人民日报》1993年6月21日。
② 参见《人民日报》1993年6月27日。
③ 《周恩来选集》(下卷),人民出版社1984年版,第150页。

署某些国际人权条约,共同采取行动制裁某些践踏人权的国际罪行,都是人权普遍性的反映。在尊重与维护人权共同标准的前提下,在尊重与维护国家主权原则的基础上,不同国家在人权观念、人权政策、人权制度上,可以采取一些符合自己国家具体国情的立场和做法,是人权特殊性的体现。概括地讲,各国在人权主体、人权客体、人权立法和人权保障机制上,既有普遍性(共性),又有特殊性(个性)。

(三)人权的普遍性与特殊性的理论依据

首先,人权的普遍性是基于人的尊严和价值。人,仅仅因为是人,就应当享有其所应当享有的基本权利;否则,就将失去做人的资格,将不成其为人。人是有理性、有道德、能认识和改造世界的,已经脱离了动物界的高级动物。人们生活在这个世界上,共同组成人类社会,依照他们的共同本性,彼此之间应当是平等的、自由的,都应当有生存的权利与过好的物质生活和精神生活的权利。这是人作为人所应当享有的尊严。人不是为社会和国家而存在,社会和国家是为人而存在。人是目的,社会和国家是手段,而不是相反。这是人作为人所应当具有的价值。正如《维也纳宣言》序言指出:"承认并肯定一切人权都源于人与生俱来的尊严和价值,人是人权和基本自由的中心主体,因而应是实现这些权利和自由的主要受益者,应积极参与……"这一思想也是《联合国宪章》《世界人权宣言》等基本的国际人权文件的指导原则。

其次,人权的普遍性是基于人类有着共同的利益和道德。人权是为一定伦理道德所支持与认可的、人依其自然属性和社会本质所应当享有的权利。权利的基础是利益。人与人之间的权利义务关系,本质上是一种利益关系。无论是国内人权还是国际人权,都意味着在个人与个人之间,群体与群体之间,个人、群体与社会之间存在的利益相互矛盾与冲突中,一定权利主体在利益上的追求、享有和分配。但是,人权又要以人们的伦理道德观念的支持与认可为基础。什么样的个人或群体应当享有什么样的人权?国内法律或有关国际人权公约是否和应当如何确认和保护某项人权,是受人们一定的道德观念所支配的。人作为人,共同生活在这个世界上,他们之间不仅有着共同的本性,在很多领域也存在着共同的利益,面临着共同的危险。同时,在很多方面,全人类也有着共同的理想与道德观念。例如,保障安全、向往自由、追求幸福,是世界上绝大多数人的愿望和要求,出自人的本性。这就产生了生命权、自由权等基本人权。绝大多数人都要求有一个好的生活环境,严重污染大气和海洋必然给全人类带来危害;绝大多数人都要求过和平的生活,战争只会给全人类带来灾难。这就产生了国际上的环境权、和平权。人道主义是人权的重要理论基础,是全人类的一种共同的道德价值取向与追求。例如,废除与禁绝奴隶制度与奴隶买卖,废除与禁止种族歧视、种族隔离与种族灭绝,对残疾人、难民的权利予以保障,对战俘、罪犯给予人道主义的待遇,如此等等,都已成为当代全人类在道德观念上的共识。

除了有普遍性,人权还有特殊性。人权特殊性的基础和依据包括如下两个方面:第一,全人类除了在利益与道德上存在着一致外,同时也存在着矛盾和差异。第二,人权不是一种孤立现象,它存在于各种社会关系之中。人权的实现受政治、经济、文化等各种条件的制约,其内容与形式也受一个国家的历史传统、宗教和民族特点等的影响。因此,国与国之间,在人权制度的具体模式以及人权实现的具体过程上,存在着不一致和差异。

从哲学上说,世界上的万事万物既有共性也有个性,两者相互联系、相互依存,不可分割。共性与个性是相对而言的。无个性,无所谓共性;无共性,也无所谓个性。人权的普遍性与特殊性问题也是这样。只承认和强调人权有普遍性,或者只承认和强调人权有特殊性,都是片面地观察和处理问题,因而是不正确的。这样,在理论上势必引起个人与个人之间、国家与国家之间不必要的争论;在实践中势必导致国家和国际人权保障的偏差和失误。例如,有西方学者提出"人权无国界",这一理论无疑有它正确的一面,但是也存在片面性。同样,我们也不能笼统地说"人权有国界",这样讲也是不全面的。正确的讲法应当是:人权既是有国界的,又是没有国界的,在多数情况下是有国界的。当人权问题属于一国管辖时,人权是有国界的;当人权问题涉及国际管辖,即国际社会应当予以干预时,人权是没有国界的。凡在国际法上已经构成国际罪行的那些危害人类和严重侵犯基本人权的行为,诸如种族歧视、种族隔离和种族灭绝,奴隶制和奴隶买卖,侵略和侵略战争,非法侵占他国领土,采取极不人道的手段大规模制造、驱赶和迫害难民,国际劫机和扣押人质、国际恐怖主义、国际贩毒等,国际社会是可以和应当干顶的。[①] 国际社会曾对执行种族隔离政策的南非白人政权实行制裁达数十年之久,该政权既无理由也无权利为自己辩解。《联合国宪章》第2条第7项规定:"本宪章不得认为授权联合国干涉在本质上属于任何国家国内管辖之事件……"就人权保护而言,这里所说的"本质上",可以解释为"在多数情况下"。这样解释比较符合实际,也可以避免或减少对这一条款的争论。实际上,人权虽有其相对性,但不能归结为相对主义。人权保障既有其绝对性,也有其相对性。这不过是人权的普遍性与特殊性的另一种理论概括和表述而已。

---

① 本书在这里仅是列举,而不是探讨人权的国内管辖与国际管辖的具体界限。

(四)人权的普遍性与特殊性的理论意义

承认人权既有普遍性又有特殊性,强调人权应是普遍性与特殊性的统一,应当成为世界各国制定人权政策的重要理论依据。

毋庸讳言,现在发达国家与发展中国家之间,在人权理论与人权政策的某些方面,存在着一定的矛盾和冲突。要解决好这个问题,很重要的一点就是要正确认识和恰当处理人权的普遍性与特殊性的关系。一般说来,这两类国家在政治、经济、文化等方面处于不同的发展阶段(如发达国家,人民的温饱问题已基本得到解决),它们之间在历史条件与文化背景上存在着差异(如不少发展中国家曾长期遭受殖民主义的压迫与剥削),在人权上所面临的主要问题和主要困难有所不同。因此,一些发达国家比较重视和强调人权的普遍性,而一些发展中国家则比较重视和强调人权的特殊性。我们认为,如果人们只承认或过分强调人权的普遍性,而完全否认或极力贬低人权的特殊性;或者相反,只承认或片面强调人权的特殊性,而完全否认或片面贬低人权的普遍性,都是不正确的。一般说来,有的发达国家应当注意承认发展中国家的具体国情,尊重发展中国家在人权政策与人权制度上所采取的合理的具体模式与道路;有的发展中国家则不应当强调经济、文化的发展水平及其他原因,而不作出那些应当作出也完全可以作出的改善人权状况的努力。如果世界各国都能在人权的普遍性与特殊性问题上采取公正的、实事求是的态度,就能减少一些相互之间的矛盾与摩擦,有利于在人权领域进行合作与对话,也有利于各个国家改善国内的人权状况。

在认识上和实践中,人权的普遍性与特殊性的具体界限是发展变化的。总的发展趋势是,人权特殊性的适用范围将逐步缩小,人权普遍性的适用范围将逐步扩大。无论是国内人权保护还是国际人权保护,都是如此。这是人类物质文明与精神文明发展水平不断提高的必然结果,也是随着国际经济全球化,各国在政治和文化等领域的相互交往日益密切,人们在观念上将达成更多共识的必然产物。① 人权保障的发展历史充分证明了这一点。当然,只要人权问题还存在,它就势必是普遍性与特殊性的统一,不同国家之间人权保障的发展水平、具体方式总会存在差异。

二、人权的政治性与超政治性

(一)人权的政治性

什么是政治?人们的看法很不一致。在中国古代,有云"政者,事也";"治者,

---

① 参见李步云:《社会主义人权的基本理论和实践》,载《法学研究》1992年第4期。

理也";"在君为政,在民为事"。先哲表达的是统治者如何治理国家的意思。① 孙中山先生说:"政治两字的意思,浅而言之,政就是众人的事,治就是管理,管理众人的事便是政治。"② 列宁说:"如何理解政治呢? 要是用旧观点来理解政治,就要犯很大的严重的错误。政治就是各阶级之间的斗争,政治就是无产阶级为争取解放而与世界资产阶级进行斗争的关系。"③《辞海》将"政治"定义为:"在有阶级的社会里,政治就是各阶级之间的斗争,包括阶级内部的关系、阶级之间的关系、民族关系以及国际关系。其表现形式为阶级、政党、社会势力和社会集团关于国家生活的活动。"人们对"什么是政治"这个问题在观念上存在巨大差异,使得我们在分析与认识人权与政治(包括阶级)的关系时会遇到很大的困难。

人权的政治性,是指人权这种社会关系和社会现象与政治存在着某种必然联系,它的存在及其实现必然受政治的影响。为了说明这个问题,有一种分析方法是必须运用的,那就是应然与实然这一对哲学范畴。当我们在讲人权有还是没有政治性的时候,主要是从应然这个角度出发的,但是也要联系它的实然状态进行观察。同时,还有一种分析方法也是需要注意的,那就是政治性与阶级性的关系。一般说来,前者的含义要宽泛一些,并不是任何政治性都一定具有阶级性。此外,对具体情况应当具体分析。

从应然与实然的角度看,人权的发展历史,是一个人权理想与人权现象的矛盾运动过程。人的自由得到全面发展,人的需要得到全面满足,人人都享有平等的人权,这是人权的理想。但是,人权理想的实现受到政治、经济、文化、宗教、民族等客观环境和条件的影响和制约。在阶级对抗社会中,在政治上和经济上占统治地位或优势的阶级、阶层、利益集团有可能通过立法与执法,影响人权的确认以及人权的实际享有。按照人权理想,人权不应存在阶级差异。然而,在阶级对抗社会中,很多人权又具有阶级性。政治性、阶级性与人权并非有一普遍的或必然的联系。人权在本质上排斥任何国家、国家集团、阶级、阶层、政党、社会群体或个人利用它作为牟取政治私利的手段。这种理想与现实的矛盾正在并将继续随整个人类社会物质文明、精神文明和制度文明发展水平的日益提高而逐步得到解决,最后达到人权的理想境界。这虽然是一个长久的历史过程,但是理想境界的最终实现是毋庸置疑的。就每个人都应当和可以享有的普遍性人权而言,大致可以分为三类,即人身人格权,政治权利与自由,经济、社会和文化权利。其中,第二类与政治有密切联

---

① 参见皮纯协等主编:《政治学教程》,河南人民出版社1983年版,第1、19—20页。
② 《孙中山选集》(下册),人民出版社1956年版,第661页。
③ 《列宁选集》(第4卷),人民出版社1995年版,第308页。

系。例如,选举权和被选举权,言论、出版、集会、结社等自由,其实现方式和实现程度在一国内的不同政治派别、具有不同政治见解的社会群体之间分歧往往很大,因为这些政治权利与自由直接关系到不同政党和持不同政见的人的政治利益。在国际上,在具有不同政治制度与意识形态的国家之间,争执往往很多。这些分歧的后面,往往涉及不同阶级、阶层与利益集团之间的不同利益,有时还涉及不同国家之间的不同利益。后一种情况在冷战时期表现得非常突出。即使是在冷战结束后的现代社会,这种情况没有也不可能发生根本性变化。相对而言,另外两类人权与政治和意识形态之间的关系并不直接与密切,它们主要受社会三大文明的发展程度影响和制约。

（二）人权的超政治性

所谓人权的超政治性,首先是指人权主体的超政治性。人权是人作为人所应当享有的权利,而不论其性别、种族、出身、信仰等有何区别。为什么应当如此？恩格斯对此作过深刻说明：一切人,作为人来说,都有某些共同点,在这些共同点所及的范围内,他们是平等的。这一关于人权的"非常古老"的观念发展到现代,其平等要求则是："一切人,或至少是一个国家的一切公民,或一个社会的一切成员,都应当有平等的政治地位和社会地位。"[1]这也为《联合国宪章》《世界人权宣言》及其他重要国际人权文书所反复载明。同时,每个人都是人权的主体这一原则与理念已为全世界所公认,而不论其国家的政治制度和意识形态有何不同,也不论其政党的纲领和政策有何差异。

人权的超政治性还表现在某些人权的内容上。最不应具有政治性的人权有如下几类：第一类是即使在社会紧急状态、国家危难和战争等局势下也不可以克减的权利。《公民权利和政治权利国际公约》中规定的不得克减的权利包括：生命权（第6条），禁止酷刑（第7条），禁止奴役和强迫劳役（第8条），禁止仅仅由于无力履行约定义务而被监禁（第11条），禁止有溯及力的刑法（第15条），被承认在法律前的人格（第16条），思想、良心和宗教自由（第18条）。第二类是被国际人权习惯法确认的一些权利。尽管《世界人权宣言》是否为国际习惯法尚未完全形成定论,但是它包括禁止奴隶买卖和奴隶制,种族歧视、种族隔离、种族灭绝,国际恐怖、国际贩毒、国际劫机等所涉及的权利,已为各国政府和学者所公认。第三类是国际人道主义法涉及的一些权利。《海牙公约》和《日内瓦公约》及其附加议定书并没有规定可克减的权利,也未解除当事国尊重国际法的义务。这些国际人道主义法涉及的人

---

[1] 《马克思恩格斯选集》（第3卷），人民出版社1995年版，第444页。

的权利属于广义人权法的内容。第四类是国内因自然灾害等而造成的灾民享有接受国家一级及国际一级救助的权利,也是属于人道主义性质的一种权利。以上这些权利的承认与保障,不应当因各国政治制度和主流意识形态的差异或一国内不同政党间的政治主张的不同而受影响。

一国内,公民的人身人格权以及经济、社会、文化权利,一般不应具有政治性和意识形态性;即使具有,也应当尽量弱化。因为生命权、人身安全权、人格尊严权所涉及的每个人的利益是相同的。一国内,不论什么政党执政,其主张大致相同,而且不直接涉及不同阶级、阶层和利益集团之间的利益冲突。经济、社会、文化权利的认可与实现可能受到的政治影响会比人身人格权多一点,它主要受一国经济与文化发展水平的制约。

关于国际集体人权,如自决权、发展权、和平安全权、环境权、人道主义援助权等是否具有超政治性,学者们的看法有很多分歧。本书倾向于没有,或者说有一定程度的政治性,即不同国家之间会有某些政策上的分歧甚至对立,而它们会摆脱政治与意识形态的支配与影响则是必然的。例如,人民(或民族)自决权已为国际人权宪章的各项文书所一致确认,各国政府与学者们几乎一致认为这项权利是绝对不可否定的。对于发展权是否为人权,"南北"和"东西"不同国家之间一直存在分歧与对立,但是《维也纳宣言》已将它明确规定下来,各国已达成广泛的共识。该宣言规定:"世界人权会议重申,《发展权利宣言》所阐明的发展权利是一项普遍的、不可分割的权利,也是基本人权的一个组成部分。"环境权与和平安全权都关系到全人类的共同利益,自然应当摆脱国家利益与政党利益的影响与支配。

(三)人权的"政治化"与"意识形态化"

中国政府的代表在国际政治舞台的各种会议上,多次批评某些国家在人权问题上搞"双重标准",其理论根据是:在人权问题上,不应将人权"政治化"与"意识形态化"。这种立场和观点符合全人类的共同利益,符合人权的根本价值,也符合人权自身的本质与发展规律。所谓"化",就是绝对化。人权的"政治化"与"意识形态化",就是将人权的政治性与意识形态性视为一种绝对的、普遍的现象,否认很多人权应是具有超政治性或非政治性的,主张人权应摆脱不同国家和不同政党之间意识形态分歧与对立的羁绊,真正把人权看作全人类伟大的共同事业和共同价值。将人权"政治化"与"意识形态化"在理论上必然导致的一个恶果就是,某些国家在国际人权问题上搞"双重标准"。

某些国家在国际人权问题上搞"双重标准"的主要表现是:对他国,人权"调门"很高,以"人权卫士"自居,而本国批准与加入的国际人权公约却很少,保留条款也多;在制定与实施国际人权公约时,力图将本国的立场和观点强加于他国;对本国的人权问题遮遮掩掩,对他国的人权问题却喜欢指手画脚;在经济技术援助与合作中,以对本国的"国家利益"为准则画线,即使是某些人权记录很糟糕的国家,只要对本国友好就予以大力援助;基于意识形态与政治制度的不同,经常干涉他国内政;等等。任何国家在人权问题上搞"双重标准",在国际上都是不得人心的。因为这违背人权自身的精神,也不符合国际法的准则,是与历史潮流背道而驰的。

在人权与政治、意识形态的关系这一问题上,国内学者存在着两种截然不同的观点。多数学者倾向于本书所持立场,而少数学者认为,任何人权问题都与政治密不可分,任何一种人权及其相关的制度都具有政治性和阶级性。这与在法律本质问题上存在两种截然对立的观点是相对应的。少数学者认为,社会主义法律仍然是"统治阶级意志的体现",任何法律都有阶级性,即使是交通法规和规则,包括"红灯停,绿灯行",也不例外。作为法律的基本内容与主要价值的人权,自然也不例外。不过,持这种观点的学者在我国已越来越少。

第三节 人权的历史演变

人权是人们的权利要求和权利积累不断增长的结果,由古至今,经历了一个从观念萌芽、思想勃兴、法律化和制度化到实际享有的过程。人权的产生和发展,与自然法的权利观密切相关。根据人类社会历史发展中出现的人权观在不同阶段的特点,以及法国学者卡莱尔·瓦萨克提出的"三代人权"理论,我们可以将人权的历史演变划分为四个阶段:前近代、近代、现代和当代。

一、前近代人权:以正义为基础的人权观念

在古代与中世纪,西方有一股思潮源远流长,它时隐时现,从未泯灭。这就是自然法思想。相信自然法的人们从不同的角度提出有关自然法本质和作用的学说,诸如"正义""公正""公平""理性"等,可谓名目繁多。自然法学家们将正义与利益、正义与法学相结合,形成了以正义为基础的人权观。

在原始社会,原始的自由平等观产生,但是权利与义务没有区别,人们也没有权利意识。摩尔根在《古代社会》中描述,原始社会存在原始人的权利及其对权利的运用:选举权、姓名权、财产继承权等。

古希腊较早进入奴隶社会。古希腊思想家最早使用"自然法"这个术语。智者提出"人人自由平等"思想,蕴含人权思想的最初萌芽。智者学派认为,自然法是公

正永恒的法则，对立于并高于现实的法律。许多希腊神话和文学作品就表达了自然法思想。例如，在《安提戈涅》一剧中，国王底比斯下令把安提戈涅的哥哥暴尸城下，不予安葬。国王宣布，对背叛祖国的人，市民不得哀悼，也不得掩埋尸体，任凭乌鸦和野兽啄食。安提戈涅埋葬了她的哥哥之后被抓，因为她违反了国王的命令。安提戈涅辩说："可是，这个命令不算不朽的神发布的，而且我还知道一种命令，它不分过去与现在，永远有效。尽管无人知道其来历，但是凡人不能违反它，否则就会引起神的愤怒。正是这种神圣的命令促使我不能让我母亲的儿子暴尸野外。"亚里士多德将政治正义分为自然正义和法律正义。自然正义就是自然法，它是永恒不变的。自然正义被看作体现自然秩序和宇宙大道的永恒正义，是不依赖于人及人类社会而存在的。那么，什么是正义呢？"正义"是一个多维概念，其中之一是在利益相互冲突的情况下给予每个人应得的份额。根据正义观念，给予每个人应得的份额，预示着人们关于自身利益的某些主张是合法的，而且会得到法律上的支持。这就暗含"权利"的概念。

在古罗马，西塞罗在西方法哲学史上第一次系统地阐述了自然法理论。他深受斯多葛学派自然法的影响，认为自然法是唯一正确的理性，是永恒不变和普遍适用的。自然法来源于上帝的旨意和人类的本性（理性）。依据自然法，每个人都是平等的。正义是符合自然法的，是人类生活的应有美德，人定法应体现与自然法相一致的正义。其后的罗马法学家基本上是自然法信奉者，他们普遍把法分为自然法、市民法和万民法，而且承袭了前辈们的自然法思想，认为自然法是普遍理性的体现，是最高法，绝对代表正义，而人定法则力求体现和维护自然法和正义。只有符合自然法和正义的利益才会得到实在法的支持，只有受到法律支持的正义才会成为一项权利。罗马法学者将正义与法学结合起来，使法律概念得到较大发展，并力图以法律支持一切正当的或正义的事情。例如，他们认为，法学"是关于正义和非正义的科学"，"正义是给予每个人他应得的部分的这种坚定而恒久的愿望"。

在从公元476年西罗马帝国灭亡开始的中世纪，自然法理论是绝对的神学自然法理论，其典型代表人物是托马斯·阿奎那。他认为，法分为永恒法、自然法、人定法和神法。永恒法是代表上帝理性的最高的法。自然法是上帝赖以启迪人类理性的法。人定法不得违背神法、自然法和永恒法，否则就是不正义的法；不正义的法不再是法，而是对法的败坏。那么，什么是正义呢？拉丁文"jus"在罗马法中有十多种含义，包括"法律""正义""审判"等，也包括"权利"。同时，"jus"中的"权利"含义也是概括意义上的。在使用上，"权利"和"义务"并未区分开来。阿奎那对"jus"的含义作了逻辑上的排列，认为"jus"有四种含义，首要含义就是"正当的事情本身"

或者是"公正或公正的事情"。这种"正当的事情本身"被称为"天然权利"。

自然法学权利观从古希腊到中世纪的发展表明,在古代与中世纪,自然法学说教导的主要是义务,而不是权利。权利观念体现在各种关于正义的论述之中,没有特别关注权利,以至于没有一个独立的专指权利的词汇。"直至中世纪临近结束之时,在任何古代或中世纪的语言里,都没有可以用我们的词语'权利'来准确翻译的词语。在大约一千四百多年以前,这一概念在希伯来语、希腊语、拉丁语、古典阿拉伯语或中世纪阿拉伯语中缺少任何表现手段,且不论在英语或晚至19世纪的日语中。①"这是同当时人与人的社会关系以及主流思想意识相一致的。古代与中世纪的社会关系形态是对人的依赖关系,表现为家庭成员对家长、农奴对领主、臣民对国家的纵向依赖关系。古希腊城邦国家强调公民对政治共同体的善的促进;罗马法强调个人在家族中的"身份";中世纪的自然法学强调的是团体,而非个人。因此,权利总是以一定的人身依附关系为前提的,要想让隐含于正义中的权利观念和存在的具体权利得到充分发展,还有赖于梅因所说的"从身份到契约"的社会进步运动。

二、近代人权:以自由为核心的第一代人权

近代人权是渗透着自由主义精神的权利观念。一方面,它把权利的本质归结为自由;另一方面,它以理性主义和个人主义为基础,强调个人在政治权力面前的自由权利。

在中世纪后期,随着促进欧洲封建社会解体的社会力量的出现和壮大,思想解放运动和罗马法的复兴,以及商品经济的发展,近代自然法学说取代了中世纪的神学自然法并成为各国政治革命的理论武器。

14—16世纪,发端于意大利的一场提倡和复兴古代文化的文艺复兴运动传遍整个欧洲。这股人文主义思潮大讲人的自然本性,强调人的价值和尊严,以人权反对神权,以人道反对神道,以理性反对信仰,从而使古代关于正义、平等、自由的道德主张得以明确和普及。文艺复兴运动之后,16—18世纪,欧洲又出现了声势浩大的宗教改革运动。16世纪,德国神学家马丁·路德首先提出了人与上帝的直接联系,以及人作为人而不是救赎对象的新观念,使人们认识到自己在精神上和思想上是自由的,从宗教自由的精神中推导出人们在政治上的自由。继路德之后,荷兰加尔文教派领袖加尔文又系统而有条理地阐述了路德的新教思想,提倡个人应采取理智、积极、虔诚的生活态度,并致力于使教会共和化和民主化。文艺复兴运动和

---

① 转引自〔英〕A.J.M.米尔恩:《人权哲学》,王先恒等译,东方出版社1991年版,第7—8页。

宗教改革运动确立了个人的至尊地位，倡导人性自由，大大地解放了被宗教束缚的人的思想，为近代自然法学权利观的产生奠定了基础。从12世纪开始并波及整个欧洲的罗马法复兴运动，为启蒙思想家创立近代自然权利学说提供了直接的素材和灵感。这场运动与文艺复兴、宗教改革运动相结合，通过学习、传播并用现代精神解释罗马法，使罗马法的自然法原则和私人平等精神发扬光大，并使欧洲开始恢复法律意识，重建法律的尊严。

由于上述三大运动，再加上中世纪末期因资本主义商品经济的发展而引起的各种利益独立化、个量化的社会事实，个人权利意识成为社会普遍共识，自然法的意义有了新的变化，自然法的本性从神的意志转变为独立于神的人的本质。自然法理论中出现了"自然状态""自然权利""社会契约"等一系列新概念，抽象的人而不是公民成为自然法理论的核心，人的本质、自由和权利等成为自然法理论的价值所在。作为最高法则，自然法的意义在于维护人的自然权利和自由。

14世纪，意大利诗人但丁第一次提出"人权"概念。"教会的根基是基督……而帝国的基石则是人权。帝国也不能做任何违反人权的事。"①1625年，格劳秀斯在《战争与和平法》一书中，把"jus"界定为"一个人所具备的能够使他正当地拥有某种东西或者去做某事的一种资格"②，第一次明确表述了现代权利的含义，提出了"天赋人权"的理论。从那以后，关于权利的论述在自然法思想中占据主导地位。其后的霍布斯、斯宾诺莎、洛克、孟德斯鸠、卢梭等自然法学家都提出了自己的权利概念，并将权利的本质看作自由，从而奠定了近代自然法学权利观的核心概念和价值。他们通过批判旧制度，建设合乎"自然"的新制度，甚至亲身参加革命实践，使自然权利学说与变法改制结合起来，最终使以自由为核心的权利观得以形成。其形成过程大概是：先把原先狭隘的、具体的特殊权利抽象化为自然权利，再把自然权利政治化、法律化。

近代人权的主要内容有生命权、自由权和形式平等权。例如，1776年美国《独立宣言》宣称："我们认为这些真理是不言而喻的：人人生而平等，他们都从造物主那里被赋予了某些不可转让的权利，其中包括生命权、自由权和追求幸福的权利。为了保障这些权利，所以才在人们中间成立政府。"1789年法国《人权宣言》为使人权成为政府的目标而被社会成员铭记，庄严宣布"这些不可侵犯和不可剥夺的权利"，即"在权利方面，人生来是而且始终是自由平等的"；"任何政治结合的目的，都在于保护人的自然的和不可动摇的人权。这些权利就是自由、财产、安全和反抗压

---

① 〔意〕但丁：《论世界帝国》，朱虹译，商务印书馆1985年版，第75—76页。
② 转引自夏勇：《人权概念起源》，中国政法大学出版社1992年版，第138页。

迫"等。这些人权在联合国成立后被国际人权公约确认,如《公民权利和政治权利国际公约》《欧洲人权公约》就是专门规定近代人权的国际人权公约。

三、现代人权:以平等为核心的第二代人权

由于近代经济上的放任自由主义、政治上的消极国家理念是主流思潮,自由竞争的自由资本主义的发展也需要这些理论的支持,人们总是自觉或不自觉地将"天赋人权"理解为免于国家干预的自由权,包括公民权利和政治权利。但是,19世纪末20世纪初,劳资矛盾引发工人运动和社会主义革命,以平等为目标的经济社会生活中的权利被看作与自由权同样重要的人权。二战后,随着"福利国家"理念的兴起、国际人权立法的发展,形成了以平等为核心的第二代人权。

在国内立法方面,最突出的表现就是许多国家以根本法的形式确认了公民在经济、社会和文化生活等领域的权利。标志着这一新时代开始的是1918年《俄罗斯苏维埃联邦社会主义共和国宪法》(以下简称《俄罗斯宪法》)和1919年《魏玛宪法》。1918年《俄罗斯宪法》在人类历史上第一次宣布社会主义国家的诞生,使广大被压迫劳动人民第一次成为国家政权和财产的主人,从根本上保障了劳动人民在经济、社会、文化、政治等各方面的权利。例如,该法第14条规定:"为保障劳动者能够真正获得知识,俄罗斯苏维埃联邦社会主义共和国的任务为给予工人各方面的完全的、免费的教育。"在此之后制定的社会主义宪法都效仿《俄罗斯宪法》的这一模式,使社会权在社会主义国家宪法中得到普遍保障。1919年《魏玛宪法》以其社会权条款数量之庞大、种类之完备、性质之明显而成为20世纪宪法之典范。该法专辟一篇规定"德国人民之基本权利及基本义务",共5章57条,其中又以"经济生活""教育及学校""共同生活"三章全面、准确地规定了公民的各项社会权,主要包括生存权、劳动权、劳动结社自由、组织工会、社会保险、必需生活水准、受教育权、科学艺术自由、婚姻、家庭、妇女和儿童特别保护和扶助等。为保障社会权,该法对经济自由、契约自由、所有权进行了限制。例如,第151条第1项规定"经济生活之组织,应与公平之原则及人类生存维持之目的相适应";第153条第3项规定"所有权为义务,其使用应同时为公共福利之义务"。

除了1918年《俄罗斯宪法》和1919年《魏玛宪法》的模范作用外,第一次世界大战(以下简称"一战")后社会主义国家的崛起、成立于1919年的国际劳工组织的工作、1941年罗斯福和丘吉尔联合签署的《大西洋宪章》、1941年罗斯福的"四大自由演说"、1944年由美国法学会起草完成的人权法案、1944年罗斯福提出的"经济权利法案"的提议案等,大大推动了社会权的宪法化进程。二战后,国际人权立法的

发展促使国内立法进行新一轮的更新。西欧各国宪法在规定各种社会权的同时，对经济自由作出相应的限制，甚至提出"社会国家"的目标。例如，1946 年《法国宪法》第 1 条规定法国为"社会共和国"；《德国基本法》第 20 条第 1 款和第 28 条第 1 款规定德国为民主的、社会合作的联邦共和国。根据荷兰学者亨利·范·马尔赛文和格尔·范·德·唐对截至 1976 年 3 月 31 日世界各国 142 部宪法的统计，规定劳动权的有 55.0%，规定组织或参加工会权的有 59.1%，规定休息和休假权利的有 32.4%，规定享受宽裕或合理生活标准权利的有 23.2%，规定国家救济和社会保险的有 66.9%，规定受教育权的有 51.4%。①

在国际立法方面，社会权受到了比国内立法更好的确认和保护，这与自由权的情形刚好相反。② 在国际人权宪章体系之下，规定社会权的有《世界人权宣言》和《经济、社会、文化权利国际公约》。《世界人权宣言》确认了以下社会权：社会保障权、工作权、休息休假权、适当生活水准权、受教育权等。《经济、社会、文化权利国际公约》将其大多数条款适用于所有个人而不是某一群人，并成为世界人权宪章体系的一部分，所有成员都有义务尊重公约条款，否则就违反了国际法。正如克雷文所言，公约给社会权提供了无比的保护（unparalleled protection）。③ 就内容而言，公约包含个人所应享有的各项经济、社会、文化权利。在联合国人权体系之下，还有其他一些条约包括重要的社会权条款，如《消除对妇女一切形式歧视公约》《儿童权利公约》等。此外，联合国一些专门机构也公布了许多关于社会权的规则，其中包括国际劳工组织。

在区域性人权条约中，有三个值得我们特别关注：一是 2000 年 12 月 7 日生效的《欧盟基本权利宪章》。该宪章在《欧洲社会宪章》《欧洲人权公约》等人权文件的基础上，对欧盟成员国公民的各类权利作出全面的规定，其中包括易被人忽视的社会权：结婚和建立家庭权（第 9 条），结社自由（第 12 条），受教育权（第 14 条），工作权和择业自由权（第 15 条），儿童权利（第 24 条），老年人权利（第 25 条），劳动者的信息权和咨询权（第 27 条），劳动者集体谈判和行动权（第 28 条），不公正解雇保护权（第 30 条），适当公平的工作条件权（第 31 条），家庭与职业保护权（第 33 条），社会保障与社会援助权（第 34 条），健康权（第 35 条）。二是 1988 年 11 月 7 日美洲国

---

① 参见〔荷兰〕亨利·范·马尔赛文、格尔·范·德·唐：《成文宪法的比较研究》，陈云生译，华夏出版社 1987 年版，第 154—160 页。
② See Robert E. Robertson, Measuring State Compliance with the Obligation to Devote the "Maximum Available Resources" to Realizing Economic, Social, and Cultural Rights, *Human Rights Quarterly*, 1994, Vol. 16, No. 4, p. 693.
③ See Paul Hunt, *Reclaiming Social Rights*, Dartmouth Publishing Company, 1996, p. 10.

家组织大会通过的《美洲人权公约补充议定书》(又称《圣萨尔瓦多议定书》)。该议定书是为保障经济、社会、文化权利和建立这些权利的制度化机构而制定的,确认社会权的条款主要有:人人有工作权、工会权(第6、8条);人人应享有社会保障权、健康权、有益于健康的环境权(第10、11、12条);人人有食物权、受教育权和参加文化艺术生活、享有科学技术进步及其应用所产生的利益等文化利益权(第12、14、16条);人人有组成家庭权和得到社会、国家保护的权利(第17条)。此外,该议定书还规定了儿童权利、老年人保障、残疾人保护等具体条款(第18、19、20条)。三是非洲统一组织1981年通过的《非洲人权和民族权宪章》,与前述欧洲和美洲人权条约一样,规定了各项社会权。

四、当代人权:以博爱为核心的第三代人权

当代人权是在二战后国际政治、经济、社会大背景下出现的新一代人权。首先,二战后出现了殖民地和半殖民地国家人民争取民族独立、反对殖民主义的革命,提出了民族自决权。此时,资本主义经济开始从危机走向复苏。随着商品经济的日益发展和繁荣,资本主义国家开始加强对殖民地和半殖民地国家进行原材料的掠夺和商品输出。为了转嫁战争的损失,资本主义国家更加残酷地剥削和压迫殖民地和半殖民地国家人民,激起了这些国家人民反殖民主义的革命热情。到20世纪60年代,民族国家争取独立的解放运动达到了高潮。随着越来越多的民族国家取得独立,它们在国际政治舞台上的实力和地位不断提高,第三世界国家在联合国的影响也越来越大。1977年联合国大会(以下简称"联大")通过的第32/130号决议提出了反殖民主义的意见:"在联合国体系内解决人权问题时,对寻求解决由于下述情势引起的对各民族和一切个人的人权的大规模和公然的侵犯,国际社会应给予或继续给予优先权。这些情势是:种族隔离,各种形式的种族歧视,殖民主义,外国统治和占领,对国家主权、民族统一以及领土完整的侵略和威胁,拒不承认民族自决权和每个国家对其财富及自然资源的全部主权。"其次,科技革命的负面影响催生了对环境权的要求。二战后,科技得到突飞猛进的发展,尤其是电子技术发展惊人,引起了科技的一次重大革命。科技革命一方面意味着人类征服自然的能力得以大大提高,另一方面则意味着人类破坏自然的能力也在提高。当人们向自然大量索取的时候,还给自然的却是大量的废气、废水及废物,污染了自然环境,破坏了生态平衡,使人类健康和生命受到极大威胁。人类的生存已成为一个重要问题,对自然和生态环境的保护已被提升到人权保护的层面。最后,国际政治、经济发展的不平衡状况对第三代人权理论的兴起产生了一定的影响。随着联合国的

成立,国际政治、经济的发展逐步走向一体化。然而,在国际政治、经济体系之中,西方资本主义国家起步较早,基础更好,经济增长更为迅速。此外,它们在国际贸易中逐渐结成各种联盟,使其实力进一步增强,处处占有优势地位。二战后刚争取独立的一些第三世界国家由于起步晚,基础薄弱,自然条件又不好,其本身发展就很缓慢,再加上发达资本主义国家的经济冲击以及国际贸易的不平等,使得它们的发展更加困难。这样,国际社会就呈现出政治、经济发展极不平衡的状态,越发达的国家越富有,越不发达的国家越贫困。因此,不发达国家或发展中国家的社会经济发展问题、国家间的团结互助以及人道主义援助问题被提到人权的议题上来。①

二战后出现的与全世界非殖民化运动联系在一起的新一代人权被称为"第三代人权",也称"团结权",主要是由发展中国家提出的。这种人权主要探讨关涉人类生存条件的集体"连带关系权利",包括民族自决权、发展权、国际和平与安全权、国际人道主义援助权、继承人类共同遗产权、环境权等。这些权利作为现代国际法的原则和国际社会认可的基本人权,被《联合国宪章》《联合国人权宪章》以及联合国其他人权文件确定下来,特别是两个联合国国际人权公约、《给予殖民地国家和人民独立宣言》《发展权利宣言》《联合国人类环境宣言》。

在关于人权发展的历史分期的诸多观点中,法国法学家卡雷尔·瓦萨克的"三代人权"理论最具影响和代表性。1979年7月,在国际人权协会第十届研究会的开幕演讲中,他创造性地提出了"第三代人权"的概念,还进一步与法国大革命的三个口号进行类比,认为第一代人权即自由,第二代人权即平等,第三代人权即博爱。18世纪,欧洲人权运动所主张的人权是"第一代人权",其特征是人权需要国家的消极或弃权行为加以保障,因而通常被称为"消极权利";19世纪末20世纪初,反抗压迫和剥削的社会主义运动提出的经济、社会、文化权利是"第二代人权",由于这种人权观要求国家积极采取干预措施以求权利的实现,故被称为"积极权利";二战后,民族解放和帝国主义殖民体系崩溃时期出现的是"第三代人权",体现了发展中国家从其自身的经济、社会、文化不发达的发展特点出发所要求的内容,如发展权、民族自决权等。

> ## 小结

人权是人依据其自身的本性所应当享有的权利。这个定义概括了"人权"这一概念的基本特征,至少涉及如下三方面内容:一是人权的主体,即什么人可以享有

---

① 参见陆益龙:《第三代人权哲学述评》,载《安庆师院社会科学学报(社会科学版)》1995年第1期。

人权;二是人权的本原,即人之所以应当享有人权,是基于人有本性,而不是任何外界的恩赐;三是人权的内容,也可称为"人权的客体",即人可以享有什么权利。

人权的本原,是指人权的根源,即人为什么应当享有人权,国家为什么应当保障人权。本书认为,人权源自人的本性,而不是任何外界的恩赐。人的本性包括自然属性和社会属性两个方面。自然属性即"人性",包括"天性""德性""理性"三方面内容。人权源自人的人性,是人权的目的与价值所在。人的社会属性虽决定人权的历史性,但它只是人权产生的外部条件,而不是终极目的。

人权的普遍性和特殊性各有其理论基础和根据,两者应当是统一的,只肯定或过分强调其中的一个方面是不正确的。人权是否具有政治性与意识形态性,应视具体情况具体分析。那种认为任何人权都有政治性,都要受意识形态支配的观念,成了一些国家在人权问题上搞"双重标准"的理论依据。

人权的历史演变经由前近代人权发展至今,已形成三代人权说。第一代人权以自由为核心,产生于14—16世纪的文艺复兴时期,以反神权、神道为宗旨,强调人的解放以摆脱封建制度的束缚,建立资产阶级政权,实现商品的自由交换。第二代人权是以平等为核心的经济、社会、文化权利。随着时代的发展,社会贫富差距越来越大,人们要求国家权力对财富进行干预与分配的呼声越来越高,由此进入"福利国家"时代,强调权利的平等性,以保障人之最基本的生活需求。至当代,经济发展所造成的环境污染已经成为全球性或者区域性的问题,此时某些关乎生存、发展的权利不再表现为单个人的权利,而是一个集体性的权利,具有整体性特征。同时,在反殖民主义的过程中,民族自决权、民族发展权等都体现了人权的整体性。因此,第三代人权表现为集体人权,具有连带性。

▷ 课外材料

案例(CASES)
1. 南京"悼念权"案
2. 北京"视觉心理卫生权"案

法条链接(RULES)
1. 《世界人权宣言》第1—2条
2. 《公民权利和政治权利国际公约》第1条
3. 《经济、社会、文化权利国际公约》第1条
4. 《非洲人权和民族权宪章》第24条
5. 《德国基本法》第20条、第28条

6.《中华人民共和国宪法》第 35 条、第 37 条

阅读(READINGS)

1. 李步云主编:《人权法学》,高等教育出版社 2005 年版。

2. 李步云、孙世彦主编:《人权案例选编》,高等教育出版社 2008 年版。

3.〔瑞典〕格德门德尔·阿尔弗雷德松、〔挪威〕阿斯布佐恩·艾德编:《〈世界人权宣言〉:努力实现的共同标准》,中国人权研究会组织翻译,四川人民出版社 1999 年版。

4. 国际人权法教程项目组编写:《国际人权法教程》(第一卷),中国政法大学出版社 2002 年版。

第二章 自 由 权

> 学习目的

- 理解人身自由的含义。
- 理解刑事诉讼程序与人身自由的关系。
- 了解表达自由的内容及其意义。
- 了解表达自由的法律界限。
- 思考目前我国在人身自由与表达自由保护上存在的问题与不足。

> 知识要点

自由权是人权中历史最为悠久的一类权利，长期被视为人权的核心内容。本章中，我们将介绍自由权中的人身自由与表达自由。

实现人身自由的一个重要途径就是完善刑事诉讼程序。在刑事诉讼领域，最容易发生侵害他人人身自由的情况，最为核心的就是犯罪嫌疑人、被监禁者。因此，人身自由对刑事诉讼程序的正当性提出了实质要求。

表达自由则与民主政治过程直接相关。也正是基于这一点，表达自由在很多国家都被认为应该受到特殊保护。然而，表达自由并非绝对的权利，在一定的条件下，仍然应该受到法律的限制。就表达自由的核心——言论自由而言，若国家对言论的限制能够通过严格审查基准或比例原则的审查，则将被允许。

> 案例导入

【案例2-1】 言论自由与国家安全

美国五角大楼文件泄密案（New York Times Co. v. U. S.）[①]发生于1971年。

[①] 403 U. S. 713 (1971).

前五角大楼工作人员丹尼尔·埃尔斯伯格将其在工作中接触到的一份撰写于1967年的有关美国对越南及印度半岛政策的长达47页的报告泄漏给了《纽约时报》《华盛顿邮报》等新闻媒体。1971年6月12—14日,《纽约时报》连续刊载了部分文件。针对这一紧急事态,美国司法部于6月15日向法院申请对《纽约时报》签发禁制令。6月18日,《华盛顿邮报》也开始刊载这一文件。6月23日,这一案件上诉至联邦最高法院。6月26日,联邦最高法院做出法院全体意见(per curiam),判决《纽约时报》胜诉,不支持司法部对《纽约时报》签发禁制令的诉求,《纽约时报》和《华盛顿邮报》得以继续刊发泄密的文件。

尽管联邦最高法院采取了简易的法院全体意见的形式,并没有对言论自由与国家安全的冲突问题展开详细论述,但是本案中斯图尔特大法官与怀特大法官所撰写的协同意见(concurring opinion)此后常常被人们在谈到这一话题时引用。斯图尔特大法官认为,只有当对政府情报的泄漏将"确定无疑地对我们国家和人民带来直接的、立即的、无法弥补的损害"时,禁止情报的发表才不会构成对宪法第一修正案的违反。怀特大法官另外还撰写了一份协同意见(斯图尔特大法官也加入了),特别强调了本案中司法部所寻求的是对言论的事前限制,而对言论的事前限制理应受到更为严厉的审查,故而判定本案中不应批准签发禁制令。

除了本案诉求的禁制令构成事前限制之外,还应该注意到的是,被泄漏的五角大楼文件是美国对越南及印度半岛政策的背景资料与分析,是一份历史文件。尽管司法部在诉讼中强调文件的泄漏会严重危害美国的国家安全,但是对于这一点并未提出切实有力的证据。那么,如果被泄漏的是有关美国军队部署、武装配置等的实时资料,法院又该如何应对?是否能够将本案的判决套用到2010年的"维基解密事件"[①]、2013年的"棱镜事件"[②]上?

---

① 2010年,美国陆军现役军人布拉德利·曼宁将工作中接触到的机密文件交由维基解密网站予以公布。被泄漏的文件包括:2007年7月12日的巴格达空袭影片、2009年发生于阿富汗的格拉奈大屠杀影片、25万份美国外交电报、被称为"伊拉克战争日志"与"阿富汗战争日志"的50万份陆军报告文件。参见 https://zh.wikipedia.org/wiki/%E7%BB%B4%E5%9F%BA%E8%A7%A3%E5%AF%86%E6%B3%84%E9%9C%B2%E7%BE%8E%E5%9B%BD%E5%A4%96%E4%BA%A4%E7%94%B5%E6%8A%A5%E4%BA%8B%E4%BB%B6,2016年12月27日访问。

② 前美国中央情报局工作人员、美国国家安全局外判技术员爱德华·斯诺登于2013年6月在中国香港地区将美国国家安全局关于棱镜计划监听项目的秘密文档披露给了英国《卫报》和美国《华盛顿邮报》。参见 https://zh.wikipedia.org/wiki/%E7%A8%9C%E9%8F%A1%E8%A8%88%E7%95%AB,2016年12月27日访问。

第一节 人身自由

人身自由是自由权中的一项重要内容,其源头甚至早于 1215 年的英国《自由大宪章》。诚如有学者所言,人身自由可以说是最基本的人权,"盖个人对自己的身体完整或自由移动的权利都没有,遑论其他"权利。[1] 人身自由主要与刑事诉讼程序相关,[2]因此我们对人身自由的讨论将主要集中在这一方面进行。

一、人身自由的界定

(一)人身自由的内涵与外延

人身自由所包含的内容非常丰富。王世杰、钱端升认为,人身自由就是个人的人身自主权,是个人"居止行动"的自由。从广义上讲,人身自由还应包括居住自由与迁徙自由。[3] 我国台湾地区有学者认为,所谓人身自由,即个人以自己的身体为对象或客体所享有的自由和权利,包括个人的身体完整及尊严不可侵犯,个人的身体移动的自由不可侵犯。[4] 有日本学者从《日本国宪法》的具体规定出发,认为人身自由主要包括:不受奴隶性的拘束、苦役的自由和刑事诉讼程序上的诸项自由,后者包括:正当程序的保障、对身体拘束的保障、证据的收集和采用上的保障、对拷问及残酷刑罚的禁止、委托辩护人的权利、刑罚法规不溯及既往以及对双重危险的禁止等。[5] 在普通法系国家,人身自由主要包括以下几项权利:被告知监禁或羁押的依据或理由的权利,寻求或被提供法律帮助的权利,在一定时间内被带至司法官处或法庭审查的权利,警察讯问时保持沉默、在自愿和公平情况下招供的权利,保释听证的权利,被告知拥有哪些权利的权利,以及获得法律救济以对监禁进行审查的权利。[6]

我们认为,这些不同的定义之间实际上并不存在太大的矛盾。对于人身自由,可以从狭义和广义两个层面理解。从狭义上说,人身自由主要是身体自由,即个人对自己的身体所享有的自主决定权,或称个人以自己的身体为对象或客体所享有

---

[1] 参见许志雄等:《现代宪法论》,台湾元照出版有限公司 2002 年版,第 155 页。
[2] 同上书,第 156 页。
[3] 参见王世杰、钱端升:《比较宪法》,商务印书馆 1999 年版,第 83 页以下。
[4] 参见许志雄等:《现代宪法论》,台湾元照出版有限公司 2002 年版,第 156 页。
[5] 参见〔日〕野中俊彦、中村睦男、高桥和之、高见胜和:《宪法Ⅰ》(第四版),有斐阁 2006 年版,第 387 页以下。
[6] 参见邓智慧:《人身保护令研究》,中国政法大学 2006 年博士学位论文,第 50 页。

的自由和权利。从广义上说,人身自由除了包括身体自由外,还包括居住自由和迁徙自由。在此,我们从狭义层面对人身自由进行探讨。

从各国宪法学及主要人权公约对人身自由(身体自由)的理解出发,人身自由包括的内容主要有:禁止奴役和苦役;排除任何形式没有合法授权和适当司法控制的逮捕或监禁,包括人身保护令制度;有关证据收集、采用的保障,包括禁止非法的搜查与扣押、禁止强迫自证其罪等;禁止拷问及酷刑;委托辩护人的权利等。除禁止奴役和苦役外,人身自由的内容主要围绕着"人民身体,非依法律,不得逮捕、拘禁、审问或处罚"[①]这一原则展开。因此,人身自由的核心内容实际上就是犯罪嫌疑人或被监禁者与刑事诉讼程序相关的诸项权利。

(二) 人身保护令

人身保护令(writ of habeas corpus),也称"出庭状",是保障人身自由的一种重要而古老的制度,它的诞生甚至早于英国《自由大宪章》。所谓人身保护令,即依此制度,任何人如果被监禁,其本人或任何他人均得向高等法院申请颁发人身保护令,命令监禁者将被监禁者移交法院,审查其监禁理由;法院经审查后,如认为无正当的监禁理由,则被监禁者自可立时恢复自由,否则法院应当按照法定程序进行审判。[②] 因此,人身保护令从本质上讲是以对抗非法拘禁以及超期羁押为目的的一种制度。由于人身保护令建立在对中立的法院之司法权威与司法公正信任的基础之上,因此倘若一个国家内法院缺乏司法权威,又或者法院有失独立与公正,人身保护令都将失去存在的基础与价值。[③]

人身保护令诞生于英国,后来为以美国为代表的普通法系国家所继承。《美国宪法》第1条第9款特别规定,人身保护令之特权不得中止,唯在发生叛乱或受到侵犯而出于公共安全必需时不在此限。美国的人身保护令与英国的人身保护令存在着较大的区别。现在美国的联邦人身保护令作为一种程序救济,主要关注的是州法院在刑事司法程序方面的问题,是联邦法院发出的查纠州法院非法拘禁的诉讼程序。但是,两国的人身保护令的核心内容是相同的——对抗非法羁押,保障人身自由。二战后,日本进行了引进普通法精神的改革,也制定了专门的《人身保护法》,但是由于在实施上大打折扣,该法最后形同虚设。[④] 进入20世纪之后,人身保护令这一古老的制度因联合国和区域国家集团通过人权公约和法律的形式予以继

[①] 王世杰、钱端升:《比较宪法》,商务印书馆1999年版,第84页。
[②] 同上书,第86页。
[③] 对人身保护令的讨论,可参见王世杰、钱端升:《比较宪法》,商务印书馆1999年版,第85—87页。
[④] 参见邓智慧:《人身保护令与人权保障——以刑事诉讼为主视角》,载《中国法学》2004年第4期。

承和确立而得到普及。例如,《公民权利和政治权利国际公约》第9条之规定就是对人身保护令原则和精神的体现。① 1979年第34届联大还专门通过了第178号关于"人身保护令、人身保护状或有同样效果的其他法律救济办法的权利"的决议,敦促各国切实落实人身保护令的立法精神。②

我国宪法和相关法律中并未规定类似的制度。考虑到我国已经签署了《公民权利和政治权利国际公约》,我们应积极调整法律制度以适应该公约的要求。当然,正如有学者所指出的,由于我国司法制度所独具的特点以及人身保护令制度本身存在的些许缺陷,我们应结合本国的情况,建立具有中国特色、符合中国国情和政情的人身保护令制度。③

二、人身自由的保护

(一)国际条约与法律规定

我国参加的一些重要国际条约、宪法和相关法律对人身自由的内容进行了规定。

1.《世界人权宣言》

《世界人权宣言》第4条规定了禁止奴隶或奴役;第5条规定了禁止酷刑;第9条规定:"任何人不得加以任意逮捕、拘禁或放逐";第13条规定了居住自由与迁徙自由。相对来说,《世界人权宣言》的规定是较具原则性的。

2.《公民权利和政治权利国际公约》

《公民权利和政治权利国际公约》对人身自由作出了广泛、全面而具体的规定。该公约除规定迁徙自由、禁止奴隶和苦役、强迫劳动以及禁止酷刑外,还在第9条对禁止非法的逮捕或监禁作出了具体规定,其内容包括:(1)任何被逮捕的人,在被逮捕时应被告知逮捕他的理由,并应被迅速告知对他提出的任何指控。(2)任何因刑事指控被逮捕或拘禁的人,应被迅速带见审判官或其他经法律授权行使司法权力的官员,并有权在合理的时间内受审判或被释放。等候审判的人受监禁不应作为一般规则,但可规定释放时应保证在司法程序的任何其他阶段出席审判,并在必要时报到听候执行判决。(3)任何因逮捕或拘禁被剥夺自由的人,有资格向法庭提起诉讼,以便法庭能不拖延地决定拘禁他是否合法以及如果拘禁不合法时命令予以释放。(4)任何遭受非法逮捕或拘禁的受害者,有得到赔偿的权利。此外,该公

---

① 据称,联合国人权委员会在最初起草的草案中确实使用了"人身保护令"的表述,但是最后未获通过。
② 参见邓智慧:《人身保护令与人权保障——以刑事诉讼为主视角》,载《中国法学》2004年第4期。
③ 参见崔俊杰、范毅:《宪治维度的人身保护令制度》,载《行政与法》2006年第8期。

约还在第10条详细规定了被羁押者的权利,在第14条对与刑事诉讼相关的诸项权利作出了细致的规定。

3.《禁止酷刑和其他残忍、不人道或有辱人格的待遇或处罚公约》

该公约对"酷刑"作出了明确的定义,即"为了向某人或第三者取得情报或供状,为了他或第三者所做或被怀疑所做的行为对他加以处罚,或为了恐吓或威胁他或第三者,或为了基于任何一种歧视的任何理由,蓄意使某人在肉体或精神上遭受剧烈疼痛或痛苦的任何行为,而这种疼痛或痛苦又是在公职人员或以官方身份行使职权的其他人所造成或在其唆使、同意或默许下造成的",并就禁止酷刑进行了广泛而全面的规定。

4. 我国宪法和相关法律的规定

我国《宪法》第37条明文规定:"中华人民共和国公民的人身自由不受侵犯。任何公民,非经人民检察院批准或者决定或者人民法院决定,并由公安机关执行,不受逮捕。禁止非法拘禁和以其他方法非法剥夺或者限制公民的人身自由,禁止非法搜查公民的身体。"相对而言,1982年《宪法》对人身自由的保障是内容最丰富、保护最有力、规定最明确、立法技术最好的。但是,这并非意味着现行《宪法》对人身自由的规定不存在任何问题。有学者指出,由于我国在法律传统上重实体而轻程序,因此人身保障条款在相关法定程序上的规定存在较大缺失;[①]同时,对人身自由的规定过于抽象和简单,对各法治国家宪法都确认的一些原则,如任何人没有自证其罪的义务、任何人有获得迅速审判的权利等未作规定。[②]

在法律层面上,与人身自由关系最为紧密的当属《刑事诉讼法》。我国《刑事诉讼法》有诸多条款与人身自由有关,包括:(1) 第3条第1款规定:"对刑事案件的侦查、拘留、执行逮捕、预审,由公安机关负责。检察、批准逮捕、检察机关直接受理的案件的侦查、提起公诉,由人民检察院负责。审判由人民法院负责。除法律特别规定的以外,其他任何机关、团体和个人都无权行使这些权力。"(2) 第66条规定:"人民法院、人民检察院和公安机关根据案件情况,对犯罪嫌疑人、被告人可以拘传、取保候审或者监视居住。"(3) 第80条规定:"逮捕犯罪嫌疑人、被告人,必须经过人民检察院批准或者人民法院决定,由公安机关执行。"(4) 第82条规定:"公安机关对于现行犯或者重大嫌疑分子,如果有下列情形之一的,可以先行拘留:(一) 正在预备犯罪、实行犯罪或者在犯罪后即时被发觉的;(二) 被害人或者在场亲眼看见的人

---

① 参见周伟:《保护人身自由条款比较研究——兼论宪法第37条之修改》,载《法学评论》2000年第4期。
② 参见童之伟:《从若干起冤案看人身自由的宪法保护》,载《现代法学》2004年第5期。

指认他犯罪的;(三)在身边或者住处发现有犯罪证据的;(四)犯罪后企图自杀、逃跑或者在逃的;(五)有毁灭、伪造证据或者串供可能的;(六)不讲真实姓名、住址,身份不明的;(七)有流窜作案、多次作案、结伙作案重大嫌疑的。"《刑事诉讼法》第91条第1、2款还规定:"公安机关对被拘留的人,认为需要逮捕的,应当在拘留后的三日以内,提请人民检察院审查批准。在特殊情况下,提请审查批准的时间可以延长一日至四日。对于流窜作案、多次作案、结伙作案的重大嫌疑分子,提请审查批准的时间可以延长至三十日。"此外,《刑事诉讼法》还有大量的条款规定了其他限制人身自由的强制措施、犯罪嫌疑人聘请律师及其他辩护人的权利、非法证据的排除等与人身自由密切相关的内容。

(二)人身自由保护的实态

从总体层面而言,我国人身自由保护的情况尚待完善,国家机关侵犯公民人身自由的事件仍有发生,佘祥林案、"躲猫猫案"、徐武案等即为其中的典型代表。在这条道路上,我们可谓"任重而道远"。为进一步加强对公民人身自由的保护,以下几个问题是需要我们特别予以注意和加以改进的:

1. 进一步改进刑事诉讼法

我国《刑事诉讼法》制定于1979年,经历了1996年、2012年、2018年三次修正。从现行法律规定来看,《刑事诉讼法》进一步加强了对犯罪嫌疑人人身自由的保障,完善了对犯罪嫌疑人辩护权利的保障,确定了非法证据排除规则,解决了1996年《刑事诉讼法》与《律师法》(2007年修订)部分规定存在冲突的问题。然而,这并非意味着《刑事诉讼法》已经不存在任何问题了。具体说来,《刑事诉讼法》在以下几个方面仍然需要予以改进:(1)对上诉期内二审委托律师的会见权缺乏保障,在实践中存在着个别检察机关通过扩大解释《人民检察院刑事诉讼规则(试行)》第45条"特别重大贿赂犯罪"的范围,变相限制律师会见权的情况;(2)第33条第4款规定的"辩护人接受犯罪嫌疑人、被告人委托后,应当及时告知办理案件的机关"在实践中执行时缺乏具体程序;(3)非法证据排除规则的实际适用情况不理想;[①](4)应考虑确认侦查人员对犯罪嫌疑人进行讯问时辩护律师的在场权,即承认犯罪嫌疑人有权要求其辩护律师在场提供法律帮助。

需要指出的是,国外刑事逮捕或拘禁的立法实践一般都遵循两个重要原则:(1)审前羁押和审间羁押只作为第二而非第一选择,实行"保释优先";(2)为防止犯罪嫌疑人再犯新罪、毁灭证据或逃脱(确保出庭)而决定采用羁押方式时,为避免

[①] 参见林喜芬、董坤:《非法证据排除规则运行状况的实证研究——以557份律师调查问卷为样本》,载《交大法学》2016年第3期。

滥用羁押手段，必须对此加以适当限制，即司法审查。① 这两个原则对于避免非法羁押、超期羁押具有重要意义，值得我们借鉴和学习。

2. 理顺公、检、法的关系

我国《宪法》第 140 条规定："人民法院、人民检察院和公安机关办理刑事案件，应当分工负责，互相配合，互相制约，以保证准确有效地执行法律。"《刑事诉讼法》第 7 条重申了这一原则。然而，考察当前我国公、检、法三机关的关系不难发现，在配合制约原则的指导下，公、检、法的关系出现了错位、扭曲、缺位等不良现象，主要表现在：(1) 现行的以配合制约为内容的检警关系实际上是强调侦查职能相对于控诉职能的平等性和独立性，试图以侦查职能与控诉职能之间的"分工负责，互相配合，互相制约"代替控诉职能对侦查职能的主导作用；(2) 实际上形成了检察院在诉讼中监督、制约法院的局面，这无疑将在一定程度上破坏法院的司法权威。② 再加上我国司法实践中长期以来形成的"三长会议"协调定案制度，使得在形式上相互制衡的公、检、法三个部门很容易变成实质上互通有无的一个部门。③ 因此，有必要理顺公、检、法的关系。

3. 逐步减少直至消灭行政行为限制人身自由的情况

非经司法程序，公民的人身自由不受限制与剥夺，这是相关国际条约的要求，也是世界上法治国家的通行做法。上文中，我们一再强调，法院应该为剥夺人身自由问题的最终裁决机关。然而，在我国，存在某些行政机关不经司法机关决定、审判，以行政强制措施和行政处罚的形式剥夺公民人身自由的情况，这与人权保障的价值是不一致的。具体说来，行政强制措施涉及限制和剥夺人身自由的包括行政强制传唤和扣留，行政处罚包括行政拘留，这些程序均缺乏司法控制。我们应逐步减少直至消灭不经司法审查与控制而仅仅通过行政行为剥夺人身自由的情况。

4. 加强对疑似精神病人的人身自由之保障

各国目前对于犯罪嫌疑人的人身自由普遍采取较为周密的保障，相比之下，在"拘留或其他安全措施，或超出刑事司法所要求范围之外的剥夺自由的预防性措施，诸如拘禁流浪者、吸毒上瘾者、精神病人和外国人"方面，侵犯人身自由的情况较为严重。④ 近年来，精神正常的普通人因与亲属之间存在利益纠纷，或者是由于其他原因而被家属、单位甚至相关政府部门强制送入精神病院，从而使得不经任何

---

① 参见谢佑平：《公民人身自由权的宪法保障与司法保护——以刑事司法为中心》，载《河南省政法管理干部学院学报》2005 年第 1 期。
② 同上。
③ 参见崔俊杰、范毅：《宪治维度的人身保护令制度》，载《行政与法》2006 年第 8 期。
④ 参见邓智慧：《人身保护令与人权保障——以刑事诉讼为主视角》，载《中国法学》2004 年第 4 期。

司法程序被剥夺人身自由以及其他公民权利的案件见诸报端,徐武案即为其中的典型代表。这暴露出我国因在精神卫生立法上存在空白而导致的权力滥用现象。由于被强制入院者无法得到任何救济,因此这种对人身权利的剥夺比逮捕的危害更大,也就更需要法律加以调整和控制。为应对上述问题,我国于2012年颁布了《精神卫生法》,并于2018年进行了修正,对精神障碍的诊断、治疗、康复等作出了全面的规定。该法第4条第1款明确规定:"精神障碍患者的人格尊严、人身和财产安全不受侵犯。"这无疑是我国在人身自由保障上的重大进步。

热点讨论

本节讲述的主要是刑事诉讼中对于人身自由的保护,那么对于商场或超市强制搜身,你怎么看?

第二节 表达自由

一、表达自由的界定

根据日本宪法学家芦部信喜的观点,人的自由权可以分为人身自由、精神自由和经济自由,其中精神自由是由内在的自由——思想和良心的自由、宗教信仰的自由、学问自由等与外在的自由——表达自由所构成的。① 因此,表达自由从实质上讲,就是将人的内心感知、信仰、观点等以语言、文字、图画、音乐甚至是行为等在外部世界中表现出来,从而使其能够为他人所感知,进而在表达者与接受者之间形成交流的自由。从外延来看,表达自由的核心无疑是言论自由。除狭义的言论自由之外,出版、集会、结社、游行、示威的自由以及宗教信仰自由(宗教结社、布道、做礼拜等自由)甚至知情权等均属于表达自由。从主体来看,表达自由是为所有"人"所享有的权利,不论身份、国籍、年龄、种族、性别等。除自然人外,法人是否享有表达自由在各国是可以讨论的。例如,美国承认法人可能构成言论自由的主体;而我国《宪法》第35条则明确将表达自由的主体限定为"中华人民共和国公民",从而排除了法人享有表达自由的可能。从表达形式来看,除了以上列举的语言、文字、艺术表达形式、行为之外,任何得以将行为人内心所感所知表现于外部世界并为他人所感知的形式都有可能构成自由之表达,如电影、电视、代码、个人数据等。

---

① 参见〔日〕芦部信喜著,高桥和之补订:《宪法》(第三版),岩波书店2002年版,第八章。

表达自由是一项具有悠久历史的自由权。作为不成文宪法国家,英国虽然早期并没有对表达自由作出过任何成文的法律规定,但是早在17世纪就已经开始形成表达自由的思想。到了18世纪,免于许可的出版自由作为一项普通法的内容或自然权的地位已经得到确立。① 英国表达自由思想的集大成者无疑是布莱克斯通,他在《英格兰法律评论》中对表达自由作了集中的阐述。② 布莱克斯通的表达自由思想还直接影响了美国的制宪者们。可以说,美国宪法第一修正案正是以英国的普通法传统和以布莱克斯通为代表的英国法学家们的表达自由思想为基础而形成的。在英国法的直接影响下,美国宪法第一修正案对表达自由作出了明确的规定:"国会不得制定关于下列事项的法律:确立国教或禁止信教自由,剥夺言论自由或出版自由,剥夺人民和平集会和向政府请愿申冤的权利。"尽管从该条文的措辞上看,美国宪法第一修正案对于表达自由的保护近乎绝对,但是这一条款其实从来都没有被认为给予表达自由绝对的保护,制宪者也只是认为表达自由应免受一切事前限制。③ 同时,法国《人权宣言》也对言论自由作出了规定。其第10条明确规定:"意见的发表只要不扰乱法律所规定的公共秩序,任何人都不得因其意见甚至信教的意见而遭受干涉。"

在美国宪法与法国《人权宣言》强大的示范效应下,表达自由在世界范围内逐渐确立,各国宪法对表达自由均作出了规定,而表达自由作为一项人权也得到了广泛的承认。《世界人权宣言》第19条规定:"人人有权享有主张和发表意见的自由;此项权利包括持有主张而不受干涉的自由,通过任何媒介和不论国界寻求、接受和传递消息和思想的自由。"《公民权利和政治权利国际公约》第19条对《世界人权宣言》第19条作出了进一步的细化和完善。此外,各地区性人权公约也对表达自由作出了规定。例如,《欧洲人权公约》第10条第1款规定:"人人享有表达自由的权利。此项权利应当包括持有主张的自由,以及在不受公共机构干预和不分国界的情况下,接受和传播信息和思想的自由。本条不得阻止各国对广播、电视、电影等企业规定许可证制度。"该公约第10条第2款对限制表达自由作出了明确的规定。

依据传统的观点,表达自由是一项典型的消极自由。也就是说,表达自由对应的是国家的不作为义务。这也是我们在美国宪法第一修正案中所看到的对于国会

---

① See Thomas I. Emerson, The Doctrine of Prior Restraint, *Law & Contemporary Problems*, 1955, Vol. 20, No. 4, pp. 648, 651.
② See W. Blackstone, *Commentaries on the Laws of England*, Clarendon Press, 1765.
③ See Michael I. Meyerson, The Neglected History of the Prior Restraint Doctrine: Rediscovering the Link Between the First Amendment and the Separation of Powers, *Indiana Law Review*, 2001, Vol. 34, pp. 295, 322.

立法权的消极限制。因此,在传统的观点下,对表达自由的考察重点是在何种边界内、何种情况下,国家对表达自由的干涉和限制是不被允许的。然而,在现代权利观下,任何一项基本权利都对应着国家的不干涉义务、保护义务和给付义务。即使是作为自由权的表达自由,也不仅仅对应着国家的不作为义务。如果国家不履行积极作为的义务,表达自由将无法实现。对于这一点,以费斯为代表的美国宪法学者们已经作出了详细的论述。[①] 例如,在对公共论坛原则的贯彻上,如果政府不提供公共场地和设施,那么言论发布者的言论自由是无法实现的。

作为一项重要的自由权,表达自由一向受到极高的重视。表达自由之所以被认为应该受到特殊的保护,是因为它与民主社会的形成和基础直接相关。对于表达自由与民主的关系,最早作出系统阐述的是米克尔约翰。他主张,言论自由实际上保障的是人们参与自治(self-government)的权利。这是因为,言论自由确切地说是公众对公共事务的自由讨论,是保证投票者获取足够的知识及情报,以便在投票中真实地表达自己的意愿的途径之一。[②] 因此,正如选举权不应受到限制一样,言论自由也不应受到限制。简单说来,财产权这样的经济自由如果受到政府的不当限制,那么民众在穷尽法律救济途径的情况下,还有可能通过政治诉求途径寻求救济和予以纠正。如果表达自由受到政府的不当限制,那么也意味着政治诉求途径受阻,因为政治诉求途径正是以表达自由为基础的。同时,这也就意味着民众将没有任何有效途径寻求救济。因此,对于表达自由,应该给予更高程度的保护。同时,正如米克尔约翰和波斯特等学者所分析的,现代民主依赖的是公民对于公共事务充分的意见交换,如果对于公共话语(public discourse)不能保证"不受抑制、充满活力并广泛公开(uninhibited, robust, and wide-open)地辩论"[③],民主也将失去活力和生命。正是基于表达自由与民主社会的这种特殊联系,表达自由尤受重视。

二、言论自由的法律保护

如上所述,言论自由作为表达自由的核心,虽然是一项被认为应该受到特殊保护的自由,但是它从来都不是一项绝对的自由。言论自由同样是有法律界限的。一般说来,言论自由的法律保护主要应遵循以下标准:

(一)严厉禁止事前限制

所谓事前限制,指的是国家对言论自由实施的一种特殊限制,即民众必须取得

[①] 参见〔美〕欧文·M.费斯:《言论自由的反讽》,刘擎、殷莹译,新星出版社 2005 年版。
[②] See Alexander Meiklejohn, The First Amendment Is an Absolute, *The Supreme Court Review*, 1961, Vol. 1961, pp. 245, 255-257.
[③] New York Times v. Sullivan, 376 U.S. 254, 270 (1964).

由国家机关给予的某种许可方能发表言论，或者国家机关作出的决定得以断绝行为人发布言论的可能性。依此，国家机关的决定成为言论能否进入"思想市场"的决定性因素，如出版许可制与禁制令。在事前限制制度之下，政府对言论的审查成为一种常态而非例外。布莱克斯通在《英格兰法律评论》中论述的核心观点是："虽然出版自由对于一个自由国家来说的确是至关重要的，但是这仅仅意味着免受事前限制的自由，而并不意味着免于事后刑事追惩的自由。"因此，可以说，在言论自由思想发展早期，它强调的是对于事前限制的禁止。就当下而言，事前限制较事后限制对言论自由具有更大的危害，因此一般不允许对言论自由进行事前限制，而对政府采取的事前限制手段也应进行较事后限制更为严格的审查已经成为言论自由领域的一项共识。事前限制之所以应该受到严厉禁止，最重要的原因在于它较事后限制能够对于言论自由产生更大的"寒蝉效应"。

爱默生曾对事前限制作过系统的归纳，他将事前限制的危害归纳为八点：[1]（1）广度。在事前限制的情况下，所有处于政府控制领域的言论都必须经过政府的审查和许可；而在事后追惩的情况下，只有部分涉嫌违法的言论才会受到政府的审查。（2）拖延。在事前限制的情况下，言论一旦遭到限制就无法进入"思想市场"，或者直至时效已过才得以进入，从而失去价值；而在事后追惩的情况下，无论对于言论是否进行惩罚，它都有进入思想的"自由市场"进行角逐的机会。（3）作出不利决定的难易程度。在事前限制的情况下，由于启动诉讼的负担由公民而不是政府承受，因此政府更容易作出不利于发表言论的决定。（4）程序。事前限制的决定是由行政官员作出的，而事后追惩（刑事处罚）则是在有陪审团的情况下经由法院审判作出的，因此后者在程序上受到更多的保护。（5）公众评价与批评的机会。与事后追惩经由公开的审判作出不同，事前限制是以一种更为隐蔽的方式作出的，因此公众对于事前限制知之甚少，更不可能有对其进行评价与批评的机会。（6）动力。担任审查之职的行政人员的审查任务繁重，收入低微，社会地位低下，通常不具备过人的智慧和专业知识，同时天然具有一种压制言论的职业利益，因此他们在进行审查时所作的决定往往是不可靠的。（7）确定性与风险。有人主张，事前限制实际上意味着对于什么言论能够发表有更为确定的把握以及承担更小的风险，因此这一制度可能在某些情况下是值得支持的。但是，爱默生认为，对于整个社会的言论自由而言，无论如何，事前限制都意味着更少的言论，它还使得某些有勇气承担不利后果的人失去了发表言论的机会。同时，在更深层次上，事前限制还意味着一种

---

[1] See Thomas I. Emerson, The Doctrine of Prior Restraint, *Law & Contemporary Problems*, 1955, Vol. 20, No. 4, pp. 648, 656-660.

对于政府权力更为顺从的态度。(8) 效果。事前限制在压制言论的效果上更甚于事后追惩。

尽管如此,事前限制也并非绝对受到禁止的。允许对言论自由进行事前限制的条件主要包括:(1) 必须能够通过较事后追惩更为严格的审查;(2) 对于事前限制手段,配备不受拖延、及时有效的司法救济程序,排除行政机关决定的终局性;(3) 言论不受保护的举证责任应由作出限制决定的国家机关承担。对于由司法机关作出的事前限制(禁制令),应要求命令的作出必须以完整、公正的听证程序为前置程序。

(二)禁止模糊和过宽

尽管布莱克斯通认为言论自由"仅仅意味着免受事前限制的自由,而并不意味着免于事后刑事追惩的自由",尽管事前限制较事后追惩对言论自由危害更大,但是这并不意味着对言论自由的事后追惩就可以置之不理。事实上,20世纪以后的言论自由理论与司法实践更为重视的是对事后追惩的限制,因为较之被认为应该禁止的事前限制而言,事后追惩是国家在对言论自由予以限制时采取的更为主要的手段,也是言论自由所面对的主要危险。

具体而言,事后追惩的危险主要来自立法机关和行政机关,而禁止模糊和过宽原则直接针对的就是制定限制言论自由规则的立法机关。这一原则对于限制言论自由的立法提出了非常重要的限定条件。实际上,禁止模糊和过宽原则是由两个原则构成的:禁止模糊原则和禁止过宽原则。但是,由于立法上的模糊和过宽对于言论自由造成的危害极为相似,且现实中两者常常交织在一起,所以两者通常被相提并论。禁止模糊原则要求限制言论自由的法律规范在表述上必须明确,如果使用含义可作多重理解的表述,则应作出进一步的界定,从而使一个具有普通智识的人对于法律规范的要求能有确定的理解。如果"理性人"对于条款的解读可能产生两种以上的结果,那么这一法律规范就违背了禁止模糊原则。禁止限制言论自由的法律采取模糊性表述,是因为模糊的立法将导致执法上的不可预测性,增加行政机关恣意裁量的可能性,并导致选择性执法的产生;而对于民众而言,模糊的立法将使其对于自己将要发表的言论是否为法律所禁止无法作出明确的判断,从而增加自我审查的力度,最终导致对言论自由的"寒蝉效应"。禁止过宽原则要求立法必须将对言论自由的限制控制在立法者所欲限制的对象上,而不应作出扩大化规定,使得执法机关有可能将该条款适用于并非立法目的的情况。例如,立法机关如欲制定法律限制"将会当场引起听众暴力行为的言辞",而将该法律规范表述为"禁止在公众场合发表冒犯性言论",则该立法即违反了禁止过宽原则。① 与模糊立法一样,过宽的立法也会导致民众对言论自我审查力度的加大,从而最终产生"寒蝉效应"。

与禁止事前限制原则一样,禁止模糊和过宽原则对于言论自由的保护更多的也并非着眼于个案中受到限制的言论本身,而是着眼于所有可能受到这一限制影响的言论。换言之,即使个案中受到限制的言论本身属于应受限制的言论,但是由于这一限制手段存在非法限制更多的合宪言论的现实可能性,因此对言论自由的这一限制也仍然应受到违宪评价。

(三)对事后追惩的严格审查

以上简单探讨了对于限制言论自由的手段的限定,而基于言论的内容对其予以事后追惩对于民众而言无疑是在言论自由上最具有主观冲击性的限制。那么,对于这种限制,在何种条件下才能够予以允许?

对于这一问题,有两种回答。但是,在我们看来,这两种回答实际上殊途同归。

第一种回答就是适用比例原则。基于这一回答,当法院对国家机关针对民众的言论自由之限制进行审查的时候,法官首先需要确认国家行为是否限制、干预了言论自由。在得到肯定的答案之后,法官应进一步追问国家行为的目的与目的本身的正当性。此为比例原则的预备阶段。一旦确认国家行为目的的正当性,法官即应依次审查:(1)作为手段的国家行为是否适合于实现其目的("适合性原则");(2)国家在所有对目的实现同样有效的手段中,是否选择了最温和的、对基本权利限制最小甚至不限制基本权利的手段("必要性原则");(3)对基本权利的限制与由此得以实现的目的之间是否有合理的、适度的、成比例的、相称的、平衡的关系("狭义的比例原则")。②

第二种回答则是美国法院所适用的严格审查(strict scrutiny)基准。根据美国的言论自由理论,对于政府基于言论的内容而对与公共议题有关的言论进行的限制,应进行严格审查。严格审查基准要求法院审查:(1)政府限制言论自由是否出于紧迫的、重大的公共利益需要,而且并非以限制言论自由为目的;(2)政府限制言论自由的手段是否"量身定做"(closely tailored),是否是对言论自由侵害最小的限制手段;(3)政府所采取的限制手段与其所声称要保护的公共利益之间是否存在紧

---

① 在这里,我们可以发现,违反禁止过宽原则的立法往往也违反了禁止模糊原则。然而,这两个原则仍然并非等同的。例如,"不得发表国家应合宪地予以限制的言论"这一表述就是模糊而并非过宽的。See Geoffrey R. Stone, *et al.*, *The First Amendment*, Wolters Kluwer Law & Business, 2012, p.136.
② 参见杨登杰:《执中行权的宪法比例原则——兼与美国多元审查基准比较》,载《中外法学》2015年第2期。

密的、实质性的联系。① 同时,适用严格审查基准意味着法官将适用违宪性推定。

可以看出,无论是比例原则还是严格审查基准,都要求对限制言论自由的政府行为进行极为严格的审查。如果说它们之间有任何重要的区别,那么这种区别也并非适用的审查基准本身,而是对言论自由权利位阶的不同理解。具体说来,就是相比于言论自由,适用比例原则的欧陆国家(以德国为代表)更加强调人性尊严与人格权;而适用严格审查基准的美国则将言论自由视为默认应该受到保护的权利,即使是在言论自由与国家安全发生冲突的时候。这一区别在 Hustler Magazine v. Falwell② 与 Strauss Caricature③ 这两个案件的对比上有非常清楚的表现。在前案中,色情杂志《好色客》以戏仿坎帕里酒广告的形式刊登了一篇以政客法威尔为主角的"访谈",其中有法威尔的一张照片以及一篇法威尔说自己的"第一次"是与自己的母亲在醉酒后发生在公共厕所里的"内容"。文章的末尾以小字写道:"戏仿广告,不要当真。"法威尔对《好色客》杂志提起了书面诽谤(libel)与故意精神损害(intentional infliction of emotional distress)之诉。最终,美国联邦最高法院以 8∶0 判决法威尔败诉。首席大法官伦奎斯特在撰写的法院判决意见中指出,为了保证公共讨论的活跃性,对于有关公共人物的公共讨论,主张诽谤也好,故意精神损害也罢,都应该适用实质恶意(actual malice)原则,即公众人物如果要诉求出版物承担诽谤或故意精神损害的赔偿责任,就必须证明出版方明知陈述为虚假的或者置其真实与否于不顾而作出虚假陈述,方能得到支持。在 Strauss Caricature 案中,一家名为 Konkret 的左翼杂志刊登了一组将当时的巴伐利亚州州长施特劳斯画成猪的漫画,其中一幅漫画中,一只面部特征明显可辨识为施特劳斯的猪在与穿着法官袍的猪性交。最后,德国联邦宪法法院判决该案中的漫画不受言论自由的保护,因为人性尊严是受到特别强调和保护的宪法价值,而该漫画明显意图贬损施特劳斯的人格以及剥夺他作为一个人所应享有的人性尊严。④ 从这两个案情高度相似、结果截然不同的案件可以看出,导致出现不同判决结果的原因并非适用的判断方法不同,而完全在于对言论自由与人性尊严关系的不同解读——前者认为言论自由对于民主具有直接、关键的价值,因此人性尊严也不足以撼动对言论自由的保

---

① See Richard Fallon, Strict Judicial Scrutiny, *UCLA Law Review*, 2007, Vol. 54, No. 5, pp. 1267, 1268. 实际上,法伦认为,严格审查基准有三个版本,但是在学术论文中出现最多的还是此处提到的这个版本。
② 485 U. S. 46 (1988).
③ 75 BVerfGE 369 (1987).
④ 有关这两个案件的对比,参见 Geoffrey R. Stone, et al., *The First Amendment*, Wolters Kluwer Law & Business, 2012, pp. 176-178。

护;后者则认为人性尊严是更值得保护的价值,对言论自由的保护不能以牺牲他人的人性尊严为代价。

热点讨论

在我国,应如何处理言论自由与人性尊严之间的关系?你更赞同美国的立场还是德国的立场?

三、知情权的法律保护

（一）知情权的界定

知情权(the right to know),又称"知的权利""资讯权""了解权""知悉权"等,从广义上讲,指的是寻求、接受和传递信息的自由,是从官方或非官方获知有关情况的权利;从狭义上讲,仅指知悉官方有关情况的权利。[1] 在此,我们采狭义说。

尽管知情权兼具政治权利的性质,但是一般而言,各国和地区都是将其作为表达自由的一部分进行理解的。例如,我国台湾地区学者陈慈阳认为知情权(资讯取得自由)基本上就是表达自由存在的前提,[2] 日本宪法学家芦部信喜也是在表达自由的框架下讨论知情权的,[3] 美国宪法学更是以宪法第一修正案为知情权的宪法渊源。

知情权是一项新兴的权利。从严格意义上讲,它是二战后才被提出和发展起来的新兴人权。最早提出"知情权"这一概念的,是美国的一位新闻编辑肯特·库珀,他在1945年1月的一次演讲中呼吁官方"尊重公众的知情权"。库珀的建议立即得到了包括官方在内的广泛响应。[4] 知情权首次在宪法中得到明确规定是在1949年《德国基本法》中,其第5条第1款明确规定:"人人享有以语言、文字和图画自由发表、传播其言论的权利与无阻碍地以通常途径了解信息的权利。"就思想根源而论,知情权可追溯至英国学者密尔对表达自由的论述以及国家行为公开理论。[5] 从制度上讲,早在1766年,瑞典就制定了《关于著述与出版自由的1766年12月2日之宪法法律》,在世界上首开"信息公开立法"之先河。[6] 因此,知情权可以说

---

[1] 参见张庆福、吕艳滨:《论知情权》,载《江苏行政学院学报》2002年第1期。
[2] 参见陈慈阳:《宪法学》,台湾元照出版有限公司2004年版,第498页。
[3] 参见〔日〕芦部信喜著,高桥和之增订:《宪法》(第三版),林来梵等译,北京大学出版社2006年版,第152—153页。
[4] 参见纪建文:《知情权论》,山东大学2005年博士学位论文,第17—18页。
[5] 参见张庆福、吕艳滨:《论知情权》,载《江苏行政学院学报》2002年第1期。
[6] 同上。

是一项既古老又年轻的权利。

从内容上讲,知情权不仅包括不受他人妨碍地自由知悉的消极面向,而且具有要求持有资讯的主体公开或提供资讯的积极性质。① 因此,知情权的内容较为丰富。但是,对于知情权具体包括哪些内容,不同国家和地区的不同学者有着不同的认识。例如,美国学者威金斯认为,该权利至少包括:(1) 取得信息的权利;(2) 不经事前控制而印刷的权利;(3) 印刷而无须担心非经正当程序受到报复的权利;(4) 对于报道而言接近必需的设施与资料的权利;(5) 传播信息而不受政府或者无视法律活动的市民的干涉的权利。其中,第一项权利是最为重要的。② 日本学者则认为,知情权包括"信息流通的自由"和"信息领受的自由"(即知的自由),或者包括"信息领受的自由"和"获取信息的权利"。③ 类似地,我国有学者认为,知情权包括接受信息的权利和寻求获取信息的权利,后者还包括寻求获取信息而不受公权力妨碍与干涉的权利以及向国家机关请求公开有关信息的权利。④ 我国还有学者认为,知情权包括三项权能:接受权、请求权、获得物质帮助权。其中,接受权是指公众有获得公共信息的权利;请求权分为请求公开和请求救济,其中请求公开是指公众请求国家机关公开公共信息,请求救济是指公众的知情权受到侵害而要求有关国家机关依法予以保护;获得物质帮助权包括获得整理资料的帮助和获得行使权利的帮助。⑤ 虽然上述观点各有不同,但是对于知情权既包括消极的自由又包括积极的请求权却可达成一致,而知情权中对掌握信息的公权力机关的请求权所对应的即为政府信息公开制度。由此可知,知情权必然对应着政府信息公开制度,前者为后者的基础。

(二) 国际条约与相关法律对知情权的规定

最早对知情权予以确认的国际条约是 1948 年《世界人权宣言》。其第 19 条规定:"人人有权享有主张和发表意见的自由;此项权利包括持有主张而不受干涉的自由,通过任何媒介和不论国界寻求、接受和传递消息和思想的自由。"此后,《公民权利和政治权利国际公约》也对知情权作出明确规定。其第 19 条第 2 款规定:"人人有自由发表意见的权利;此项权利包括寻求、接受和传递各种消息和思想的自

---

① 参见〔日〕阿部照哉等编著:《宪法——基本人权篇》(下册),周宗宪译,中国政法大学出版社 2006 年版,第 155 页。
② 参见〔日〕芦部信喜:《现代人权论·违宪审查的基准》,有斐阁 1984 年版,第 180 页。
③ 参见林爱君:《论知情权的法律保障——新闻传播学的视角》,复旦大学 2007 年博士学位论文,第 3 页。
④ 参见张庆福、吕艳滨:《论知情权》,载《江苏行政学院学报》2002 年第 1 期。
⑤ 参见林爱君:《论知情权的法律保障——新闻传播学的视角》,复旦大学 2007 年博士学位论文,第 13—15 页。

由,而不论国界,也不论口头的、书写的、印刷的、采取艺术形式的或通过他所选择的任何其他媒介。"1968 年《德黑兰宣言》标志着知情权保护的一次重要发展,其第 5 条首次将"新闻自由"与"发表自由"相提并论,从而使知情权在"发表自由"中被突出强调。此外,联合国 1978 年《关于新闻工具有助于加强和平与国际了解、促进人权、反对种族主义、种族隔离及战争煽动的基本原则宣言》作为关于知情权的系统的国际人权法文件也值得重视。

虽然我国宪法中并没有直接规定知情权的条款,但是与日本等其他国家一样,我们也可以从表达自由等条款中推导出公民的知情权。具体而言,我国《宪法》第 33 条第 3 款"国家尊重和保障人权"、第 35 条有关表达自由的规定可视作知情权的宪法渊源。

从法律层面来讲,我国虽然没有制定专门的信息公开法,但是在许多法律法规中都涉及相关问题。例如,《核电厂核事故应急管理条例》对核事故发生地的公民有权及时获知有关核事故的信息的规定,《选举法》《行政诉讼法》《行政处罚法》确立的行政机关及其他国家机关向公众告知有关情报的制度,《立法法》规定的法律的公布程序,以及《立法法》及各诉讼程序法中关于判决书、调解书公开的规定等。我国对知情权予以最为集中保护的,当属 2008 年开始施行的《政府信息公开条例》。该条例的施行是我国保护公民知情权、建立政府信息公开制度、打造"阳光政府"的一个重要里程碑。但是,一方面,该条例的执行本身还有待加强;另一方面,该条例的规定还存在许多问题。要切实保障公民的知情权,就必须在履行该条例的基础上,及时制定信息公开法,确认公民的知情权。

(三) 知情权与政府信息公开制度

讲知情权,就不能不谈到政府信息公开制度。公民对于官方所掌握信息的知悉权,从根本上说,要通过政府信息公开制度予以实现。以知情权为基础,当政府拒绝公开信息时,公民须请求法院予以救济。

从世界范围来看,政府信息公开制度最早发源于美国。以知情权的思想传统为积淀,美国早在 1935 年就制定了《联邦公示法》。二战后,在 50、60 年代掀起的"知情权运动"的推动下,美国最终于 1966 年通过了《情报自由法》。该法第一次赋予美国公民取得政府档案和文件的法定权利,并规定任何人均享有向行政机关申请查阅、复制行政情报的权利。[①]《情报自由法》后来历经数次修改,与稍晚制定的《隐私权法》《阳光下的政府法》等一起构成了一个完整的保护知情权的法律体系。

---

① 参见纪建文:《知情权论》,山东大学 2005 年博士学位论文,第 18 页。

可以说,美国的政府信息公开制度是较为发达的,堪为其他国家的楷模。

在其他的宪治国家中,法国同样拥有深厚的知情权的思想底蕴和宪治根基,但是直到1978年才制定《行政文书公开法》,其知情权保护不是很发达。① 在日本,早在1948年就开始使用"知情权"一词,②行政交谈在1955年就成为国民监督行政的重要渠道和形式,60年代就有团体提出制定情报公开法的要求,后来几经波折,最终于1999年通过了《情报公开法》。③ 值得注意的是,虽然在国家层面上日本《情报公开法》的制定较迟,但是各地方公共团体自1982年就开始纷纷制定有关情报公开的条例。因此,日本的政府信息公开制度可以说是自20世纪70年代便已步上健康发展的轨道。④ 英国的《政府信息公开法》迟至2005年才开始生效,但是这并不意味着知情权在英国长期难以得到保护。相反,由于具有悠久的法治传统和司法审查制度,知情权在英国虽然没有得到制定法层面上的确认,但是一直受到切实的保护。⑤

如上所述,我国虽然制定了《政府信息公开条例》,但是存在着许多问题。具体而言,主要包括:

第一,立法原则定位不清。现在世界上大多数国家在政府信息公开上实行的都是"最大限度公开"或"推定公开"原则,简单说来,就是"以公开为原则,以限制为例外"。⑥ 然而,我国《政府信息公开条例》中并没有明确规定究竟是以公开为原则,还是以限制为原则。有学者对该条例进行了细致的分析,认为其第13条所体现的立法原则实质上是"不公开是原则,公开是例外"。⑦ 也就是说,我国实际上实行的是"以限制为原则,以公开为例外"。各地政府部门在实际工作中也确实是这样做的。之所以在立法原则上出现错位,主要是由于立法宗旨或目的不正。制定信息公开法的目的应该是保障公民的知情权,在这一基础上,公民(有的国家甚至规定是"任何人")有权要求政府公开其所产生或掌握的一切信息,除非该信息的公开有损公共利益或他人的权益。我国《政府信息公开条例》的立法目的则是"充分发挥

---

① 参见纪建文:《知情权论》,山东大学2005年博士学位论文,第33页。
② 参见林爱君:《论知情权的法律保障——新闻传播学的视角》,复旦大学2007年博士学位论文,第27页。
③ 参见纪建文:《知情权论》,山东大学2005年博士学位论文,第22页以下。
④ 同上书,第33页。
⑤ 同上书,第35页以下。
⑥ 参见贺诗礼:《关于政府信息免于公开典型条款的几点思考》,载《政治与法律》2009年第3期;章剑生:《知情权及其保障——以〈政府信息公开条例〉为例》,载《中国法学》2008年第4期。
⑦ 参见章剑生:《知情权及其保障——以〈政府信息公开条例〉为例》,载《中国法学》2008年第4期。另可参见王玉林:《〈政府信息公开条例〉立法目的解读——是保障知情权抑或其他?》,载《云南大学学报法学版》2010年第3期。

政府信息对人民群众生产、生活和经济社会活动的服务作用",只有符合这一目的的信息才是应该予以公开的,否则不予公开。这就导致我国政府信息公开的有限性。因此,我们应该在明确承认知情权的基础上,将"推定公开原则"在以后制定的信息公开法或是《政府信息公开条例》的修正案中规定下来。

第二,主动公开与申请公开本末倒置。一般来说,政府信息公开分为主动公开与申请公开两种。从各国制定的信息公开法来看,均是以申请公开为主,以主动公开为辅。例如,英国、美国均是以申请公开为主。① 从我国《政府信息公开条例》施行后的实践来看,非常明显地体现出"以主动公开为主,以申请公开为辅"的特点。有学者基于2009年的数据统计分析,各地政府公布的公开信息总量中,依申请公开的数量只有主动公开数量的0.96%,其中比例最高的是河南,占7.1%;比例最低的是安徽,占0.042%。② 这与《政府信息公开条例》施行后一些人申请信息公开碰壁有很大的关联。日本2001年开始实施《行政信息公开法》,当年同意公开(包括部分公开)的申请占所有申请的88.6%,2002年上升到95.7%,2003年达到96.2%。③ 就我国而言,要扭转这一局面,就必须改善《政府信息公开条例》本身,而这又与其他几个问题息息相关。

第三,主体限制。这一点与上述在立法目的上存在的问题是直接相关的。在信息公开制度相对成熟的国家,申请信息公开的主体是非常广泛的。例如,美国规定任何人均可申请,日本同样在申请主体上没有作任何限制。④ 应该说,这种做法是与建立在知情权基础上的政府信息公开的宗旨和目的相符合的。然而,我国采取的却是需要具有利害关系才能向政府申请信息公开的做法,从而导致一些申请因主体不适格而被驳回,影响了公民申请信息公开的热情。从某种程度上说,这也是导致主动公开与申请公开本末倒置的原因之一。

第四,《政府信息公开条例》所列举的免于公开的信息种类虽较少,但描述含糊,使政府拥有过大的自由裁量权。根据《政府信息公开条例》的规定,只有三种信息是免于公开的:涉及国家秘密、商业秘密、个人隐私的政府信息。然而,何谓"国家秘密",何谓"商业秘密",缺乏明确的规定,导致政治实践中一些地方政府无限度地扩大两者的范围,甚至将一些"一眼望之便明了"并非国家秘密或商业秘密的信

---

① 参见纪建文:《知情权论》,山东大学2005年博士学位论文,第15、20页。
② 参见李平:《〈政府信息公开条例〉的现实困境——国家治理视角的分析》,西南政法大学2010年硕士学位论文,第6页。
③ 同上文,第7页。
④ 参见朱芒:《开放型政府的法律理念和实践(上)——日本信息公开制度》,载《环球法律评论》2002年秋季号。

息以上述理由拒绝公开。例如,河南省首例政府信息公开案中,"咪表"停车位规划竟被解释为属于国家秘密而拒绝公开;一些地方政府以商业秘密为由拒绝公布商品房社会成本价。① 因此,必须对"国家秘密""商业秘密"等概念作出严格的界定,控制政府自由裁量权行使的范围。②

第五,《政府信息公开条例》的法律位阶不明。在法律位阶上,面临的问题主要有:(1)在同位阶的法律规范中,《政府信息公开条例》到底是处于"一般法"还是"基本法"的地位？这涉及其他行政法规与《政府信息公开条例》规定不一致时,到底适用何者的问题。从政府信息公开制度的宗旨出发,我们认为将《政府信息公开条例》定位为"基本法"是较为合适的。③ (2)与《保守国家秘密法》《档案法》等上位法的关系。毫无疑问,作为上位法的《保守国家秘密法》《档案法》的效力优于《政府信息公开条例》,但是前两者是"以不公开为原则"的,与信息公开的原则和宗旨不符。因此,较为合适的做法是,尽快对相关法律按照信息公开的原则进行修订。④

第六,司法救济途径有待完善。司法救济途径不完善可以说是目前我国政府信息公开制度的一大痼疾。首先,从行政复议程序来看,目前的实践表明,它很难达到为公民的知情权提供救济的效果。据统计,在我国2009年提出的有关行政复议中,决定勒令履行义务的只有一件,绝大多数都作出了维持决定。⑤ 从司法救济来看,法院由于种种原因,倾向于以各种理由对信息公开诉讼不予受理。⑥ 从其他国家来看,政府信息公开制度的成熟运作均离不开完善的司法救济制度的支持。正如有学者所言,能否得到司法救济,是知情权保护制度的关键。⑦ 因此,要完善我国的政府信息公开制度,就必须首先完善相关的司法救济制度,对行政机关进行有效的监督。

热点讨论

你有什么想要向政府部门申请公开的信息？

---

① 参见陈仪:《政府信息公开为何屡遇"玻璃门"——评〈政府信息公开条例〉第一案》,载《法学》2008年第7期。
② 参见王锡锌:《政府信息公开语境中的"国家秘密"探讨》,载《政治与法律》2009年第3期。
③ 参见章剑生:《知情权及其障碍——以〈政府信息公开条例〉为例》,载《中国法学》2008年第4期。
④ 同上。
⑤ 参见李平:《〈政府信息公开条例〉的现实困境——国家治理视角的分析》,西南政法大学2010年硕士学位论文,第6页。
⑥ 参见陈仪:《政府信息公开为何屡遇"玻璃门"——评〈政府信息公开条例〉第一案》,载《法学》2008年第7期。
⑦ 参见纪建文:《知情权论》,山东大学2005年博士学位论文,第45页。

➤ 小结

自由权作为最古老的人权,长期以来都被认为构成了人权的核心内容。自由权对于人的重要意义不言而喻。早自洛克、孟德斯鸠、密尔、弥尔顿等启蒙思想家就对人身自由、表达自由等自由权作出了经典的论述,美国、法国等国家的宪法文本也均对自由权作出了明确规定。可以说,自由权是人得以作为人生存、行动以及参与国家生活的最为重要的权利,是人不可或缺的权利。

人身自由除了排除奴役、强制劳动等内容外,在现代国家中,最为主要的就是与刑事诉讼程序直接相关。人身自由要求刑事诉讼程序具有正当性,对刑事诉讼程序的设计提出了实质要求。其目的最终在于保障犯罪嫌疑人、被监禁者等的人身自由。其最基本的内容包括:禁止非法拘禁与超期监禁、禁止酷刑、非法证据排除、犯罪嫌疑人诉讼权利之保障等。同时,人身保护令作为最古老的保护人身自由的制度之一,也应受到重视。

表达自由基于其与民主社会的直接相关性而受到各国的特殊保护。对于表达自由而言,除非满足特殊条件、符合既定的严格程序,否则不得予以事前限制。限制表达自由的法律必须符合禁止模糊和过宽原则。尽管国家对于表达自由在一定情况下可以保护国家安全或他人权利为由进行事后追惩,但是这种法律限制必须具有目的正当性——为了促进重大的、紧急的公共利益,且其目的并非在于限制言论自由本身;同时,国家采取的限制手段还必须是合比例的——相对于表达自由的重要性而言,这种合比例性要求国家对表达自由的限制必须是绝对必要的,并且不存在其他限制更小的替代手段。

➤ 课外材料

案例(CASES)

1. Celepli v. Sweden,HRC,No. 456/1991
2. Guzzardi v. Italy,Judgement of 6 November 1980,ECHR,Series A,No. 39
3. Chaplinsky v. New Hampshire,315 U. S. 568(1942)
4. Lüth Urteil,BVerfGE 7,198,1958

法条链接(RULES)

1. 英国《自由大宪章》第39条
2. 《中华人民共和国宪法》第37条

3.《世界人权宣言》第5条、第9条、第13条、第19条

4.《中华人民共和国刑事诉讼法》第3条、第66条、第80条、第82条、第91条

5.《中华人民共和国精神卫生法》第4条

6.《公民权利和政治权利国际公约》第19条

7.《中华人民共和国政府信息公开条例》第13条

阅读(READINGS)

1.〔奥〕曼弗雷德·诺瓦克:《〈公民权利和政治权利国际公约〉评注》(修订第二版),孙世彦、毕小青译,三联书店2008年版。

2.〔美〕欧文·M.费斯:《言论自由的反讽》,刘擎、殷莹译,新星出版社2005年版。

3.毛俊响:《国际人权条约人身自由权中的限制性规定研究》,载《武大国际法评论》2011年第1期。

4.杨成铭:《论欧洲人权机构对人身自由与安全权的保护》,载《河北法学》2007年第2期。

5.陈道英:《禁止事前限制原则》,载《比较法研究》2015年第6期。

6.左亦鲁:《告别"街头发言者"——美国网络言论自由二十年》,载《中外法学》2015年第2期。

7. Geoffrey R. Stone, *et al.*, *The First Amendment*, Wolters Kluwer Law & Business, 2012.

第三章 平 等 权

➢ 学习目的

- 理解平等在法律之价值面、原则面和基本权利面的含义。
- 把握平等权在权利体系中的地位,理解对平等权的尊重和保护是其他人权以及基本人权保障和实现的前提和条件。
- 把握平等权的概念和保护范围,掌握一些重要概念如形式平等、实质平等、平等对待、平等结果等的含义。
- 把握平等权的价值和效力。
- 进一步思考目前我国平等权保障的不足及原因,并提出完善的建议。

➢ 知识要点

- 平等权是其他人权以及基本人权保障和实现的前提和条件。
- 法律意义上的平等既是法律的基本价值,又是一项基本法律原则,还是宪法上的基本权利。
- 平等权是指具有相同资格的主体要求享有同等权利和获得同等对待,并主张基于正当理由对同等资格主体中的客观弱者予以差别对待的一项基本权利。简言之,平等权是平等主体在形式平等基础之上的实质平等主张。
- 平等权的权利主体只是基于作为人或公民的资格主张平等利益或平等意志,所以平等权是一种原初权利、基本权利、基础权利。据此,可以从性质上将平等权与一般权利相区别。
- 平等权涉及公民政治与社会生活的所有领域,涵盖宪法规定的基本权利的所有方面,为其他基本权利的保障和实现提供了内容一致、程度相当的目标和价值取向的要求。据此,可以从内容上将平等权与其他基本权利相区别。
- 平等权不仅具有自身价值,还具有促进价值;不仅具有目的性价值,还具有工具性价值。

• 平等权的性质决定着平等权效力的性质。因此,平等权既具有基本原则的效力,也具有基本权利的效力。

• 形式上的主体要求享有同等权利和获得同等对待,与实质上合理的差别对待组成了平等权的应有内容。然而,在界定何为合理的差别对待与何为不合理的差别对待时,实质平等就不可避免地要突出对少数人的权利、弱势群体的权利尤其是社会权的保护。

➢ 案例导入

• 从"同命不同价"到"同命同价"的曲折发展

【案例3-1】

2005年12月15日凌晨6时,在重庆市同一条街,搭乘同一辆三轮车,3名花季少女同遭车祸丧生,3个家庭体味着同样的悲痛。不同的是,遭遇同一车祸的两个城市女孩都得到20多万元赔偿;而死者何某的户口在江北区的农村,肇事方只能给其父母赔偿5.07万元,再加上丧葬费等费用,顶多赔偿5.8万余元。

【案例3-2】

2011年7月23日晚,甬温特大铁路交通事故造成40人死亡,200多人受伤。善后处理时,事故遇难人员赔偿救助标准为91.5万元,包括:死亡赔偿金约54万元、精神损害抚慰金5万元、丧葬费1.5万元、被抚养人生活费约27万元等。其中,死亡赔偿金按照2010年度浙江省城镇居民人均可支配收入27359元乘以20年得出。

【案例3-3】

2013年10月8日,《现代快报》A2版刊载了一篇名为《"生命平等权"应得到法律刚性捍卫》的文章。该文作者是安徽省全椒县石沛镇一农民,当时在无锡打工。9月26日上午,其63岁的岳父在车祸中丧生。他在咨询律师后得知,由于其岳父是农民,死亡赔偿金按照农村居民的标准执行。与城镇居民2.1万多元的赔偿标准相比,农村居民的赔偿标准只有7100多元,只相当于前者的约1/3。

第三章　平等权

第一节　平等权概述

一、平等权的含义

平等有多种含义，可以是人类追求的理想目标、价值观，可以是作为理论体系化的政治法律理论，也可以是具体的制度和权利。因此，法律意义上的平等有着"一张普洛透斯似的脸"，既是法律的基本价值，又是法律的一项基本原则，还是宪法上的基本权利。平等权是哲学、政治学等社科领域中平等观念的法律表现，是与自由权相生相长的一项基本权利。对平等权的尊重和保护，是其他人权以及基本人权保障和实现的前提和条件。作为一项人权的平等权，是指具有相同资格的主体要求享有同等权利和获得同等对待，并主张基于正当理由对同等资格主体中的客观弱者予以差别对待的一项基本权利。简言之，平等权是平等主体在形式平等基础之上的实质平等主张。为了进一步理解平等权的含义，我们需要注意以下几个问题：

第一，作为法律基本价值的平等，要考虑到时空维度，以界定其应有的平等观念。一方面，"平等"是一个历史概念，具有一定的时空范围。不同的时代有不同的平等观念。每个时代的平等观念都对应于一定社会的物质生活条件，而且都具有一定的合理性。"平等"是一个比较的概念，具有比较的性质。说到平等，至少存在两个事物或同一事物两个不同方面以供比较，否则就没有所谓的"平等"问题。另一方面，"平等"还是一个抽象与具体相结合的概念，或是一个理想与现实相结合的概念。"人人生而平等"只是一种人类理想，是对平等社会的一种永恒向往。在现实生活中，不平等是普遍存在的，总是不断地被限制而走向平等，通过一个个具体的现实，一次次地走向平等，但是永远也达不到平等。平等的实现永远是一个过程，而没有结果。平等的理想虽然无法实现，但是走向平等的行动仍然要继续，每次行动都可以通过比较而量化、标准化，个别的平等结果是可以实现的。或者说，有关平等权的诉求在具体的案件和事件中是可以实现的，是现实的平等、个案的平等。综上所述，作为人类追求的价值和理想，平等应当与公平、公正、正义紧密相连。"平等是公道的精义"①，"正义的核心意义与平等概念相联系"②，甚至"公正就

---

① 〔英〕约翰·穆勒：《功用主义》，唐钺译，商务印书馆1957年版，第17页。
② 〔美〕马丁·P. 戈尔丁：《法律哲学》，齐海滨译，三联书店1987年版，第236页。

是平等,不公正就是不平等"①。因此,平等不是平均,"平等式"或"水平化"等"过度平等化"②也不是真正的平等。

第二,作为一项法律原则的平等原则,通常贯穿于其他基本权利之中,是其他基本权利得以享有并实现的法律基石。正如皮埃尔·勒鲁所说,平等作为一项原则、一种信条,是社会的基础,也是被公认的司法准则。③ 平等暗含"比较"义项,在没有参照对象的情况下,不具实质意义。因此,平等权具有依附性,在没有其他权利作为参照对象的情况下,根本无法独立地主张该权利。如男女平等、种族平等、民族平等、人格平等、主体资格平等,都强调权利本身的平等,即权利主体享有的权利在原则上是平等的。所以,从这个意义上说,平等是一项法律原则。法国《人权宣言》首倡的"法律面前人人平等"的法治原则如今已通行各国,其要义至少有三点:一是人格平等,即主体的普遍性,对人之为人的资格加以确认是平等原则在现代法中得以贯彻的基础;二是立法应贯彻平等的精神,使法律内容具备同一性,让人人都能够享有相同的权利,履行同样的义务;三是在法律适用和救济上人人平等,任何法律主体在实现权利的过程中遇到障碍时,法律应无差别地给予保障和救济,"无救济则无权利"。

第三,作为宪法基本权利的平等权,是指具有相同资格的主体要求享有同等权利和获得同等对待,并主张基于正当理由对同等资格主体中的客观弱者予以差别对待的一项基本权利。平等权作为宪法规定的基本权利体系中的核心组成部分,是权利主体参与社会生活的前提和条件,其特点如下:首先,平等权所体现的是人们在政治和法律地位上的平等,而不是在自然方面的平等。从自然方面来看,由于生理的、社会的、历史的等诸多原因,人与人之间在客观上会存在很大的差别,如性别、种族、肤色、民族、语言、宗教信仰、财产状况、受教育程度、居住期限、政治见解、出生以及其他身份或地位等,由此也造成了诸多的不平等。但是,每个人的人格、在国家和社会中的地位都是独立而平等的。平等权的权利主体只是基于作为人或公民的资格主张平等利益或平等意志,所以平等权是一种原初权利、基本权利、基础权利。据此,可以从性质上将平等权与一般权利相区别。其次,平等权是一项与其他权利存在密切关联性的权利,它不同于其他权利仅仅关注公民政治或社会生活的某一个方面,而是涉及公民政治与社会生活的所有领域,涵盖宪法规定的基本权利的所有方面。在这个意义上,平等权是超越其他基本权利的,其原则性和概括

---

① 苗力田主编:《亚里士多德全集》(第八卷),中国人民大学出版社1994年版,第99页。
② 陈新民:《宪法基本权利之基本理论》(上),台湾三民书局1992年版,第518页。
③ 参见〔法〕皮埃尔·勒鲁:《论平等》,王允道译,商务印书馆1988年版,第5—70页。

性决定了它是其他基本权利的基础,为其他基本权利的保障和实现提供了内容一致、程度相当的目标和价值取向的要求。据此,可以从内容上将平等权与其他基本权利相区别。最后,平等权所强调的平等并不是无差别对待,而是在机会平等、反对特权和禁止歧视的前提下,承认合理的差别对待,以实现法律对所有人的平等保护。根据国际人权法的相关规定,"不歧视"是指:无论在立法上还是法律适用中,不得基于种族、肤色、性别、语言、宗教信仰、政治或其他见解、国籍或社会出身、财产、出生或其他身份而作的任何区别、排斥、限制或优待,其目的或效果妨碍或否定了任何人的一切权利和自由在平等的基础上的承认、享有或行使。平等权的发展不仅在形式上明确了反歧视的要求,而且在实质上增加了正当的差别对待、差别补偿的内涵。不歧视与"法律面前人人平等并有权享受法律的平等保护"一并成为人人享有人权的基础。正如舍思特克所指出的,平等与不歧视原则是人权法的核心。[①]

总而言之,我们认为,真正的平等应是公正的平等:平等地对待平等的,不平等地对待不平等的,并对不平等下的不利者给予适当补偿。尽管平等有所谓的结果平等与机会平等、形式平等与实质平等、完全平等与比例平等、理想中的平等与现实中的平等、绝对平等与相对平等、政治平等与经济平等以及其他各种表现形式的区分,但是其精髓集中表现在两个基本方面,即共享的完全平等与差别的比例平等。人的生存和发展必需的基本社会资源是人之所以为人必不可少的,所有社会成员都应当完全结果平等或者实质平等地共同享有,国家和社会都有义务保证提供这些基本的资源;而对满足人的生存和发展必需的基本社会资源以外的由国家提供的社会资源,所有社会成员依其能力和贡献大小,按比例有差别地平等享有,同时对拥有较少非国家提供的社会资源的不利者给予适当补偿。

二、平等权的理论基础

平等是千百年来人们所赞美和追求的理想目标。古今中外,包括哲学、政治学、伦理学、社会学等领域的学者有关平等的论述可谓汗牛充栋。平等被学者们视为社会科学中"哥德巴赫猜想"式的"迷宫",令人向往与崇拜,却又不知何往、确切为何物。然而,这并没有阻挡思想家们对平等的探索。从中外学者关于平等丰富多彩的理论中可以看到,"平等"常与"公平""均等""公正""正义"等联系在一起讨

[①] See Jorome J. Shestack, The Jurisprudence of Human Rights, in Theodor Meron (ed.), *Human Rights in International Law:Legal and Policy Issues*, Clarendon Press, 1984, p.101.

论,甚至有些学者将"平等"与"公平""公正""正义"当作同义词使用。^① "平等"的拉丁文为"aequalis",本来即含有"正义""公平"之意。但是,它又从另一个方面表明了"平等"概念难以捉摸与把握。"平等"与上述概念并不能等同。"平等乃是一个具有多种不同含义的多形概念"^②,不同的学者分别从不同侧面揭示其某些方面的属性。

必须指出的是,平等与不平等,从其起因来看,确如卢梭所说,可以分为自然的与社会的。起因于自然的平等与不平等是不可选择的,不能进行道德评价;而起因于人的自觉活动的平等与不平等则是可以选择的,可以进行道德评价。因此,这里所说的"平等"不是自然平等,而是社会平等。

(一) 西方平等观的哲学争论

何谓平等？亚里士多德认为,平等有两类:一类是"数量平等",即"你所得的相同事物在数目和容量上与他人所得的相等";另一类是"比值平等",即"根据个人的真价值,按比例分配与之相衡称的事物"。^③ 同时,亚里士多德将平等视为正义的尺度,提出了正义的平等观,包括分配领域的比例平等与矫正机制中的数量平等。当然,亚里士多德所说的"平等"是自由民之间的平等,因为当时的奴隶不被当作人,也就无平等可言。英国学者米尔恩在亚里士多德提出的比例平等原则的基础上,提出了更加准确的表述方式。他认为,比例平等原则要求:"(a) 某种待遇在一种特定的场合是恰当的,那么在与这种待遇相关的特定方面是相等的所有情况,必须受到平等的对待;(b) 在与这种待遇相关的特定方面是不相等的所有情况,必须受到不平等的对待;(c) 待遇的相对不平等必须与情况的相对不同成比例。"^④他在这里明确指出,比例平等是一种原则,它决定待遇什么时候应是平等的,什么时候应是不平等的,以及在什么地方、何种程度上应是不平等的。

美国社会学家斯特沃德提出了平均主义的正义观,即正义存在于"社会对那些原本就不平等的社会条件所强行施予的一种人为的平等之中"^⑤。他试图在所有社会成员之间实现机会的无限平等,认为每个人不论性别、种族、阶级或社会背景,都

---

① 例如,塞缪尔·亨廷顿在《发展的目标》一文以及阿瑟·奥肯在《平等与效率》一书中均将它们混同。参见〔美〕塞缪尔·亨廷顿:《发展的目标》,载罗荣渠主编:《现代化——理论与历史经验的再探讨》,上海译文出版社1993年版;〔美〕阿瑟·奥肯:《平等与效率》,王奔洲等译,华夏出版社2010年版。
② 〔美〕E.博登海默:《法理学:法律哲学与法律方法》,邓正来译,中国政法大学出版社1999年版,第28页。
③ 参见〔古希腊〕亚里士多德:《政治学》,吴寿彭译,商务印书馆1997年版,第234页。
④ 〔英〕A.J.M.米尔恩:《人的权利与人的多样性——人权哲学》,夏勇、张志铭译,中国大百科全书出版社1995年版,第59页。
⑤ 转引自〔美〕E.博登海默:《法理学:法律哲学与法律方法》,邓正来译,中国政法大学出版社1999年版,第254页。

应被给予充分的机会去过一种有价值的生活。他相信,只有通过旨在使社会上下层阶级的所有成员在智力上实现平等的详密的教育计划,上述愿景方能实现。这种平等观与福利平等思想十分接近,即要求在人们中间分配或转移资源,直到再也无法使人们在福利方面更平等。

基于平等在自由资本主义和垄断资本主义两个不同发展阶段存在的差异,有关相对平等与绝对平等、形式上的平等与实质上的平等的争论愈演愈烈。

形式上的平等强调的是"在自由人格的形成这一点上必须享有平等的权利"[1]。日本学者伊藤正己认为:"对于法律面前的平等来说,其重要之处在于,平等作为近代民主政治的理念并不是实质上的,而是形式上的。……只有这样的形式上的平等,才和自由连在一起。"[2]日本著名法学家大须贺明指出:"平等的观念实质上就意味着主体的平等,其决定于主体的抽象性,且必须是形式上的平等,这对自由的保障是十分必要的。"[3]平等只要保证"站在起跑线上"的个人的机会均等以及对平等的功绩给予平等的承认就可以了,并不意味着由个人能力和努力所获得的结果也要均一化。

但是,随着资本主义发展到垄断阶段,自由与形式平等之间的矛盾日益激烈。因为形式上的平等主要是从抽象的法律人格的意义上要求平等对待一切人,根本没有考虑到现实生活中每个人的经济与社会地位的不平等,以至于形式上的平等压倒性地有利于有产者而不利于无产者,并使两者业已存在的差距急剧扩大。形式上的平等越受保障,两大阶级之间的矛盾就越深。因此,实质平等的呼声高涨起来,学者们开始对实质上的平等进行论证。马克思主义认为:"平等是人在实践领域中对自身的意识,也就是人意识到别人是和自己平等的人,人把别人当作和自己平等的人来对待。"[4]这种平等对待要求所有人有平等的政治地位和社会地位,因而主张以生产资料公有制作为纠正经济上的不平等的手段,并设想在未来的社会制度中,可以实现人与人之间的真正平等,因为到那个时候,所有的个人需要都可以得到满足。这表达的是一种实质平等的观点。在正义的平等理论中,最有代表性的当推罗尔斯和德沃金的。罗尔斯提出了通过平等建立的正义论,认为关于制度的一般正义观念应当是:"所有的社会基本善——自由和机会、收入和财富及自尊的基础——都应被平等地分配,除非对一些或所有社会基本善的一种不平等分配

---

[1] 林来梵:《从宪法规范到规范宪法——规范宪法学的一种前言》,法律出版社2001年版,第105页。
[2] 转引自〔日〕大须贺明:《生存权论》,林浩译,法律出版社2001年版,第32—33页。
[3] 同上书,第33页。
[4] 《马克思恩格斯全集》(第2卷),人民出版社1957年版,第48页。

有利于最不利者。"①他通过两个正义原则,将此一般正义观念具体化为平等自由原则以及社会经济不平等安排的差别原则与机会公正平等原则。由此观之,罗尔斯所主张平等分配的对象是社会初级产品,通过对弱势群体的差别补偿原则以达到实质上的平等。当代美国另一位哲学家德沃金则从资源的初步平等分配角度,通过差别原则以保障受盲目性运气影响的受害者的平等。他区别了两种运气:选择性运气和盲目性运气。一个人要为他的趣味和抱负负责,因趣味和抱负的不同而产生不平等,是个人选择的结果。但是,一个人不用为体力和智力负责,因为这是盲目性运气的问题。资源的初步分配平等需补偿天赋方面的不平等,从而使人处于相同的实际情况中。②

罗尔斯和德沃金考察了人类实现平等目标必需的基本物品和资源,不过只涉及人类实现目标的资源和手段,没有看到人们利用这些资源和手段实现其目标的能力。个人由于超出其控制之外的原因,从相同份额的资源中获得的利益是不同的。诺贝尔经济学奖得主阿马蒂亚·森为此提出的解决方案是"可行能力"③平等。他认为,可行能力是指一个人有可能实现的各种可能的功能性活动组合,包括从很初级的要求,如有足够的营养和不受可以避免的疾病之害,到非常复杂的活动或者个人的状态,如参与社区生活和拥有自尊。个人的可行能力决定了其利用资源和手段实现目标的程度。例如,一个残疾人和一个健康人相比,即使拥有同样多的基本物品,也不一定具有同样的能力。因此,平等应从收入平等转向可以实现人的潜能的可行能力平等,实现从货物平等向能力平等的转移。

综合法学派创始人博登海默从平等指向的对象、涉及的范围和关注的焦点三方面揭示平等的内涵。他说:"平等是一个具有多种含义的多形概念。它指向的对象可以是政治参与的权利、收入分配的制度,也可以是不得势的群体的社会地位和法律地位。它的范围涉及法律待遇的平等、机会的平等和人类基本需要的平等。它也可能关注诺成合同的义务与对应义务间的平等的保护问题,关注在因损害行为进行赔偿时作出恰当补偿或恢复原状的问题,并关注在适用刑法时维持罪行与刑罚间的某种程度的均衡问题。"④他同时指出,平等观念是否符合正义,在历史发展过程中,其答案是各种各样的和不尽相同的。"给予人们和群体平等与不平等的程度,往往是依客观的生产状况而定的、依社会进化的一般状态而定的以及依现有

---

① 〔美〕约翰·罗尔斯:《正义论》,何怀宏等译,中国社会科学出版社1998年版,第292页。
② 参见〔美〕亚力克斯·卡利尼克斯:《平等》,徐朝友译,江苏人民出版社2003年版,第66—67页。
③ 〔印度〕阿马蒂亚·森:《以自由看待发展》,任赜、于真译,中国人民大学出版社2002年版,第62页。
④ 〔美〕E.博登海默:《法理学:法律哲学与法律方法》,邓正来译,中国政法大学出版社1999年版,第285页。

的认识和理解水平而定的。不断试错、反复试验、不断发展,便会影响和修正我们关于什么应当平等对待而什么不应当平等对待的观念。"[1]平等作为人类追求的永恒理想,有史以来一直被人类社会作为社会斗争和改革运动的大旗。然而,所有斗争和改革从未实现人与人之间的完全平等。因此,博登海默认为,绝对平等是不可能实现的幻想。"虽然人们应当享有足够的平等以使每个人都能达到最适合于他的地位,但是如果没有'对于不平等的成就给予不等的报酬'这种激励,那么所谓最适当地使用才能就会成为一句空话。""这种绝对平等的状况只有通过建立专制政治才能得以实现,因为只有它可以确使统治者阶层以外的所有人都处于平等的地位。"[2]

(二)中国平等观的发展

中华民族是一个历史悠久的伟大民族。与世界其他文明古国一样,中国古代的平等观念源远流长,尤其是代表古代社会价值导向的儒、道、法、墨四家的观点,如"性相近也""己所不欲,勿施于人""有教无类""天下为公""天地与我并生,而万物与我为一"等。具体而言,中国古代关于平等的思考有四种途径[3]:第一种是儒、墨、法家的社会思考途径。差别化的体系既是社会现实,也是思想家考虑问题的出发点。儒家主张通过"仁"的发挥以及人对"礼"或社会规范的服从或践行,最终形成"正名"的秩序。墨家主张通过没有差别地帮助别人(兼爱),进而形成一个良好的社会秩序。法家主张通过严刑峻法,既使所有人各安其所,也使一个人沿着社会的阶梯上行。第二种途径是道家的自然主义与形而上的思考。在道家看来,在"大同社会"的建构之下,正是有差别的体系破坏了人类的自然状态,更破坏了原始的平等。因此,回归到无为的自然状态是道家的追求。第三种途径是佛教的宗教思考。"众生平等"与"一切皆苦"是原始佛教讨论问题的出发点。既然外在的不平等无法改变,我们能改变的就是自己对待不平等的看法,从而获得救赎。第四种途径是关于平等的努力,是打出"等贵贱""均贫富""有田同耕,有饭同食,有衣同穿"等旗号,贯穿两千多年,多发生于朝代末年的农民运动。与前三种途径相比,最后一种途径更显进步性,因为它代表大多数人的利益主张,以积极的行动反抗不平等。但是,农民阶级的局限性使得他们对平等的思考过于表象化、理想化和极端化。

与此相比,近现代中国共产党领导下的实践逐步发展了我们对于平等的认识,

---

[1] 〔美〕E.博登海默:《法理学:法律哲学与法律方法》,邓正来译,中国政法大学出版社1999年版,第290页。
[2] 同上书,第292页。
[3] 参见王庆五主编:《社会主义核心价值观研究丛书·平等篇》,江苏人民出版社2014年版,第18—26页。

并且将"平等"确立为"社会主义核心价值观"的组成要素。学界对平等权也有诸多的研究成果。例如,有学者从辨析权利的角度提出了平等的总原则:每个人因其基本贡献(缔结社会)完全平等而对基本权利的享有应完全平等,每个人因其具体贡献不平等而对非基本权利的享有应比例平等。① 这一平等原则指出了权利平等的两个方面,即基本权利的完全平等和非基本权利的比例平等。该学者认为,基本权利的平等是完全的结果平等;而非基本权利的平等不仅是比例平等,还是一种机会平等。另有学者对公正的平等进行了深入研究,特别强调了直接影响人的未来发展结果的机会平等,指出机会平等既是社会公正的一个重要理念和准则,也是公正的一项具体内容和规则。"所谓机会平等,是指社会成员在解决如何拥有作为一种资源的机会问题时应遵循这样的原则,即:平等的应当予以平等对待,不平等的应当予以不平等的对待。"②"机会平等又有两个层面的含义,一是共享机会,即从总体上来说,每个社会成员都应有大致相同的基本发展机会;二是差别机会,即社会成员之间的发展机会不可能是完全相等的,应有着程度不同的差别。"③

总体而言,整体的平等理论的"谱系"可概括为法律—政治平等、社会平等、作为平等利用的机会平等(如职务向才能开放)、表现为平等起点的机会平等和经济相同性(限于环境平等化)五个方面,分别对应着反抗政治权力的法定权力、反抗社会歧视的权力、靠自己的功绩获得利益的权力、从一开始就有足够的权力(物质条件)和不给任何人以任何(经济)权力。④ 也就是说,"政治哲学研究中不同类别的平等理论可以归纳到一个连续的谱系当中,具体有存在的平等、权利平等、前途向才能开放的机会平等、拉平社会境况的机会平等、拉平社会境况和自然禀赋的机会平等以及福利平等六种平等理论。其中,存在的平等理论强调人们在道德意义上的平等;权利平等理论强调人们在政治与法律层面的平等;而机会平等和福利平等理论则与人们在经济和社会领域的平等相关。"⑤综观上述中西方的平等观念,不同历史时代的学者分别从不同社会生活领域、不同层次和不同程度,解析和展现了平等不同侧面的应有意义,这些丰富的理论对我们在立法上构建平等权保障体系极为重要。

---

① 参见王海明:《平等新论》,载《中国社会科学》1998年第5期。
② 吴忠民:《论机会平等》,载《江海学刊》2001年第1期。
③ 吴忠民:《公正新论》,载《中国社会科学》2000年第4期。
④ 参见〔美〕乔万尼·萨托利:《民主新论》,冯克利、阎克文译,上海人民出版社2015年版,第524—529页。
⑤ 李石:《平等理论的谱系——兼论平等与自由的关系》,载《哲学动态》2016年第10期。

三、平等权的立法现状

（一）国内法中的平等权

作为近代意义上的法定人权，平等权是资本主义经济、社会发展和资产阶级革命的产物，并随着人类社会发展而被公认为人的基本权利。首先是新兴资产阶级国家宪法规定了平等权，随后在资本主义世界得到普遍认可。其次是社会主义革命胜利后，人人平等的社会理想和对不平等的资本主义社会的否定，也促使社会主义国家宪法更坚定了对平等权的承诺。两百多年来的世界成文宪法普遍确认了公民的平等权。据统计，从 1787 年到 1975 年，人类社会有 248 部宪法，分为五个阶段进行统计，公民的平等权作为一种价值和一种权利在各时间段的宪法中出现的最低比率是 78.6%，最高比率是 90%。① 现在，各国宪法中的平等权条款更多，内容更丰富。

英国是近代宪法的发源地，也是平等权立宪的鼻祖。英国是不成文宪法国家，对平等权的保护最初散见于宪法性文件中，后来才出现了专门的人权法和平等权条款。② 1215 年《自由大宪章》就渗透着平等精神，其第 39 条规定："任何人，如未经其同级贵族之依法裁判，或经国法判决，皆不得被逮捕、监禁，没收财产，剥夺法律保护权，流放，或加以任何其他损害。"1625 年《权利请愿书》、1676 年《人身保护令》、1689 年《权利法案》等同样内含平等精神。1918 年《国民参政法》第 4 条明确规定了女子与男子同等的登记权。1928 年，该法被修正为《国民参政（男女选举平等）法》。1998 年，《人权法》获得通过，吸纳了《欧洲人权公约》第 14 条规定的平等权：每个人可以享有其他公约的权利，不得以"性别、种族、肤色、语言、宗教、政治或其他观点、国家的或社会的起源、与一国少数者的关系、财产、出生或其他状况"为由加以歧视。英国平等权的内容除"法律面前的平等"之外，还包括禁止性别歧视、报酬平等、种族平等，以及为病人、失业者、老人等提供保护，不得实行歧视等。

美国制定了世界上第一部成文宪法，这也是世界上第一部规定了平等权的成文宪法。1776 年《独立宣言》宣布："我们认为这些真理是不言而喻的：人人生而平等，他们都从造物主那里被赋予了某些不可转让的权利，其中包括生命权、自由权和追求幸福的权利。"这虽然是自然法的平等思想，但是为美国宪法平等权的确立奠定了坚实的基础。1787 年《美国宪法》第 14 条修正案第 1 款规定："所有在合众

---

① 参见〔荷兰〕亨利·范·马尔赛文、格尔·范·德·唐：《成文宪法的比较研究》，陈云生译，华夏出版社 1987 年版，第 251、255 页。
② 参见朱应平：《论平等权的宪法保护》，北京大学出版社 2004 年版，第 51—52 页。

国出生或归化合众国并受其管辖的人,都是合众国的和他们居住州的公民。任何一州,都不得制定或实施限制合众国公民的特权或豁免权的任何法律;不经正当法律程序,不得剥夺任何人的生命、自由或财产;在州管辖范围内,也不得拒绝给予任何人以平等法律保护。"第15条修正案第1款规定:"合众国公民的选举权,不得因种族、肤色或以前是奴隶而被合众国或任何一州加以拒绝或限制。"第19条修正案还规定了妇女享有平等的选举权。

法国对平等权的保护主要体现在1789年《人权宣言》、1946年宪法和1958年宪法中。《人权宣言》第1条规定:"在权利方面,人们生来是而且始终是自由平等的,只有在公共利用上面才显出社会上的差别。"这就宣布了权利平等和差别原则。第6条规定:"全国人民都有权亲身或经由其代表去参与法律的制定。在法律面前,人人应受到平等的保护或惩罚。在法律面前,所有公民都是平等的,故他们都能平等地按其能力担任一切官职、公共职位和职务,除德行和才能上的差别外不得有其他差别。"这一规定包括立法平等、执法平等、守法平等和任职上的平等。1946年宪法序言在平等权方面比《人权宣言》作了更全面的规定,除阐明现代国家必须遵从的社会权原理外,还列举了男女同权、工作权、生存权、教育权等内容,明文规定保障人民的经济地位、社会地位的实质平等。第1条规定了种族与宗教平等,第3条规定了性别平等,第12条和第13条分别规定了公共负担和教育机会平等。1958年宪法序言规定,法国人民庄严宣告,他们热爱1789年《人权宣言》所规定并由1946年宪法序言所确认和补充的人权原则。第2条规定:"法兰西是不可分的、世俗的、民主的和社会的共和国。它保证所有公民,不分出身、种族或者宗教,在法律面前一律平等。""共和国的口号是自由、平等、博爱。"这是对平等权和平等原则的规定。

德国1919年《魏玛宪法》因广泛地规定社会权而成为近代宪法与现代宪法的分水岭,也是近代以自由为核心的人权观转向以平等为核心的现代人权观的标志。第109条规定:"德国人民,在法律面前一律平等。""原则上,男女均有同等之公民权利及义务。""公法特权及不平等待遇由出身或阶级来看,概行废止。贵族之御称,仅视为姓氏之一部,以后不得再行颁给。"第17条规定了普遍、平等、直接和秘密选举的平等权。1949年《德国基本法》继承了《魏玛宪法》中平等权的内容,除了在第3条第1款和第3款规定一般平等权之外,还通过第3条第2款、第6条、第33条、第38条、第40条规定了各种具体平等权。[①]

1946年《日本国宪法》第14条第1项规定了一般平等权:"所有国民,于法之

---

① 参见朱应平:《论平等权的宪法保护》,北京大学出版社2004年版,第55—56页。

下,不因人种、信仰、性别、社会身份及门第,于政治、经济以及社会关系中,受到差别。"①然后,该法在其他条款中对此予以进一步具体化:一是废止贵族和限制荣典。第14条第2项和第4项规定:"华族及其他贵族制度,不予承认。""荣誉、勋章以及其他荣典之授予,不附带任何特权。荣典之授予,其效力限于已有之,或将来接受者之一代。"二是家族生活中的平等。第24条规定:"婚姻,仅基于两性之合意而成立,且应以夫妇有同等权利为基本,相互协力维持之。""就配偶之选择、财产权、继承、居住之选定、离婚,以及其他有关婚姻与家族之事项,制定法律时,应基于个人尊严与两性之本质平等。"三是教育机会平等。第26条规定:"所有国民,均有依法律规定,按其能力平等受教育之权利。"四是公务员选举的平等。第15条规定:"公务员之选举,应保障由成年人以普通选举为之。"第44条规定:"两议院议员及其选举人之资格,以法律定之。但不得因种族、信仰、性别、社会身份、门第、教育、财产或收入,而有差别。"

英、美、法、德、日五个发达国家的宪法都将平等权作为一项基本人权。这些西方典型宪法又影响了资本主义世界其他国家的宪法,使平等从一种观念跃升为宪法保障的公民基本权利而获得普遍尊重。

社会主义国家宪法是在吸取资本主义国家宪法的精华、避免资本主义国家宪法形式平等弊端的基础上制定并发展起来的。社会主义的本质是人人平等、共同富裕的社会,因而社会主义国家宪法对平等权的确认作出了更加坚定的承诺。

第一部社会主义国家宪法是1918年《俄罗斯苏维埃联邦社会主义共和国宪法》,其第22条规定:"俄罗斯苏维埃联邦社会主义共和国承认公民不分种族和民族享有平等权利的同时,宣布在这一基础上规定或容许任何特权或任何特许,以及对少数民族的任何压迫或对其平等权利的任何限制,均属于违背共和国的各项基本原则。"由此,确立了坚决反对特权和歧视的社会主义平等原则。1936年《苏联宪法》第123条第1款规定:"苏联公民,不分民族和种族,在经济的、国家的、文化的和社会—政治生活的各方面,一律平等,这是确定不移的法律。"第122、135、136、137条分别规定了女子与男子平等的权利、公民平等的选举资格和被选举资格、公民选举权平等的效力、女子与男子同等的选举权和被选举权。1977年《苏联宪法》第6章以专章的形式规定了"苏联国籍、公民权利平等",其中第34条规定:"苏联公民,不分出身、社会地位和财产状况、种族和民族、性别、教育程度、语言、宗教信仰、职业的种类和性质、居住地点和其他情况,在法律上一律平等。"与资本主义国家宪法

---

① 转引自〔日〕阿部照哉等编著:《宪法——基本人权篇》(下册),周宗宪译,中国政法大学出版社2006年版,第108—126页。

对平等原则的规定之根本区别在于,该条继而规定:"苏联公民的权利平等从经济、政治、社会和文化各方面予以保证。"接着,第35、36条规定了女子与男子平等、各种族和民族享有平等权利。第53、96、97条还分别规定了夫妻在家庭关系中完全平等、公民享有平等的选举权和被选举权、代表的选举是平等的。1978年《俄罗斯联邦宪法》在序言中规定:"苏维埃政权保护俄罗斯各族人民的平等和自由自决。"第5章以专章的形式规定了"俄罗斯联邦国籍、一切公民平等"。其中,第32、33、34条对公民平等原则、男女平等、各种族和民族公民平等的规定与1977年《苏联宪法》的规定相同。

我国1954年《宪法》规定"公民在法律上一律平等"。1975年和1978年《宪法》删除了平等权条文。1982年《宪法》恢复了1954年《宪法》的规定,在第33条第2款中规定"中华人民共和国公民在法律面前一律平等",同时在另外六个方面作了具体规定:第33条第3款规定,任何公民享有宪法和法律规定的权利,同时必须履行宪法和法律规定的义务;第5条第5款规定,任何组织或者个人都不得有超越宪法和法律的特权;第4条第1款规定,各民族一律平等;第48条规定,妇女享有同男子平等的权利,国家保证妇女的权利和利益,实行男女同工同酬,培养和选拔妇女干部;第34条规定,中华人民共和国年满18周岁的公民,不分民族、种族、性别、职业、家庭出身、宗教信仰、教育程度、财产状况、居住期限,都有选举权和被选举权;第36条第2款规定,不得歧视信仰宗教的公民和不信仰宗教的公民。[①]

各国宪法规定平等权的方式虽各不相同,但也有许多共同点,如规定法律面前人人平等、法律的平等保护、禁止歧视、反对贵族、反对崇拜等,具体表现为男女平等、民族平等、选举权平等、种族平等等。随着平等权入宪,各国法律也相应地将宪法平等权进一步具体规定于各部门法之中,从而出现了各种法律层次的平等权。例如,教育法中规定教育平等权,诉讼法中规定诉讼平等权,民法中规定民事主体平等权等。

(二)国际法中的平等权

联合国成立以前,人权保护主要是主权国家范围内的事项,平等权也相应地由国家宪法与法律加以规定。《联合国宪章》颁布以后,平等权的立法保护走向国际化,在全球和区域层面都获得了广泛的发展。[②]

---

① 参见林来梵:《从宪法规范到规范宪法——规范宪法学的一种前言》,法律出版社2001年版,第110页。

② "自从自然权利在17世纪出现以来,平等原则在一些国家的法律中已经历了很长的历史发展。然而,直到1945年《联合国宪章》通过以后,这一原则才在国际一级成为一般原则。"〔瑞典〕格德门德尔·阿尔弗雷德松、〔挪威〕阿斯布佐恩·艾德编:《〈世界人权宣言〉:努力实现的共同标准》,中国人权研究会组织翻译,四川人民出版社1999年版,第79页。

在全球层面,几乎每一个国际人权文件都对平等权作出了明确的规定。

1945年《联合国宪章》序言规定,"重申基本人权,人格尊严与价值,以及男女与大小各国平等权利之信念";第1条规定,联合国宗旨之一是"发展国际间以尊重人民平等权利及自决原则为根据之友好关系"。这使人与人之间、男女之间的平等权成为各国政府的国际法律义务。

1948年通过的《世界人权宣言》在序言和正文中对《联合国宪章》规定的平等权予以进一步具体化。"鉴于对人类家庭所有成员的固有尊严及其平等的和不移的权利的承认,乃是世界自由、正义与和平的基础……鉴于各联合国国家的人民已在联合国宪章中重申他们对基本人权、人格尊严和价值以及男女平等权利的信念,并决心促成较大自由中的社会进步和生活水平的改善",这是序言从制定《世界人权宣言》的原因、目的和宗旨几方面规定了平等权。除第30条外,正文部分每一条不是使用"人人"的模式就是使用"平等"的表达,因而可以说,正文就是对序言规定的平等权的细化,平等权成为正文的主线和精神所在。例如,第1条规定了尊严和权利的平等权:"人人生而自由,在尊严和权利上一律平等。他们赋有理性和良心,并应以兄弟关系的精神相对待。"第2条规定了不受歧视的平等权:"人人有资格享有本宣言所载的一切权利和自由,不分种族、肤色、性别、语言、宗教、政治或其他见解、国籍或社会出身、财产、出生或其他身份等任何区别。……"第7条规定了法律面前的平等权:"法律之前人人平等,并有权享受法律的平等保护,不受任何歧视。人人有权享受平等保护,以免受违反本宣言的任何歧视行为以及煽动这种歧视的任何行为之害。"第16条规定了男女平等权:"(一)成年男女,不受种族、国籍或宗教的任何限制有权婚嫁和成立家庭。他们在婚姻方面,在结婚期间和在解除婚约时,应有平等的权利。……"第21条规定了政治平等权:"(一)人人有直接或通过自由选择的代表参与治理本国的权利。(二)人人有平等机会参加本国公务的权利。(三)人民的意志是政府权力的基础;这一意志应以定期的和真正的选举予以表现,而选举应依据普遍和平等的投票权,并以不记名投票或相当的自由投票程序进行。"此外,第23条、第26条分别规定了同工同酬的平等权、受教育平等权。

为保障《世界人权宣言》规定的包括平等权在内的所有人权得以实现,1966年,联大通过了《公民权利和政治权利国际公约》和《经济、社会、文化权利国际公约》两大人权公约,在1976年生效后对所有成员国产生法律约束力。两公约使用同样的序言重申了《联合国宪章》和《世界人权宣言》规定的平等权,促使它们规定的两类人权获得平等保护。两公约的正文部分对平等权的规定也体现了与《世界人权宣言》相关规定的对应关系,而且是对后者的细化与补充。

关于不受歧视的一般平等权,两公约第 2 条与《世界人权宣言》第 2 条的规定极为相似。《公民权利和政治权利国际公约》第 2 条第 1 款规定:"本公约每一缔约国承担尊重和保证在其领土内和受其管辖的一切个人享有本公约所承认的权利,不分种族、肤色、性别、语言、宗教、政治或其他见解、国籍或社会出身、财产、出生或其他身份等任何区别。"《经济、社会、文化权利国际公约》第 2 条第 2 款规定:"本公约缔约各国承担保证,本公约所宣布的权利应予普遍行使,而不得有例如种族、肤色、性别、语言、宗教、政治或其他见解、国籍或社会出身、财产、出生或其他身份等任何区分。"

《公民权利和政治权利国际公约》第 26 条规定:"所有的人在法律前平等,并有权受法律的平等保护,无所歧视。在这方面,法律应禁止任何歧视并保证所有的人得到平等的和有效的保护,以免受基于种族、肤色、性别、语言、宗教、政治或其他见解、国籍或社会出身、财产、出生或其他身份等任何理由的歧视。"该条规定了法律面前的平等权,与《世界人权宣言》第 2 条的规定相对应。当然,第 26 条不是简单重复《世界人权宣言》第 2 条的内容,而是超出了第 2 条的范围。联合国人权事务委员会评论说:"第 26 条并不是简单重复第 2 条已经规定的内容,而是又自动规定了一项权利。因此,第 26 条内容涉及缔约国在这方面的立法和实施这些立法的责任。"[①]

对男女平等权的保护,两公约也分别作出了与《世界人权宣言》第 16 条相似的具体规定。《公民权利和政治权利国际公约》第 3 条规定:"本公约缔约各国承担保证男子和妇女在享有本公约所载一切公民和政治权利方面有平等的权利。"第 23 条规定:"……四、本公约缔约各国应采取适当步骤以保证缔婚双方在缔婚、结婚期间和解除婚约时的权利和责任平等。……"《经济、社会、文化权利国际公约》第 3 条也规定:"本公约缔约各国承担保证男子和妇女在本公约所载一切经济、社会及文化权利方面有平等的权利。"[②]此外,《公民权利和政治权利国际公约》第 25 条、第 27 条分别规定了政治平等权、少数人的平等权。《经济、社会、文化权利国际公约》第 7 条、第 13 条分别规定了工作平等权、受教育平等权。

全球层面对平等权的国际立法,除以上联合国制定的一般性人权公约外,还有针对特定主体的特殊人权公约。这些公约主要包括《消除一切形式种族歧视国际

[①] 转引自〔瑞典〕格德门德尔·阿尔弗雷德松、〔挪威〕阿斯布佐恩·艾德编:《〈世界人权宣言〉:努力实现的共同标准》,中国人权研究会组织翻译,四川人民出版社 1999 年版,第 172 页。

[②] 朱应平:《论平等权的宪法保护》,北京大学出版社 2004 年版,第 29 页。

公约》《消除对妇女一切形式歧视公约》《儿童权利公约》《禁止酷刑和其他残忍、不人道或有辱人格的待遇或处罚公约》《防止及惩治灭绝种族罪公约》《禁止并惩治种族隔离罪行国际公约》等。

  区域层面关于平等权的立法既是对全球层面立法的实施和回应,也在实施过程中展示了各区域的不同特点。1953年生效的《欧洲人权公约》第14条以禁止歧视的方式规定了平等权:"应保证人人享受公约列举的权利与自由,不得因性别、种族、肤色、语言、宗教、政治的或其他见解、民族或社会出身、同少数民族的联系、财产、出生或其他地位而有所歧视。"1965年生效的《欧洲社会宪章》为促进平等而规定了公民的社会、经济权利,有关平等权的条款主要体现在第一部分。1978年生效的《美洲人权公约》集公民和政治权利与经济、社会和文化权利保护于一体。第1条规定,各缔约国承诺尊重公约所承认的各项权利和自由,并保证在它们管辖下的所有人都能自由地、全部地行使这些权利和自由,不因种族、肤色、性别、语言、宗教、政治见解或其他主张、民族或社会出身、经济地位、出生或其他任何社会条件而受到任何歧视。第24条规定,法律面前人人平等。人人享有不受歧视的法律的平等保护。1988年生效的《美洲人权公约补充议定书》也包含一系列平等权,如缔约国承允,保证毫无歧视地履行所陈述之义务,男女平等享受所载之权利(第2条);人人有工作权、工会权(第6、8条);人人应享有社会保障权、健康权、有益于健康的环境权。1987年生效的《非洲人权和民族权宪章》也将两类人权规定在同一文件中,并对两类人权同等对待。该宪章首先在序言中宣称"自由平等、正义与尊严是非洲各国人民实现其合法愿望的主要目的",然后在第一部分规定了广泛的非歧视条款和平等保护条款。第2条规定,每个人都应享有宪章承认并保证的权利和自由,不分种族、人种、肤色、性别、语言、宗教、政治和其他见解、国籍或社会出身、财富、出生或其他身份等任何区别。第3条第1款规定,法律面前人人平等。第19条规定,所有人都应平等,他们都应享受同样的尊敬、同样的权利。任何人无权控制别人的权利。

  区域性人权公约和宪章对平等权的规定一般包括以下内容:禁止歧视是平等权的重要形式;有的规定法律面前人人平等;包含一些具体平等权,内容涵盖政治、经济、社会各方面;对妇女、儿童等弱势群体规定了特殊保护的差别待遇;注重对权利的保障,特别是司法保障。[①]

[①] 参见朱应平:《论平等权的宪法保护》,北京大学出版社2004年版,第91—92页。

思考题

既然平等权已经成为各国宪法和法律中必要的构成要素,那么在立法时应如何体现平等权?更确切地说,平等权到底能不能约束立法者?

第二节 平等权的分类

一、平等标准的变迁

作为一个宪法规则的平等原则从一开始就要求立法机关在立法时基本上保证做到"类似情况类似对待",只有在客观上能被证明正当的情况下方作出差异性规定。就国家机关的职责来说,如果有可供作出评价的标准,那些承担解释、适用和执行法律职责的机构就不能作出专断、任意的区分,必须保证法律适用的统一。[①] 国内学界对平等权的认知大致经历了从平等权仅指法律适用的平等到包括立法平等的发展过程。[②] 在后续的内涵发展过程中,为了缩小人的自然不平等所带来的差别,基于正当目的对处于弱势地位的个人及群体给予适当照顾的差别对待得到了广泛的认同,从而达成了完整的平等权要求,即形式上要求的反特权和反歧视与实质上的差别对待相结合。

如当代政治哲学大师萨托利总结的平等理论谱系所述,平等权的评判标准可以分解为如下两个层级:第一层级的平等标准包括两个方面,即一方面,要对所有的人一视同仁,让所有的人都有相同的份额;另一方面,也要对同样的人一视同仁,相同的人份额相同,不同的人份额不同。第二层级的标准又分为四个重要的次级标准:(1) 按比例的平等即现有不平等的程度一成不变地分配份额;(2) 对可以接受的差别,给予不平等的份额;(3) 按每个人的功绩(品德或能力)分配份额;(4) 按每个人的需要(基本的或其他的)分配份额。[③]

基于这样的背景,下文中并不是将平等权划分为具体某个领域的平等,如法律面前人人平等、人格平等、男女平等、民族平等等,也不是将其区分为绝对平等与相

---

① See Jurgen Schwarze, *European Administrative Law*, Sweet and Maxwell, 1992, p.547.
② 这种发展在很多论著中都有体现,如许崇德、张正钊主编:《人权思想与人权立法》,中国人民大学出版社 1992 年版,第 49 页;周伟:《宪法基本权利司法救济研究》,中国人民公安大学出版社 2003 年版,第 77—78 页;朱应平:《论平等权的宪法保护》,北京大学出版社 2004 年版,第 35 页;周叶中主编:《宪法学》,法律出版社 1999 年版,第 155—156 页;等等。
③ 其中,(3)和(4)可以说是对(1)和(2)的进一步说明。参见〔美〕乔万尼·萨托利:《民主新论》,冯克利、阎克文译,上海人民出版社 2015 年版,第 530—535 页。

对平等、机械平等与比例平等、积极平等与消极平等,而是主要介绍一般平等权与具体平等权、形式平等权与实质平等权、平等对待与平等结果。

二、一般平等权与具体平等权

一般平等权即平等原则,指对相同事件作相同处理,对不同事件依其特质不同而作不同处理,即等者等之,不等者不等之。德国联邦宪法法院曾以一句名言简要概括平等权的意义:"平等原则禁止对于本质相同之事件,在不具实质理由之下任意地不平等处理,以及禁止对于本质不相同之事件,任意地作相同处理。"[①]平等原则是自由民主国家必要的基础。在平等原则之下,国家所有机关之行为禁止恣意,并应符合正义原则。一般平等权系基础性的基本权,其本身的意义非常抽象。具体平等权是一般平等权与其他具体权利或特殊主体结合而形成的一类复合权利。例如,一般平等权与具体权利结合的情况:选举权与平等权结合而成选举平等权,诉讼权加上平等权即成诉讼平等权等;与特殊主体结合的情况,如妇女平等权、残疾人平等权等。

我国宪法学者把平等权分成一般平等权与具体平等权。一般平等权规定于《宪法》第33条第2款,即公民在法律面前一律平等。具体平等权包括六方面,即《宪法》第33条第4款规定,任何公民享有宪法和法律规定的权利,同时必须履行宪法和法律规定的义务;第5条第5款规定,任何组织或者个人都不得有超越宪法和法律的特权;第4条第1款、第34条、第36条第2款、第48条分别规定了民族平等、选举平等、宗教信仰平等、男女平等。日本学者将公民平等权分解为:平等权的一般原则,即法律面前人人平等的原则,任何国民不因其人种、信仰、性别、社会身份或门第不同而在政治上、经济上、社会上受到不合理的差别待遇;贵族的废止;荣典的限制;选举的平等;教育的平等;家庭的平等。

三、形式平等权与实质平等权

形式上的平等旨在反对不合理的差别;而实质上的平等则要求必须承认合理的差别,并要求存在适当的差别对待。平等权既有形式平等的要求,也有实质平等的要求。这一分类对平等权的把握具有重要意义。

形式平等权,即机会平等权,它所追求的是法律对每个人所保障的,在其权利形成和实现过程中享有机会上的平等。由于形式平等权形成于反对封建特权的过程中,因此它并不关注各个具体的"人"的客观差异,而是关注各个"人"在其人格的

---

① 转引自法治斌、董保城:《宪法新论》,台湾元照出版有限公司2006年版,第243页。

形成和发展或权利的享有和实现过程中的机会均等,其主旨在于反对差别对待;至于结果如何,并不是它首要考虑的问题。形式平等是平等权的理性之所系。离开了形式平等而言平等,平等权就有可能成为空话。形式平等的核心理论由"起点平等"和"同等情况同样对待"两部分构成,①也可以说由"平等利用"的机会平等和"起点平等"的机会平等两部分构成。②

然而,形式平等原理是近代宪法基于"自由国家"理念所确立的,不可避免地具有自身的局限性。正如芦部信喜指出:"如果无视人的事实上的差异而将平等推向极端,人的自由与自律的发展就会受到破坏;反之,如果无抑制地认肯自由,则又会导致少数政治上或经济上的强者在牺牲多数弱者的基础上增大其权力与财富,出现不当的不平等。"③20 世纪中期以来,人们对平等权的观念逐渐由形式平等发展为实质平等。

所谓实质上的平等,指的是"为了在一定程度上纠正由于保障形式上的平等所招致的事实上的不平等,依据各个人的不同属性分别采取不同的方式,对作为各个人的人格之形成和发展所必需的前提条件进行实质意义上的平等保障"④。形式上的平等不顾"人"的差异而一律同等对待,导致"强者恒强,弱者恒弱"的趋势,可能促使社会整体两极分化,拉大人与人之间的客观差异,加剧人与人之间的不平等状况。正如皮埃尔·勒鲁指出:"在平等的名义下,实现的反而是不平等、非正义、不公平。"⑤林来梵教授指出:"一般来说,形式上的平等原理仍然可以适用于对精神、文化活动的自由、人身的自由与人格的尊严乃至政治权利等宪法权利的保障,而实质上的平等原理则主要适用于以下两种情形:第一,在权利的主体上,男女平等、人种平等和民族平等的实现,就是实质上的平等原理所期待的客观结果;第二,在权利的内容上,实质上的平等原理则主要适用于对社会经济权利的保障,其目的在于使经济强者与经济弱者之间恢复法律内在地所期待的那种主体之间的对等关系。"⑥因此,形式上的主体要求享有同等权利和获得同等对待,与实质上合理的差别对待组成了平等权的应有内容。然而,在界定何为合理的差别对待与何为不合理的差别对待时,实质平等不可避免地要突出对少数人的权利、弱势群体的权利尤其是社会权的保护。

---

① 参见徐显明、齐延平:《中国人权制度建设的五大主题》,载《文史哲》2002 年第 4 期。
② 参见〔美〕乔万尼·萨托利:《民主新论》,冯克利、阎克文译,上海人民出版社 2015 年版,第 524—529 页。
③ 〔日〕芦部信喜:《宪法》,有斐阁 1998 年版,第 20 页。
④ 韩大元、林来梵、郑贤君:《宪法学专题研究》,中国人民大学出版社 2000 年版,第 269 页。
⑤ 〔法〕皮埃尔·勒鲁:《论平等》,王允道译,商务印书馆 1988 年版,第 272 页。
⑥ 林来梵:《从宪法规范到规范宪法——规范宪法学的一种前言》,法律出版社 2001 年版,第 107 页。

四、平等对待与平等结果

对待平等有两种根本不同的方式：一是平等对待，即相同的公平待遇；二是平等结果，即相同的结果或最终状态。区别两者的重要性在于，它们在基本观点或立场上的不同，会导致在追求最大限度的平等这一目标时路径选择上的巨大差异。

重视平等对待的基本观点是，人类在若干方面应当得到平等对待，不管存在什么样的差别；而重视平等结果的基本观点则是，人类不仅不应当有差别，而且应当复原到早期的无差别状态。也就是说，平等对待并不产生平等结果；反之，平等的最终状态需要不平等对待。更直接地说，想要得到平等结果，就要受到不平等对待。由此，就会导致人们在路径选择上，为了达成较多的平等结果，实行较少的平等待遇。反过来说，为了获得"最小限度的平等"待遇，人们可以满足于"有缺陷的平等"结果。如果认识不到这种反差，将结果或最终状态的平等变成唯一的、压倒一切的关注对象，那么平等的目标将会"毁灭"平等对待。与上一种分类（实质平等要以形式平等为原则，是形式平等的补充）一致，平等结果的达成也要以平等对待为内在价值，不能让不平等对待超出人类可以接受的不平等结果。

第三节 平等权的价值与效力

一、平等权的价值

价值是客体对主体的意义，包括客体对主体需要的满足和主体关于客体的绝对超越指向两个方面。[①] 平等权既是历史发展和人类文明进步的结果，也对个人的生存状况和社会发展具有不可替代的价值。由此可知，平等权不仅具有自身价值，还具有促进价值；不仅具有目的性价值，还具有工具性价值。

（一）平等权的自身价值和促进价值

简单地看，平等权的自身价值是内在的，而平等权的促进价值是外在的。平等权的自身价值是平等权本身就具有的价值，主要体现为平等权在基本权利体系中具有根本性地位。平等权是各基本权利赖以实现的前提和基础，只有平等权在一定程度上得到确认和保障，各基本权利的杠杆地位才能获得应有的保障，中枢作用才能正常发挥。只有在享有不容置疑的平等权的基础上，人人享有生命权、自由权

---

① 参见卓泽渊：《法的价值论》，法律出版社1999年版，第3页。

和财产权等其他人之为人的权利才具有可能性。平等权不仅在人获得自我解放的诸种权利中发挥中枢作用,而且具有先决作用。没有平等权的保障,一切权利都可能在不平等的形式下被恣意干涉或侵害。平等权的促进价值,首先是对人自身的促进作用,特别是对人的尊严的促进作用。其次,人是社会中的人,平等权对社会结构和社会秩序的促进作用会直接作用到人本身。一切权利都是为了维护和促进人的尊严,而平等权对人的尊严的促进作用是最直接、最关键的。平等权的核心内容是,标榜主体平等,力倡同等情况同样对待。虽然人的尊严具有不证自明的性质,但是平等权在事实上为人的尊严准备了理论基础。在实践层面,没有平等,平等的权利主张得不到法律的确认和保障,人的尊严就只能存在于纸面论证阶段,或者在现实生活中显得微不足道。只有在平等权的支撑和保障之下,人的尊严才会得到尊重,人之为人的价值才会得到体现。平等权对社会的促进作用主要体现为,促使和维护社会结构体现公平、正义的原则,以及保障社会秩序的稳定、和谐发展。"平等"概念不仅是指个人人权,更兼具解释所有基本权利的重要原则。"今日对于经济上、生理上之弱者更有以立法加以保护,俾使一般常人齐一,以符平等之实。特别是二十世纪社会福利国家,对于社会上、经济上弱者如何给予最适当扶持保护,俾能使与其他国民受到同等自由与生存保障,已达实质平等,而如何落实实质平等,正是国家透过社会权保障具有实现宪法义务。"①由此可见,平等权对人类社会结构的合理性发展发挥了重要的理论指导和现实推动作用。在追求平等目的和行使平等权规范效力的过程中,平等权为社会秩序在可预见的情况下和谐发展提供了保障。

(二) 平等权的目的性价值和工具性价值

平等权的目的性价值就是促进人的全面发展,工具性价值则是指在具体的社会关系中对主体具有功利性的作用。② 从生存权、自由权和人格尊严等来看,起源于社会实践的平等权等人权在人的发展和社会的发展的互动关系中起着平衡和协调作用,体现着其目的性价值。同时,平等权也具有工具性价值。其中,平等权外在的工具性价值主要针对国家行为对个人生活的影响,而内在的工具性价值则是指其对每个个体的独立、自主人格的塑造。这种价值分类实际上仅关注平等权的促进价值,而忽略了平等权的自身价值。但是,这种界定明确了平等权本身即具有目的性意义,对平等权价值的认识具有积极意义。

---

① 法治斌、董保城:《宪法新论》,台湾元照出版有限公司2006年版,第243页。
② 参见刘钊、刘奇耀:《平等权初论》,载《政法论丛》2003年第4期。

二、平等权的效力

平等权的效力,是平等权的各种约束力的通称。对平等权效力的考察,主要目的在于明确平等权究竟具有何种性质的约束力,以及对哪些对象具有约束力。在此基础上,可以进一步加深我们对平等权内涵、价值的理解。

平等权的效力属于基本原则的效力抑或基本权利的效力,与平等权的基本原则性质抑或基本权利性质休戚相关。平等权的性质决定着平等权效力的性质。如前所述,平等既是一项法律原则,又是一种基本权利。因此,平等权的效力也具有双重性,即平等权既具有基本原则的效力,也具有基本权利的效力。平等权作为基本原则的效力,主要约束国家尊重公民平等的地位,给予公民平等的法律保障。平等权作为基本权利的效力,包括支撑公民人格尊严、法律地位平等的效力,以及约束和抵制国家不公正对待的效力。具体而言,从平等权的适用对象来看,平等权的效力主要针对国家和公民。

(一) 对国家的效力

平等权的效力对国家而言,是指平等要求对立法机关、行政机关、司法机关及其活动的指导和约束,分为法律制定之平等和法律适用之平等两个方面。

法律制定之平等,主要是指立法机关制定法律受平等原则之拘束,其目的在于禁止立法机关恣意立法。立法者虽享有立法裁量权,但不得在不具实质理由的情况下,对实质上相同或类似的事物作不同的规定,特别是不得对某特定团体制定优惠或者歧视条款。同样,立法者不得对不相似的事实或情况任意作相同的规定。平等原则不仅拘束立法机关制定法律,而且在立法机关对行政机关委任立法、授权制定和颁布法规命令,或者行政机关依职权制定规范性法律文件时,凡属于具有立法作用的,无论是立法机关还是行政机关制定的,均受平等原则的拘束。

法律适用之平等,主要是针对行政机关和司法机关而言的。首先,行政机关适用法律不得恣意决定或执行,纵使行政机关的决定依法享有自由裁量权,裁量权的行使也并非完全放任行政机关自由决定,而必须具有实质上令人可得接受的观点,作为裁量的依据。"令人可得接受的观点",就是必须符合宪法的基本价值,即基本权利、法治原则与社会福利原则。其次,司法机关必须受平等原则的拘束,平等地依法裁判。对法院而言,除非立法者或法律明确规定差别处理的条文,才能作出不同的判决,否则就属于违反平等原则。司法机关对于做出攻击、防御行为的当事人,基于武器平等原则,应给予真正机会均等的真实保障。特别是刑事案件中的被追诉者与追诉者处于平等地位参与诉讼,同样受正当法律程序的保护,拥有为自己就被追诉的事情请求予以公平审判的权利。"法官于具体个案适用法律,应援用事物本质、比例原则,符合实质正义的当为法则如习惯、学理,行使审判权来弥补法的漏洞。"①

（二）对公民的效力

公民是平等权的主体,平等的要求体现了公民在国家生活中的法律地位,并对国家权力的不正当区别对待具有抵制和救济效用。

首先,宪法和法律对平等权的规定体现了国家对公民法律地位的确认和保障。平等权作为基本权利是由宪法确认并由国家强制力保障实施的一个权利体系中最重要、最根本的权利,它表明了国家对公民最起码、最基本的人格和尊严的认可和尊重,确定和体现了公民的法律地位。我国《宪法》第33条第2款是对平等权概括性的规定。除此之外,《宪法》还特别就民族平等、男女平等以及某些权利的行使等作出了具体规定。我国各部门法中均有平等权或平等原则的相关规定。在我国的法律体系中,平等权已有普遍规定,确认和保障了公民在国家和社会生活中平等的法律地位。

其次,公民平等权对国家权力具有直接效力。宪法对平等权范围和类型的规定,实质上是宪法划定的国家权力不可逾越的界限。当国家的立法权、行政权和司法权的行使在没有正当理由的情况下对公民实行了区别对待,或者国家的立法权、行政权和司法权的行使与宪法确认的平等权相抵触或相违背,可能侵害或妨碍公民的平等权利时,公民可以根据宪法和法律规定的平等权及平等权原则进行抵制和反抗,法院亦可以援引宪法和法律规定的平等权及平等权原则作为认定涉讼行为合法性的法律依据。不过,需要注意的是,由于没有"不法平等权"的概念,因此相同情状下的违规或违法者不得因此主张同等对待或抵抗正当处理的权利。"行政自我拘束原则亦仅限于行政机关反复惯行事务属合法行政行为,而不是违法行政行为。换言之,自不能根据平等原则,而由违法行政行为产生行政自我拘束。也就是说,人们不能根据平等原则要求行政机关重复违法或瑕疵裁量行为。"②

另外,公民平等权对国家权力的效力可以分为积极效力和消极效力两个方面。根据宪法和国际人权法的规定,从积极方面来说,平等权要求国家采取积极措施,以实现真正的平等;从消极方面来说,平等权要求国家禁止歧视。许多国家的宪法、普通立法以及国际人权法明确规定禁止歧视,其规定方式不外乎是把所有的禁止歧视的理由通过立法的方式一一列举,英国的反歧视立法和欧盟的法律即是如

---

① 陈新民:《宪法基本权利之基本理论》(上),台湾三民书局1992年版,第507页。
② 转引自法治斌、董保城:《宪法新论》,台湾元照出版有限公司2006年版,第245页。

此;或者是列举被禁止的歧视理由,但是说明并未穷尽所有的理由,如《公民权利和政治权利国际公约》第26条规定:"……法律应禁止任何歧视并保证所有的人得到平等的和有效的保护,以免受基于种族、肤色、性别、语言、宗教、政治或其他见解、国籍或社会出身、财产、出生或其他身份等任何理由的歧视。"有的国家的宪法虽未明确规定,但其措辞在意义上相当于禁止歧视。即使有的国家的宪法仅简单地规定"法律面前人人平等",但是禁止歧视已经被平等权内在地包含。我们无法想象在不禁止歧视的情形下能够实现平等。

思考题

我国《宪法》第33条第2款规定:"中华人民共和国公民在法律面前一律平等。"基于这一规定,我们可以向哪些国家机关、通过何种法律途径提出相应的平等权?

第四节 合理差别对待:以少数人与弱势群体的权利保护为例

平等权是指具有相同资格的主体要求享有同等权利和获得同等对待,并主张基于正当理由对同等资格主体中的客观弱者予以差别对待的一项基本权利。在界定"客观弱者"时,首先要面对的就是社会中的少数人与弱势群体。在社会实践中,真正需要主张平等权的往往也是这些主体。

一、少数人的平等权问题

少数人权利是国际人权公约保障的最为重要的原始权利之一,也是平等权保护的应有之义。研究少数人权利保护,对于丰富平等权理论具有十分重要的意义。那么,究竟什么是少数人?哪些人属于少数人?对此,国内外人权法学者作了大量有益的探索。

从17世纪早期一些欧洲国家之间签订的关于保护异教徒的条约,如1606年匈牙利与特兰西瓦尼亚签订的《维亚纳条约》,到1654年签订的《林茨条约》《威斯特伐利亚和约》等,再到一战后的《巴黎和约》来看,在宗教、语言、种族上占少数者往往被视为"少数人"。二战后签订的《联合国宪章》第1条第3款也申明,促成国际合作,且不分种族、性别、语言或宗教,增进并激励对于全体人类之人权及基本自由之尊重。后续还有针对儿童、难民、囚犯、残疾人、智力迟钝者等特殊主体权利保护的国际性文件。但是，在国际公约中并无"少数人"的专门定义。相比之下，学界对于"少数人"内涵和外延的探讨比较热烈。例如，卡波托蒂认为，少数人是那些在数量上居于少数，在政治上不处于支配地位，在人种、宗教和语言方面具有不同于其他人的特征，且具有维系自己文化、传统、宗教或语言的向心力，居住在一国领土上的国民。① 西格勒认为，少数人是在数量上具有一定规模，在肤色、宗教、语言、种族、文化等方面具有不同于其他人的特征，由于受到偏见、歧视或权利被剥夺，在政治、社会和文化生活中长期居于从属地位，国家应当予以积极援助的群体。② 阿克曼在《超越卡罗琳产品案》一文中提出了"明显与孤立"的少数群体和"隐形与分散"的少数群体的划分方法③，进一步发展和丰富了"少数人"的概念。德沃金提出了两个有关少数人的概念：其一是"实体性少数派"，特指要么处于失业状态或者在任何一条实际"贫困线"之下的低工资状态的人，要么因各种原因而成为残疾人或者成为被特殊需要压垮的人；④其二是"有受害者嫌疑群体"，是指缺乏必要的政治权利，因而无法使政治过程对他们公平而民主的群体。⑤ 周勇教授认为："要确定什么样的群体构成少数，首先要将在国际法上具有完全自决权的'人民'群体排除出去。"⑥另外，也有学者注意到，"少数人"并非一定是一个固态化的群体，也可以是少数个人，如灾民、难民、移民、残疾人、特定疾病患者、罪犯等。⑦

从上述有关少数人的界定可知，对于少数人的界定表面上是基于语言、种族、宗教、肤色、身体机能等方面的特殊性，实际上是由于其不处于支配地位，不能通过民主手段保障自身权利而需加以区别对待。

从宪法学意义上讲，所有公民都平等地享有公民权利，不可能存在少数人问题。但是，在实际生活中，存在少数人问题的往往是：(1) 群体中的个别人，如农村集体经济组织中的个体农户、公司或企业中的中小股东、一国内的外国人或无国籍

---

① 卡波托蒂曾应联合国人权委员会下属的防止歧视和保护少数小组委员会的邀请，作为特别报告人在《关于隶属于种族的、宗教的和语言的少数人权利研究》一文中提出了关于少数人的概念。参见〔美〕爱德华·劳森编：《人权百科全书》，汪渌等译，四川人民出版社1997年版，第1063页。
② 参见李忠：《论少数人的权利》，载王家福等主编：《人权与21世纪》，中国法制出版社2000年版，第219页。
③ "明显与孤立"的少数群体是美国联邦最高法院时任首席大法官斯通在1938年卡罗琳产品案中的经典论断，意指由非洲裔等少数族群组成的少数团体；而阿克曼认为，不具有政治议价能力的"隐形与分散"的少数群体，甚至是多数群体，如同性恋者、妇女和穷人，才是司法应当予以特殊保护的真正对象。参见张千帆编译：《哈佛法律评论·宪法学精粹》，法律出版社2005年版，第4页。
④ 参见〔美〕罗纳德·德沃金：《原则问题》，张国清译，江苏人民出版社2005年版，第271页。
⑤ 参见〔美〕罗纳德·德沃金：《至上的美德：平等的理论与实践》，冯克利译，江苏人民出版社2003年版，第537页。
⑥ 周勇：《少数人权利的法理》，社会科学文献出版社1996年版，第15页。
⑦ 参见卓泽渊：《法律价值论》，法律出版社1999年版，第425页。

人;(2)集体决议中的少数派;(3)隐藏或分散在社会中的其他具有特殊性的人。对于第一类,我国法律基本上已经设定了相应的保护机制;第二类是实施民主集中制原则中所不可回避的,不过加强意见形成中的辩论性、反馈说明、备案等程序对于少数派意见的保护也是十分必要的;第三类往往是在个案公正中应当予以特殊考虑的,也有少部分是现有立法遗漏的。为了进一步思考少数人权利问题,下面举几个案例以供探讨。

▶ 案例导入

【案例3-4】 居住条件限制对在外国民平等选举权的影响

请求人是具有大韩民国国籍的年满20周岁的韩国人,现居住在日本。由于韩国《公职选举及选举不正防治法》(以下简称《公职选举法》)中没有对在外国民选举权行使程序作出规定,请求人无法在1997年12月18日的总统选举中行使选举权,于是以《公职选举法》第37条第1款的规定(选举总统时,应调查管辖区域内已经进行住民登记的选民,并制作选民名单)违宪和国会没有规定选举权行使程序的立法属于不作为为由,向宪法法院提起宪法诉愿。宪法法院于1999年1月28日作出判决,宣布《公职选举法》第37条第1款的规定不违反宪法,不受理其他诉讼请求。[①]

【案例3-5】 集体经济组织成员资格认定条件的平等性

再审申请人卢某某自2005年4月13日将户籍迁入珠海市屋边经济合作社后,一直参与村集体召开的各类会议,并参与村集体的决策管理。但是,根据珠海市屋边经济合作社作出的"纯女户的女婿其中一个可享有村集体利益分配,不是纯女户的女婿不给予分配"决定(以下简称"决定"),卢某某并不具备该集体经济组织的资格。因此,卢某某诉至法院,请求保障其平等权和集体收益分配权,依法撤销珠海市屋边经济合作社作出的"决定",并依法确认其集体经济组织成员资格。法院认为,是否具有集体经济组织成员资格问题,属于村民自治权利范围,不属于人民法院民事诉讼的受案范围。卢某某的身份证虽显示已落户在珠海市屋边队,但不等于其具备该队集体经济组织成员资格。因此,卢某某应先就是否具有珠海市金湾区三灶镇中心村屋边队集体经济组织成员资格,向相关政府部门申请确认和处理。故本案目前尚不属于人民法院受理民事诉讼的范围。[②]

[①] 韩国宪法法院1999年1月28日判决,98宪甲167。
[②] (2015)粤高法立民申字第146号。

【案例 3-6】 "杀害直系亲属加重处罚"违反宪法平等权理念吗？

根据日本《刑法》第 200 条的规定，杀害尊亲属的刑罚要重于一般的杀人罪（第 109 条）。因为前者只能使用死刑和无期徒刑，且在穷尽减刑之后至少要判 3 年零 6 个月的有期徒刑，所以不具有适用缓刑（只能是 3 年以下的有期徒刑或更轻的刑罚才可以）的可能。引发这条规定违宪与否的标志性案例，是发生于 1968 年的一起弑父案。案情梗要如下：1968 年 10 月 5 日，女性被告相泽千代（当时 29 岁）因绞死其父相泽武雄（当时 53 岁）而被提起公诉。检察机关在调查中发现，被告从 14 岁起就持续遭受其亲生父亲的性虐待，作为被迫乱伦的后果，她为自己的父亲生下了 5 个孩子（其中 2 个婴儿夭折，另外还有 5 次流产）。此后，由于医生劝告其如果再怀孕，对身体将有极大伤害，被告接受了节育手术。在长达十几年的煎熬中，被告未能逃脱魔爪的原因在于，她担心同住在一起的妹妹会遇到相同的厄运。在这期间，被告在工作中结交了一位比自己小 7 岁的恋人，并有了结婚的计划。当被告将希望结婚的想法告诉其父亲时，被暴怒的父亲殴打并监禁在家中到案发之日为止，达 10 日之久。在饱受父亲的凌辱之后，精神衰弱的被告忍无可忍，用和服的腰带将父亲绞杀。担任一审的宇都宫地方法院认为，《刑法》第 200 条违宪，被告属防卫过当，免于处罚。然而，二审东京高等法院则认为上述法条合宪，在给予最大限度的减刑之后，判决被告 3 年零 6 个月的有期徒刑。最后，日本最高法院认定杀害尊亲属加重处罚的法律违宪，判定被告为一般杀人罪，判处 2 年零 6 个月的有期徒刑，缓期 3 年执行。（日本《刑法》第 109 条规定，杀人者，处死刑、无期徒刑或 3 年以上徒刑。第 200 条规定，杀本人及配偶之直系尊亲者，处死刑或无期徒刑。）①

与此案类似，2009 年 4 月 18 日，在我国台湾地区发生了一起热锅烫婴案。本案中，台湾彰化县一名 10 个月大的女婴只因父母斗嘴，竟被狠心的父亲黄凌奇丢进用来煮油面的滚烫热锅。经过医院急救 4 天后，女婴被宣告不治身亡。民意代表邱毅等人提议在"刑法"第 272 条中加入杀害直系卑亲属者处以死刑或无期徒刑的内容，即杀害子女者也应与杀害直系尊亲属者同罪。2009 年 4 月 27 日，检方对黄凌奇提起公诉，具体求处无期徒刑。

【案例 3-7】 乙肝歧视之后的身高歧视、相貌歧视、婚姻歧视、学历歧视等如何化解？

在周一超案（(2003)嘉中刑初字第 30 号）、张先著案（(2003)新行初字第 11 号）

---

① 日本最高法院 1973 年 4 月 4 日判决。

之后,乙肝歧视的问题逐渐在立法层面得到解决。但是,其他类型的歧视依然存在。

身高歧视:如 2002 年蒋韬案((2002)武侯行初字第 3 号)、2006 年胡彬彬案(诉天台县人事劳动社会保障局)、2009 年湖南"身高歧视第一案"(毛卫华、达丽娟、彭娟辉与喻平旺四人诉武冈市教育局)等。

相貌歧视:河南女孩秋子因患有先天性脑积水,自出生起脑袋就比一般人大出不少。2006 年下半年,秋子通过了上海某教育公司郑州机构的面试,并接受了为期 15 天的培训,于当年 12 月与公司签订劳动合同。同年 12 月 21 日,根据外派合同,秋子前往公司加盟学校——嘉善分校工作。就在秋子到学校报到的当天,发现"分校负责人的眼神异样"。没过多久,相关部门负责人就电话通知她返回郑州。公司以秋子相貌不佳为由,拒不履行劳动合同。随后,秋子将公司告到了上海劳动仲裁部门,要求公司返还培训费 260 元,返还差旅费差价 50 元,并支付违约金 1 万元。

婚姻歧视:某地水电工程局 10 名女工集体向当地人民法院提出离婚诉讼。这些女工与丈夫,有的两情相笃,有的新婚宴尔,为什么要"一纸休夫"呢?原来,水电工程局规定,合同制工人无配偶的才可以与企业续签劳动合同。为取得劳动资格,10 名已婚女工只好以提出离婚诉讼的方式,集体抗议"婚姻歧视"。

学历歧视:2013 年,在山东省淄博市高青县事业单位公开招聘工作人员公告发布后,只有"专科"学历的张吉星报考了"综合类 A"的岗位。但是,对应的用人单位在提报的计划上对学历的具体要求是"本科、学士学位"。据此,高青县人社局确认张吉星"学历不符合报名条件",不准他参加本次事业单位公开招聘工作人员的考试。张吉星认为高青县人社局设置的"本科"学历条件无法律依据,侵犯了其平等权,故诉至法院。两审法院均认为,高青县人社局作为高青县人民政府人事行政部门,对本辖区内事业单位招聘工作具有指导、监督和管理的职责,且有对应聘人员的资格条件进行审查并确定符合条件的人员的权利。因此,法院驳回了张吉星的诉讼请求。[①]

二、弱势群体的平等权问题

弱势群体是任何时代、任何社会都存在的,更是关系社会稳定和社会发展的一个全球性问题。与"少数人"一样,"弱势群体"的概念界定也存在诸多争议。能够达成共识的是,"弱势群体"强调的是在竞争中不占优势或在政治上不占支配地位

---

① (2014)淄行终字第 64 号。

的特殊群体,这类群体可能是少数人,也可能是长期处于劣势的多数人,如妇女、儿童、老人、农民、边远地区或经济不发达地区的人等。有学者将弱势群体的特征概括为低职化或无职化、贫困化、脆弱化和边缘化。① 弱势群体的劣势主要是由于个人无法抗拒的社会性和结构性力量所致,如贫困并非因为自身懒惰,而是由于缺乏就业机会、就业条件保障差、家庭负担过重等外在因素所致。能力的弱势和机会的缺乏是他们处于弱势地位的本质原因所在。阿玛蒂亚·森的实证研究显示,出现饥荒、产生贫困的最重要原因未必是粮食的大幅度减少,而可能是由于能力或机会的缺乏,这些人所获得的实际机会中不包括获得足够粮食的途径,于是饥饿产生了,他们由此陷入贫困的境地。因此,一个人创造收入的能力、机会的失去或被剥夺是其处于社会弱势地位的根本原因。②

在我国国务院2002年政府工作报告中,首次出现了"弱势群体"字样,主要是指如下四类人:下岗职工、"体制外"人员、进城农民工和较早退休的"体制内"人员。其实,在这四类人之外,还有许多其他类型的弱势群体。当前,我国的改革已步入深水区、攻坚期,关注并认真解决弱势群体问题事实上已经成为深化改革、维护社会安定、加快经济发展不容回避的任务。其中,以平等权理论进行解释,对这些弱势群体予以保障的最佳途径是合理区别对待。以下便以实践中的几个典型案例为例,让大家进一步思考如何实现区别对待的"合理"。

【案例 3-8】 女性歧视与工作平等权问题

平等的工作权已为我国法律所明确规定。仅就女性的就业平等权而言,其大意是在录用员工时,除国家规定的不适合妇女的工种或者岗位外,不得以性别为由拒绝录用妇女或者提高对妇女的录用标准。但是,在招聘时,除了明面上的招聘条件外,一些用人单位实际的言语和行为更使对女性的各项限制几乎达到了"歧视"的地步。梁海媚与广东惠食佳经济发展有限公司、广州市越秀区名豪轩鱼翅海鲜大酒楼人格权纠纷一案便是典型。该案中,在应聘厨房学徒时,梁海媚女士被招聘单位排斥。最终,两审法院都确认了招聘单位的侵权(就业平等权)行为,并判令其以赔礼道歉、赔偿精神损害抚慰金之类的方式弥补梁海媚的损失。③

按国家之前的标准,男性退休年龄为60周岁,女性为50周岁(工人)或55周岁(干部)。因此,就退休年龄的平等权而言,不仅存在男女平等问题,还存在"工人"

---

① 参见刘卓红、胡宜安:《弱势群体的基本特征》,载《理论视野》2004年第2期。
② 参见[印度]阿玛蒂亚·森:《贫困与饥荒:论权利与剥夺》,王宇、王文玉译,商务印书馆2001年版。
③ (2016)粤01民终10790号。

和"干部"之间的平等问题。其中,关于前者有一起典型案例:原告周香华女士,生于1949年10月,原为中国建设银行平顶山市分行出纳部副经理。2005年1月,中国建设银行平顶山市分行以周香华已达到法定退休年龄为由,通知她办理退休手续。但是,周香华认为自己足以胜任目前的工作,因此要求与男性一样享有60周岁退休的权利,并称单位的这一做法属于歧视,违反宪法。2005年8月,周香华向平顶山市劳动争议仲裁委员会提出仲裁申请,要求撤销该退休决定。10月11日,平顶山市劳动争议仲裁委员会开庭仲裁,认为申诉人未提供支持其观点的有效证据和法律依据,故不予支持。周香华不服该裁决,于10月28日向法院起诉,要求撤销上述仲裁裁决书。法院审理后,同样认为原告周香华无法律依据,不予支持。[1]

【案例3-9】 平等受教育权与高考改革

2001年8月23日,山东青岛应届高中毕业生姜某等三人向最高人民法院递交行政诉讼状,起诉教育部侵犯了公民的平等受教育权。原告认为,教育部2001年4月16日作出的《关于2001年全国普通高等院校教育招生计划》的行政行为,侵犯了原告的平等受教育权。因为该计划根据不同地域范围对招生人数作了不同的限定,使得不同地域的考生被划分成了高低不同的等级。等级之间,分数标准差异巨大,从而直接侵犯了包括原告在内的广大考生的平等受教育权。最终,他们的案件材料被最高人民法院退回。9月8日,三位当事人通过律师宣布终止诉讼。虽然该案不了了之,但是对高考公平问题的探索热度一直未曾减退。统一命题还是自主命题、考试科目设置、录取分数线的地区差异、加分政策、招生指标分配名额、高校数量的地区差异等,一直是高考改革的重点与难点。

➢ 小结

法律意义上的平等既是法律的基本价值,又是法律的基本原则,还是宪法上的基本权利。平等权是哲学、政治学等社科领域中平等观念的法律表现,是其他人权以及基本人权保障和实现的前提与条件。作为一项人权的平等权,是指具有相同资格的主体要求享有同等权利和获得同等对待,并主张基于正当理由对同等资格主体中的客观弱者予以差别对待的一项基本权利。简言之,平等权是平等主体在形式平等基础之上的实质平等主张。平等权首先在新兴资产阶级国家宪法中予以规定,随后在资本主义世界得到普遍认可。社会主义革命胜利后,社会主义国家宪

---

[1] (2006)湛民一初字第31号。

法更坚定了对平等权的承诺。《联合国宪章》颁布以后，平等权的立法保护走向国际化，在全球和区域层面都获得广泛的发展。

平等权可以按照不同的标准进行分类。理解一般平等权与具体平等权、形式平等权与实质平等权、平等对待与平等结果，对于平等权的保障非常重要。平等权不仅具有自身价值，还具有促进价值；不仅具有目的性价值，还具有工具性价值。平等权的性质决定了它既具有基本原则的效力，也具有基本权利的效力。

形式上的平等要求享有同等权利和获得同等对待，与实质上合理的差别对待组成了平等权的应有内容。然而，在界定何为合理的差别对待与何为不合理的差别对待时，实质平等不可避免地要突出对少数人的权利、弱势群体的权利尤其是社会权的保护。

▶ 课外材料

案例（CASES）

1. 重庆三少女"同命不同价"案
2. 甬温特大铁路交通事故案
3. 日本杀害尊亲属加重处罚违宪案
4. 台湾地区热锅烫婴案
5. 周一超案
6. 周香华诉中国建设银行平顶山市分行强制女性职工55岁退休案
7. 山东三考生状告教育部案

法条链接（RULES）

1. 《联合国宪章》序言、第2条
2. 《世界人权宣言》序言、第1—2条、第7条、第16条、第21条、第23条、第26条、第30条
3. 《公民权利和政治权利国际公约》第2条第1款、第3条、第23条、第25—27条
4. 《经济、社会、文化权利国际公约》第2条第2款、第3条、第7条、第13条
5. 《消除一切形式种族歧视国际公约》《消除对妇女一切形式歧视公约》《儿童权利公约》《禁止酷刑和其他残忍、不人道或有辱人格的待遇或处罚公约》《防止及惩治灭绝种族罪公约》《禁止并惩治种族隔离罪行国际公约》等国际公约
6. 《欧洲人权公约》第14条
7. 《欧洲社会宪章》第一部分

8. 《美洲人权公约》第 1 条、第 24 条

9. 《美洲人权公约补充议定书》第 2 条、第 6 条、第 8 条

10. 《非洲人权和民族权宪章》序言、第 2 条、第 3 条第 1 款、第 19 条

11. 《中华人民共和国宪法》第 4 条、第 33 条第 2 款、第 48—49 条

12. 《中华人民共和国劳动法》第 12—13 条

13. 《中华人民共和国侵权责任法》第 17 条

14. 《最高人民法院民一庭关于经常居住地在城镇的农村居民因交通事故伤亡如何计算赔偿费用的复函》(〔2005〕民他字第 25 号)

15. 英国《自由大宪章》第 39 条

16. 美国《宪法修正案》第 14 条第 1 款、第 15 条第 1 款、第 19 条

17. 法国《人权宣言》第 1 条

18. 德国《魏玛宪法》第 109 条

19. 《俄罗斯苏维埃联邦社会主义共和国宪法》第 22 条

阅读(READINGS)

1. 徐显明主编:《人权法原理》,中国政法大学出版社 2008 年版。

2. 李步云、孙世彦主编:《人权案例选编》,高等教育出版社 2008 年版。

3. 朱应平:《论平等权的宪法保护》,北京大学出版社 2004 年版。

4. 王庆五主编:《社会主义核心价值观研究丛书·平等篇》,江苏人民出版社 2014 年版。

5. 〔美〕罗纳德·德沃金:《至上的美德:平等的理论与实践》,冯克利译,江苏人民出版社 2003 年版。

6. 〔法〕皮埃尔·勒鲁:《论平等》,王允道译,商务印书馆 2012 年版。

第四章 民 主 权

> 学习目的

- 理解民主权的正当性在于人民主权，保障民主权是人民主权的内在要求。
- 把握民主权在权利体系中的地位，理解民主权是一种国民主权性权利。
- 把握民主权的概念和保护范围，掌握一些重要概念如选举权、罢免权、全民公决权、请愿权、公职权和抵抗权的含义以及国家承担的义务。
- 把握民主权与相关权利如言论自由、集会自由和结社自由的关系。
- 进一步思考目前我国民主权保障的不足之处，分析原因并提出完善的建议。

> 知识要点

- 民主权是一个国家的公民所拥有的，直接或通过选举产生的代表，参与构成公共事务的活动过程的权利，是国民主权性权利，是民主政府的核心。
- 民主权的正当性建立在人民主权原则的基础上。
- 民主权是一项综合性权利，既包括作为间接民主权主要形式的选举权，也包括作为直接民主权主要形式的全民公决权、请愿权、担任公职权，甚至颇受争议的抵抗权也在不同程度上得到了认可。
- 选举权是现代民主国家最重要的民主权利，它的实现依赖一些选举原则和选举程序。获得广泛承认的选举原则有普遍性原则、平等性原则和秘密投票原则；选举程序包括选区的划分、候选人的提名、投票、计票、确定当选等，通常由各国立法加以规定。
- 全民公决权是直接民主最有效的形式，在实践中体现为对宪法和重要法律的创制权和复决权，以及对国家重大问题的决定权。但是，全民公决是一把"双刃剑"，也存在被滥用的可能。
- 作为一种大众性的直接参政形式，请愿权不仅强调公民的政治参与，更重要的是，国家机关对公民的请愿必须进行处理和予以答复。

- 担任公职权是公民享有的在平等条件下担任国家公共职务的权利。这项权利并不要求国家保证每个公民都担任公职,而只是保障担任公职的"可能机会";同时,平等机会也并不排除国家对某些公职设定资格限制。
- 抵抗权是最具争议的民主权利,是公民在其权利得不到保障的情况下采取的最后手段。抵抗权通常作为应然人权而非法定权利存在。

➢ 案例导入

【案例 4-1】 衡阳破坏选举案

2012 年 12 月 28 日至 2013 年 1 月 3 日,在衡阳市人大差额选举湖南省人大代表的过程中,76 名当选的省人大代表中有 56 人涉嫌向 527 名市人大代表中的 518 人行贿。湖南省人大常委会于 2013 年 12 月 27 日至 28 日召开全体会议,对在衡阳市十四届人大一次会议期间,以贿赂手段当选的 56 名省人大代表,依法确认当选无效并予以公告。衡阳市有关县(市、区)人大常委会于 28 日分别召开会议,决定接受 512 名收受钱物的衡阳市人大代表辞职。共有 466 人被给予纪律处分,69 人被判处玩忽职守、破坏选举等罪。

【案例 4-2】 辽宁拉票贿选案

在辽宁省十二届人大一次会议选举全国人大代表的过程中,有 45 名当选的全国人大代表以金钱或者其他财物拉票贿选,有 523 名辽宁省人大代表涉及此案。全国人大常委会依法确定这 45 名代表的当选无效,涉案的省人大代表已由原选举单位接受其辞职或被罢免而终止了代表资格。由于辽宁省人大常委会组成人员已不足半数,无法召开常委会会议履行职责,因此全国人大常委会决定成立辽宁省十二届人大七次会议筹备组,代行省人大常委会部分职权。

第一节 民主权概述

一、民主权的含义

民主权是一个国家的公民所拥有的,直接或通过选举产生的代表,参与构成公共事务的活动过程的权利,是民主政府的核心。从这一表述中,我们可以看出,"民主权"是一个综合性概念,包含一系列公民参与公共事务的权利。为了进一步理解

民主权的含义,需要注意以下几个问题:

第一,民主权的主体是一国公民。不同国家对公民资格的法律规定可能是不同的,但是一旦公民资格确定后,任何公民在享有民主权方面都应当是平等的,不应受到基于种族、肤色、性别、语言、宗教、政治或其他见解、国籍或社会出身、财产、出生或其他任何身份等任何理由的歧视。

第二,"公共事务"是一个广泛的概念,涉及行使政治权力,特别是行使立法、行政和管理权力,其范围"不仅包括国家立法、行政管理以及政治、经济以及文化决策过程,也包括地方各级政府法规和政策的拟定和执行"①。

第三,民主权实现的方式有两种:直接参与、通过代表参与。前者包括公民自己作为立法机关或行政机关成员而行使权力、通过投票直接修改法律或决定公共问题、参加代表公民与政府进行协商的机构等;后者主要表现为自由选举,选举与公民投票的程序应当由法律规定,而且选举权的行使还会受到一些合理的限制,最常见的是关于最低年龄的规定。

第四,民主权属于国民主权性权利。德国公法学家耶利内克以国民与国家之间的各种相对地位为基准,将人权区分为自由基本权、受益权和参政权,其中参政权正是由国民的主动地位派生出来的。国民是国家主权者,具有主动参与国家意思形成的地位。与这种地位相适应的是国民作为主权者应当享有的权利,包括选举权、罢免权、参选权、国民投票权和请愿权。②

二、民主权的理论基础

民主权的正当性建立在人民主权原则的基础上。"主权"的概念最早由法国法学家博丹提出,是指国家的最高权力。关于主权的归属,曾出现过多种观念和学说③,而在现代社会被普遍认可的是人民主权,即国家的最高权力属于人民。国家权力的行使应当符合人民主权原则,政府最终对人民负责,人民有权监督、控制甚至罢免政府。现代各国宪法都通过不同方式承认人民主权原则。例如,法国宪法规定,国家主权属于人民。日本宪法规定,主权属于国民。俄罗斯宪法规定,俄罗斯联邦的多民族人民是俄罗斯联邦主权的拥有者和权力的唯一源泉。我国《宪法》

---

① 北京大学法学院人权与人道法研究中心:《国际人权法概论》(电子教材),2017年11月上线,第189页,http://www.hrol.org/uploads/soft/humanrights.pdf,2018年9月1日访问。
② 参见许庆雄:《人权之基本原理》,2015年独立出版,第22—23页。
③ 林来梵教授总结了法学中出现过的十种"主权"观念,它们分别是国家主权、君主主权、人民主权、国民主权、议会主权、法的主权、个人主权、人类主权、主权概念无用、主权概念死灭。参见林来梵:《宪法学讲义》,法律出版社2011年版,第329页。

第 2 条第 1 款规定:"中华人民共和国的一切权力属于人民。"

人民主权为人民参与公共事务、行使民主权利提供了理论依据。在不同国家,人民参与公共事务的具体形式虽有不同,但无外乎直接参与和间接参与两种。例如,法国宪法规定,人民主权应"经由其代议士及人民复决方式行使之"。我国《宪法》第 2 条第 2、3 款规定:"人民行使权力的机关是全国人民代表大会和地方各级人民代表大会。人民依照法律规定,通过各种途径和形式,管理国家事务,管理经济和文化事业,管理社会事务。"

在众多的基本权利中,民主权最能体现人民主权的理念。一方面,全民公决权、担任公职权和请愿权为人民直接参与国家决策和管理提供了可能。另一方面,由于受到各种条件的限制,人民不间断地直接参与国家决策和管理在现代国家已不可能。一种由人民选举代表、授权代表行使国家权力并保留对代表的监督权的间接民主方式应运而生。当然,作为一种间接民主方式,选举若要真正体现人民主权,还需切实保障投票人能够自由真实地表达意愿。

三、民主权的构成范围

在民主制度发展初期,古希腊、罗马的城邦采用的是一种以公民大会为载体的直接民主形式。通过公民大会,公民可以行使自己的公民权利,直接决定城邦的事务。这种在古代城邦制国家十分盛行的民主制度随着近代国家人口的增加和领土的扩展而衰落,取而代之的是作为间接民主主要形式的代议制民主。但是,直接民主的价值不仅没有完全消失,而且得到了国际法和国内法的认可。这一点可以从《世界人权宣言》《公民权利和政治权利国际公约》等国际人权文件和一些国家国内法的规定中得到证实。

《世界人权宣言》第 21 条规定:"(一)人人有直接或通过自由选择的代表参与治理本国的权利。(二)人人有平等机会参加本国公务的权利……"《公民权利和政治权利国际公约》第 25 条规定:"每个公民应有下列权利和机会:(甲)直接或通过自由选择的代表参与公共事务;……(丙)在一般的平等的条件下,参加本国公务。"这两个文件使用了非常相似的表达,在提到公民有权参与公共事务时,都承认直接民主和间接民主。它们对"民主参与"都采取了严格解释,认为只有参与公共事务、选举权和参加公务这三项权利才是真正意义上的民主参与,而没有明确提及请愿权和全民公决权。①

与国际人权文件相比,各国国内法关于民主权的规定宽泛许多。除了自由选举和参加公务的权利外,很多国家的宪法或权利法案都承认公民有请愿权和全民公决权。前者如《日本国宪法》第 16 条规定:"任何人对损害的救济,公务员的罢免,法律、命令以及规章的制定、废止和修订以及其他有关事项,都有和平请愿的权利,任何人都不得因进行此种请愿而受到歧视。"后者如《俄罗斯宪法》第 3 条规定:"人民行使权力的最高的直接形式是全民公决和自由选举。"《菲律宾宪法》第 6 章第 1 条规定:"立法权属于国会,但关于人民创制和公民复决权条款规定保留给人民的除外。"

总而言之,民主权既包括作为间接民主权主要形式的选举权,也包括作为直接民主权主要形式的全民公决权、担任公职权、请愿权,甚至颇受争议的抵抗权也在不同程度上得到了认可。除了上述权利外,还有一些对于民主参与具有根本重要性的政治自由,如表达自由、信息自由、集会自由和结社自由等。这些自由虽然也具有民主功能,但是"对这些交流沟通的基本权利的保护并不仅仅出于民主这一公共利益,而且还出于形成自己的意见、传播消息或成立社团这些私人的、非政治性的利益"②。因此,这些自由经常被视为处于公民权利与民主权利的"交叉地带"。

思考题

言论自由、集会自由、结社自由在民主权的实现中发挥哪些作用?除此之外,还有哪些权利和自由会对民主权起到辅助作用?

第二节 选 举 权

一、选举权的含义

选举权是公民参与国家选举的权利,是民主国家中公民最基本的民主权利。

第一,选举权的主体是公民。公民的概念在选举权中非常重要,不同的国家关

---

① 在国际层面,明确提到请愿权的有《美洲人的权利和义务宣言》和《消除一切形式种族歧视公约》;明确提到公民投票权的是《消除对妇女一切形式歧视公约》第 7 条第 1 项,规定妇女在一切选举和公民投票中享有与男子平等的选举权。

② 〔奥〕曼弗雷德·诺瓦克:《民权公约评注:联合国〈公民权利和政治权利国际公约〉》(上),孙世彦、毕小青译,三联书店 2003 年版,第 431 页。

于公民的界定可能不同,但是通常都是与国籍联系在一起的,即具有一个国家国籍的人就是这个国家的公民。公民资格的取得与丧失是以国籍的取得与丧失为依据的,而国籍的取得与丧失由各国法律加以规范。我国《国籍法》规定了国籍取得的两种方式:原始取得和继有取得。原始取得是指因出生而取得。我国采用的是出生地主义和血统主义相结合的原则。《国籍法》第4条规定:"父母双方或一方为中国公民,本人出生在中国,具有中国国籍。"第5条规定:"父母双方或一方为中国公民,本人出生在外国,具有中国国籍;但如果父母双方或一方为中国公民并定居在外国,本人出生时即具有外国国籍的,不具有中国国籍。"这是因为,我国不承认双重国籍和多重国籍。继有取得是指外国人或无国籍人基于正当理由,经过法定批准程序而取得中国国籍。无论是原始取得还是继有取得,凡是具有中国国籍的公民都有选举权。

随着人口流动日益频繁,在一些国家,除了本国公民,符合一定条件的外国人也可能会享有选举权。但是,与公民的选举权相比,外国人的主体资格受到更多限制。首先,外国人享有选举权需要满足一定条件,或者居住达一定年限,或者为永久居民。其次,给予外国人的选举权通常仅限于地方选举权。一个比较特殊的例子是欧盟。根据《欧洲联盟条约》第8条的规定,具有成员国国籍的每一个人都是联盟的公民,在其不是国民的成员国居住的每一位联盟公民,在他所居住的成员国内,应同那个国家的国民一样享有选举权和作为市镇选举的候选人的权利。在欧盟内部,各国侨民互有地区议会投票权,而对非欧盟国家公民则设置了更多限制。例如,在瑞典,只要是经过登记的欧盟国家公民,即可参加地方议会选举;而对于其他国家的成年公民,则需要在瑞典连续三年进行人口登记,才能参加地方议会选举。法国现行选举制度承认欧盟国家侨民的地区选举权,而非欧盟国籍旅法居民的投票权则至今没有得到承认。我国对赋予外国移民投票权持否定态度。2016年2月18日,中共中央办公厅、国务院办公厅印发的《关于加强外国人永久居留服务管理的意见》正式实施,规定持有永久居留证的外国人可以享受国民待遇,唯一的例外是不享有选举权和被选举权。[①]

第二,选举权的对象。哪些机关应当由选举产生?答案取决于不同国家的政治制度和民主模式。在议会民主制国家,由于行政首脑的权力来自议会,政府必须对议会负责,因此公民以选举的方式实现对公共事务管理的范围主要限于议会的

[①] 香港特别行政区的做法与内地不同。《香港特别行政区基本法》第26条规定:"香港特别行政区永久性居民依法享有选举权和被选举权。"特区永久性居民包括"在香港特别行政区成立以前或以后持有有效旅行证件进入香港、在香港通常居住连续七年以上并以香港为永久居住地的非中国籍的人"。

选举。在总统制国家,由于国家元首独立于立法机关,拥有独立处理公共事务的权力,因此其产生也应受制于定期的自由选举。① 我国的情况与议会民主制国家和总统制国家均有较大不同,相较而言,与议会民主制国家有一定的相似之处。在我国的宪法理论中,选举权被区分为狭义的选举权和广义的选举权,前者指公民选举各级人民代表大会代表的权利,后者还包括选举国家公职人员的权利。在一般情况下,我们所说的选举权是狭义的选举权,我国《选举法》调整的范围也仅限于各级人民代表大会代表的选举。

第三,选举权为国家施加了双重义务,即国家不仅要避免某些行为,还要采取一些积极步骤。前者主要体现在选举自由上,要求国家不影响选民的自由选择,不妨碍秘密投票。在这个意义上,国家制定强制投票规则的做法是不被允许的。"面对民众政治冷漠、参选率低等问题,原则上不应诉诸强制投票,从根本上来说应通过公民教育、方便公民投票、让选举过程更加公正和可信、使公民的选票真正发挥影响力等途径解决。"② 目前,世界上只有为数不多的国家实行强制投票。③ 后者则要求国家为选举的顺利进行提供保障,这种保障既包括程序性的,如国家应设立选举组织,设置必要的选举程序,以保证公民能够在自由、平等的条件下行使权利,必要时应排除来自第三方对选举的破坏;也包括实体性的,如国家应提供选举设施和经费保障,用少数人的语言发布有关投票的信息和材料,以克服少数人的语言障碍,以及用图片和标记来确保文盲投票人在作出选择前能获得充分的信息。④

二、选举权的基本原则

《世界人权宣言》和《公民权利和政治权利国际公约》都认为选举应当是"定期的和真正的"。为了保证选举人意志的自由表达,选举至少应符合以下原则:普遍性原则、平等性原则、秘密投票原则。⑤

---

① 参见〔奥〕曼弗雷德·诺瓦克:《民权公约评注:联合国〈公民权利和政治权利国际公约〉》(上),孙世彦、毕小青译,三联书店2003年版,第435页。
② 张卓明:《选举权论》,社会科学文献出版社2014年版,第223页。
③ 据国际民主与选举联合会统计,世界上有20多个国家采用强制投票。其中,最典型的是澳大利亚。澳大利亚选举法规定,年满18岁的公民必须在选举中投票,否则将被罚款20澳元。
④ 参见国际人权法教程项目组编写:《国际人权法教程》(第一卷),中国政法大学出版社2002年版,第287页。
⑤ 《世界人权宣言》第21条第3款规定:"人民的意志是政府权力的基础;这一意志应以定期的和真正的选举予以表现,而选举应依据普遍和平等的投票,并以不记名投票或相当的自由投票程序进行。"《公民权利和政治权利国际公约》第25条第2项规定:"在真正的定期的选举中选举和被选举,这种选举应是普遍的和平等的并以不记名投票方式进行,以保证选举人的意志的自由表达。"

(一) 普遍性原则

普遍性原则是针对选举权的主体而言的,"意味着选举权不应只限于某些群体或阶级,而是所有个人的一项基本权利"①。但是,在任何一个国家,这一原则都不是绝对的。《公民权利和政治权利国际公约》也承认各国可以对选举权进行"合理"限制,"而国家对选举权规定限制条件的理由是这样一种信念,即一个享受民主参与权利的人必须与国家有着某种关系(公民资格),并且必须具有最低限度的个人成熟性以能够为国家承担责任"②。这两点理由为一些国家将外国人、儿童、精神病患者排除在选举权之外提供了正当性。除此之外,其他基于种族、性别、身份、政治观点、酗酒、吸毒等理由剥夺选举权的做法都被认为是不合理的。实际上,"合理"限制与"不合理"限制的区分并不是那么明显。例如,笼统地规定剥夺被定罪的犯人的选举权可能是不合理的,而规定剥夺犯有某些罪行的人的选举权则可能被认为是合理的。当然,在这种情况下,还要保证犯人丧失选举权的期限与所犯罪行和刑期相称。③

在选举权确立之初,普遍选举权的观念就已经存在,只是当时对普遍选举权的理解是将妇女、奴隶、黑人、原住民等排除在外的。随着民主观念和人权观念的发展,争取普遍选举权的斗争纷纷在各国展开。世界上大多数国家都经历了一个对选举权的限制逐渐放宽的过程。以妇女选举权为例,以1906年芬兰给予妇女全面政治选举权为开端,英国于1918年、美国于1920年、法国于1944年先后承认了妇女选举权。经过半个多世纪的斗争,世界上大多数国家都赋予妇女选举权。瑞士是承认妇女选举权较晚的国家,直到1971年妇女才被允许参加联邦选举,1981年"男女平等"才被列入宪法。除了性别限制外,其他对选举权的限制也逐渐被取消。1870年,美国赋予黑人选举权。1960年,加拿大取消了对原住民投票权的限制。1962年,澳大利亚赋予原住民在联邦大选中自愿登记和投票的权利。

我国选举权的普遍性原则以《宪法》第34条的规定为基础,并通过《选举法》加以细化。《宪法》第34条规定:"中华人民共和国年满十八周岁的公民,不分民族、种族、性别、职业、家庭出身、宗教信仰、教育程度、财产状况、居住期限,都有选举权和被选举权;但是依照法律被剥夺政治权利的人除外。"在这一原则性规定之下,有几个问题需要进一步分析:

---

① 〔奥〕曼弗雷德·诺瓦克:《民权公约评注:联合国〈公民权利和政治权利国际公约〉》(上),孙世彦、毕小青译,三联书店2003年版,第438页。
② 同上书,第440页。
③ See Human Rights Committee, General Comment No. 25 (57th Session, 1996), p. 14.

1. 关于年龄限制

一般认为,我国《宪法》关于"年满十八周岁"的规定构成了对公民拥有选举权的年龄限制。但是,近年来,一些学者基于权利能力与行为能力的区分,对这一认识提出了挑战。所谓权利能力,就是具有权利主体的资格,能够享有权利和承担义务。自然人的权利能力始于出生,终于死亡。行为能力是指权利人能以自己的行为取得权利、承担义务的资格。自然人具备行为能力需要达到一定年龄和智力水平。就选举权而言,如果承认公民从出生起就具有选举权的权利能力,就意味着公民一出生就是选举权的权利人,那么"年满十八周岁"就不是公民拥有选举权的条件,而是公民以自己的行为独立行使选举权的条件。学者们之所以会提出这种主张,一是出于现实考量,主要是对未"年满十八周岁"的公民的选举权被漠视的担忧,认为漠视未"年满十八周岁"的公民的选举权是"透支下一代人的利益并且妨碍人类的可持续发展"[1];二是基于学理分析,"因为选举权是人权,是人之为人所应享有的道德权利。选举权的普遍性原则正是基于此一预设"[2]。当然,将"年满十八周岁"理解为"行使"选举权而不是"拥有"选举权的条件,还只是部分学者的观点,面临的主要障碍是我国实定宪法的规定,需要对《宪法》第34条中的"都有"一词作出全新的解释。值得注意的是,这些学者在论述自己的观点时,引用了关于精神病人的选举权的法律规定进行类比。[3]

2. 精神病人的选举权

关于精神病人的选举权,我国经历了一个从不承认到承认的过程。1954年《宪法》第86条规定:"有精神病的人和依照法律被剥夺选举权和被选举权的人除外。"1975年《宪法》取消了这一限制,第27条规定:"年满十八岁的公民,都有选举权和被选举权。依照法律被剥夺选举权和被选举权的人除外。"此后,1978年《宪法》和1982年《宪法》都没有在选举权中特别提到精神病人,而《选举法》第26条第2款规定:"精神病患者不能行使选举权利的,经选举委员会确认,不列入选民名单。"可见,对于精神病人,我国是承认其选举权的权利能力与行为能力相分离的,一方面在宪法层面确认精神病人是选举权的权利主体,另一方面通过《选举法》限制其选举权的行使。至于选举委员会如何判断精神病人是否能行使选举权,多由地方立法或换届选举时的指导文件加以规定。例如,《江苏省各级人民代表大会选举实施细则》(2016年)第33条第1、2款规定:"无法行使选举权利的精神病患者以及其他

---

[1] 周其明:《选举程序研究——中国选举制度存在的问题与前瞻》,中国政法大学出版社2014年版,第92页。
[2] 张卓明:《选举权论》,社会科学文献出版社2014年版,第246页。
[3] 同上书,第244—245页。

无法表达意志的人员,在取得医院的证明或者征得其监护人的同意,并经相关选举委员会确认后,不列入选民名单。间歇性精神病患者,应当列入选民名单;选举时病发的,不行使选举权利。"《上海市区县和乡镇人民代表大会代表直接选举实施细则》(2016年)第21条也有类似规定:"无法行使选举权利的精神病患者和其他无行为能力的人,不列入选民名单,但应当取得医院的证明或者征得其监护人的同意,并经选举委员会确认。间歇性精神病患者,病发时不行使选举权利,但应当取得医院的证明或者征得其监护人的同意,并经选举委员会确认。"

3. 被剥夺政治权利

《宪法》第34条通过但书将"依照法律被剥夺政治权利的人"排除在选举权之外。《选举法》第3条第2款表述得更加明确:"依照法律被剥夺政治权利的人没有选举权和被选举权。"对此,有两点需要注意:

首先,只有全国人大和全国人大常委会制定的"法律"才能剥夺公民政治权利,此处主要指的是《刑法》。"剥夺政治权利"是附加刑的一种,既可以独立适用,也可以作为主刑的附加刑适用,前者一般适用于较轻或不需要判处主刑的犯罪,后者一般适用于较重的犯罪。《刑法》第56条第1款规定:"对于危害国家安全的犯罪分子应当附加剥夺政治权利;对于故意杀人、强奸、放火、爆炸、投毒、抢劫等严重破坏社会秩序的犯罪分子,可以附加剥夺政治权利。"剥夺政治权利的期限分为五种情况:第一,单独判处剥夺政治权利,期限为一年以上五年以下;第二,判处管制附加剥夺政治权利的,剥夺政治权利的期限与管制的期限相等,同时执行;第三,判处拘役、有期徒刑附加剥夺政治权利的,期限为一年以上五年以下,附加剥夺政治权利的刑期从徒刑、拘役执行完毕之日或者从假释之日起计算,剥夺政治权利的效力当然施用于主刑执行期间;第四,对于被判处死刑、无期徒刑的犯罪分子,应当剥夺政治权利终身;第五,在死刑缓期执行减为有期徒刑或者无期徒刑减为有期徒刑的时候,应当把附加剥夺政治权利的期限改为三年以上十年以下。

其次,"没有选举权"不应理解为是对犯罪人选举权的权利能力的剥夺。除无期徒刑和死刑外,犯罪人在其他情形下失去选举权都是有期限的;期限届满后,选举权重新恢复。因此,"上述刑法所规定的对选举犯罪人政治权利的所谓'剥夺',在法律效果上也仅属于一定期限的'停止'而已"[①],相当于对犯罪人行为能力的限制。

4. 选举权普遍性的积极侧面

选举权的普遍性不仅要求在法律上赋予尽可能多的人以选举权,而且要求国

---

① 林来梵:《从宪法规范到规范宪法——规范宪法学的一种前言》,法律出版社2001年版,第130页。

家采取积极措施切实保障人们能真正地行使选举权。《选举法》承认两类人的选举权是需要特别保护的:一是被依法限制人身自由的人,二是流动人口。如前所述,只要没有被剥夺政治权利,任何"年满十八周岁"的中国公民都是有选举权的,其中也包括一些人身自由依法受到限制的人:被判处有期徒刑、拘役、管制而没有附加剥夺政治权利的;被羁押,正在受侦查、起诉、审判,人民检察院或者人民法院没有决定停止行使选举权利的;正在取保候审或者被监视居住的;正在受拘留处罚的。由于人身自由受到限制,这些人在行使选举权时需要特别帮助。

流动人口是指离开户籍所在地的县、市或者市辖区,以工作、生活为目的异地居住的人员。流动人口如何行使选举权的问题,从20世纪80年代开始出现,到现在已经发展成为影响选举权普遍性的一个重要问题。最早对这一问题进行规范的是1983年的《全国人民代表大会常务委员会关于县级以下人民代表大会代表直接选举的若干规定》,确定了流动人口选举的三条原则:一是原则上在户口所在地参加选举;二是可以委托投票,即选民在选举期间临时在外地劳动、工作或者居住,不能回原选区参加选举的,经原居住地的选举委员会认可,可以书面委托有选举权的亲属或者其他选民在原选区代为投票;三是有条件地在居住地参选,即选民实际上已经迁居外地,但是户口没有转出的,在取得原选区选民资格的证明后,可以在现居住地的选区参加选举。这三条原则一直沿用至今,但是流动人口参选难的问题并没有彻底解决。一方面,由于路途遥远或基于成本考虑,流动人口回户籍所在地参加选举的比例非常低;另一方面,在现居住地参加选举存在许多现实困难,如流动人口在居住地参选必须提供户籍证明、选民资格证明,有些地方还要求一定的居住年限或缴纳社会保险的年限等。从保护流动人口选举权的角度看,在现居住地参选是未来的发展趋势,毕竟现居住地与流动人口的政治利益有更密切的关联度。同时,现存的一些障碍也是可以克服的,如建立以居民身份证管理为基础的选民登记系统;实行主动登记和自愿登记并行的登记方式;充分运用信息化手段,实现选民登记的动态化等。①

(二)平等性原则

选举权的平等性包括数量平等和价值平等两个方面。数量平等要求保证在一次选举中,每人都有一个投票权;价值平等则进一步强调每张选票对选举结果都有同等的影响力。这两个方面界定了选举权平等的基本含义。以这两个标准进行衡量,历史上不乏违背选举平等的现象。前者如1918年以前英国下议院选举实行的

---

① 参见刘能:《流动人口在现居住地参加人大代表选举问题探析》,载《海峡法学》2011年第4期。

"复数投票制",即拥有固定资产的选举人除了在其住地选区投票外,还可以在其产业所在地或其营业所选区再次投票;牛津大学、剑桥大学等高校的毕业生可以分别在其住所选区和原就读学校选区投票。[①] 这样,有产者选民在一次选举中可以多次投票,从而享有更多的政治特权。这种制度在1948年被废除。后者如我国2010年《选举法》修改前城乡选票价值的差异。

平等性原则是我国选举权的基本原则之一,具体包括以下三个方面的内容:

第一,形式上的"一人一票"。在我国,数量平等一直都受到《选举法》的保护。1953年《选举法》第6条规定:"每一选民只有一个投票权。"1979年《选举法》第4条规定:"每一选民在一次选举中只有一个投票权。"这一表述更加严密,一直沿用到现在。"一人一票"的规定从法律上否定了一个选民在同一次选举中参加两个或两个以上地方投票的合法性。

第二,城乡之间的"每票等值"。城乡之间选票价值平等在我国经历了一个曲折的发展过程。1953年《选举法》和1979年《选举法》均规定,农村每一代表所代表的人口数数倍于城市每一代表所代表的人口数。这一比例在不同级别的选举中略有不同,县级是4:1,省级是5:1,全国是8:1。以县级人大选举为例,城乡选民虽然每人都有一个投票权,但是他们所投选票的价值是不同的,城市每一选民所投的一票的价值是农村每一选民所投的一票的价值的四倍,即农村四张选票的价值相当于城市一张选票的价值。如果说这一差别在当时还具有一定的正当性,那么随着城乡结构的变化和城镇人口的增加,逐渐缩小甚至取消这一差别已经成为必然趋势。1995年,全国人大常委会修改《选举法》,将原有比例一律修改为4:1。2010年《选举法》再次修正,规定全国人大和地方各级人大代表的名额都应按照每一代表所代表的城乡人口数相同的原则进行分配,从而在法律上实现了城乡选票价值的平等。

第三,照顾性规定。除了"一人一票"和"每票等值"外,我国选举权的平等还包括对特定群体的照顾性规定。例如,《选举法》第6条规定,各级人大"应当有适当数量的基层代表,特别是工人、农民和知识分子代表;应当有适当数量的妇女代表,并逐步提高妇女代表的比例";第14条和第16条分别规定,地方各级人大和全国人大代表名额,应当按照"保证各地区、各民族、各方面都有适当数量代表的要求进行分配";第17条规定,人口特少的民族,至少应有全国人大代表一人。"这类照顾性规定的实现有其适当的方式和途径,不能恣意地扩大和泛化。从性质上看,照顾性规定体现的是一种实质平等,目的在于优化代表结构、保证结果平等。所以,这类

[①] 参见聂露:《论英国选举制度》,中国政法大学出版社2006年版,第99页。

规定的实现方式和途径,集中在对选举结果有更为直接联系的环节——代表名额分配和代表候选人提名环节。在我国的具体实践中,照顾性规定通常更具体地转换为对候选人提名的具体要求。"①

(三)秘密投票原则

为了保障选民自由、不受影响地行使投票权,世界上大部分国家都采用了秘密投票方式,即选民在投票时秘密进行,不对他人公开,不在选票上署名,并亲自将选票投入投票箱。国家不仅有义务尊重选民投票的秘密性,还应采取积极措施为选民秘密投票创造条件。我国1979年《选举法》正式确立了无记名投票原则,规定"全国和地方各级人民代表大会代表的选举,一律采用无记名投票的方法";2010年《选举法》修改时,在这一条款后面增加了"选举时应当设有秘密写票处"作为保障措施。"增设'秘密写票处'的规定,针对的是实际选举中出现的'无记名投票'行为可能遭受外部影响的情形。也就是说,选举法修改增设'秘密写票处'的规定,高度关注了选举环境对选举行为的影响,从行为法学的角度,为选民真实、自由地表达自己的选择意愿提供了更加科学、合理的制度保障。应当说,这是我国选举制度自身科学性的体现,是一大进步,值得充分肯定。"②

当然,秘密投票并不是绝对的,在一定条件下也会受到限制。我国《选举法》规定的代写选票和委托投票两种情况,都构成对秘密投票的限制。不过,这种限制应当具有合理性。选民如果是文盲或者因残疾不能写选票的,可以委托他信任的人代写选票。选民如果在选举期间外出,可以委托他人代为投票。委托投票应满足以下条件:(1)经选举委员会同意;(2)应当书面委托;(3)只能委托其他选民;(4)每一选民接受的委托不得超过三人;(5)接受委托的选民应当按照委托人的意愿代为投票。

三、选举程序

简单地说,选举程序就是选举所应遵循的规则和步骤,包括设立选举组织、划分选区、选民登记、确定候选人、投票、计票甚至罢免等环节。我国的人大选举实行直接选举与间接选举相结合的选举模式,县、乡两级实行直接选举,即由选民直接选出人大代表;其他各级人大代表均由选民选出的代表间接选举产生。在这两种不同的选举模式下,具体的选举程序和选举环节存在较大不同,如直接选举由选举委员会主持选举,而间接选举则由县级以上人大常委会主持;直接选举涉及选区划

---

① 屠振宇:《一人一票原则在我国的适用》,载《法学研究》2015年第5期。
② 莫纪宏:《设立"秘密写票处":我国选举制度的一大进步》,载《检察日报》2010年3月22日第6版。

分、选民登记两个环节,而间接选举则没有。此外,候选人的产生、投票、计票、罢免等在两种模式下也各有不同。

(一)选举委员会

直接选举由选举委员会主持。选举委员会职责广泛,包括划分选区、分配代表名额、进行选民登记、确定候选人名单、确定选举日期、主持选举投票、确定选举结果、公布当选代表名单等。根据《选举法》第9条,县、乡两级人大选举委员会的组成人员均应由县级人大常委会任命,并接受县级人大常委会领导。但是,在实践中存在选举委员会成员由乡镇党委或人大直接任命的情况,习惯的做法是在设立选举委员会的同时,成立一个选举工作领导小组。这样,既限制了选举委员会的工作,也代替了县级人大常委会的职权。此外,选举委员会的非常设性质也受到了挑战,常设性和专业化或许会成为选举委员会未来改革的方向。[1]

(二)划分选区

一般而言,代表名额在各选区的分配是以人口数为基准的,即按照人口比例在各选区分配代表名额。因此,为了体现选票价值的平等,在划分选区时,应当按照同样比例人口数选出同样比例代表的标准进行划分,否则就违背了"同票等值"的原则。例如,甲选区800人,分配1名代表名额;乙选区3000人,也分配1名代表名额。这种选区划分就是不合理的,没有考虑到选区大小与选票价值平等性之间的关系。

当然,人口数并不是划分选区时需要考虑的唯一因素。在我国,除了人口数外,行政区划、居住情况和特殊群体也是需要考虑的因素。在具体实践中,城镇主要以居住地为主、以工作单位为辅划分选区,农村主要以居住地为主划分选区。按居住地和工作单位划分选区各有利弊,两个标准同时使用,可能会出现同一选民既在居住地登记,又在工作单位登记的情况,从而导致重复登记和复数投票。此外,同时采用不同标准,也为随意确定选区大小提供了方便。在一些地方选举中,出现了选票价值相差悬殊的情况。例如,某市由机关单位组成的单位选区共有选民148人,选出人大代表3名,而由企业或公司组成的单位选区共有选民2168人,选出人大代表1名,两个选区每一代表所代表的人口数相差悬殊。[2]

我国在划分选区时考虑的特殊群体包括人民解放军和少数民族。人民解放军选举县级人大代表时,选区按行政区域内驻军各单位的分布情况单独划分。有少

---

[1] 参见周其明:《选举程序研究——中国选举制度存在的问题与前瞻》,中国政法大学出版社2014年版,第111—119页。

[2] 参见胡锦光主编:《宪法学原理与案例教程》(第二版),中国人民大学出版社2009年版,第190页。

数民族聚居的市、县、乡、镇的人大代表的产生,按照当地的民族关系和居住状况,由少数民族选民单独选举或联合选举。

(三) 选民登记

选民登记是指在直接选举中,由选举委员会对选民资格进行审查,并将具备选民资格的选民登记在选民名单中的行为。我国当前采用的是"一次登记,长期有效"的制度,即已经登记确认的选民资格长期有效,在每次选举前,只需对上次选民登记以后新满18周岁的、被剥夺政治权利期满后恢复政治权利的选民予以登记。对选民经登记后迁出原选区的,列入新迁入的选区的选民名单;对死亡的和依照法律被剥夺政治权利的人,从选民名单上除名。这种方法看似简单便捷,实际上由于人口流动的原因,其工作量并未减少。很多地方已经直接采用重新登记的方法。

选民名单确定后,应当在选举日的20日以前公布。选民如果对选民名单有异议,可以遵循以下程序寻求救济:(1)在选民名单公布之日起五日内向选举委员会提出申诉。选举委员会对申诉意见,应在三日内作出处理决定。(2)申诉人如果对处理决定不服,可以在选举日的五日以前向人民法院起诉,人民法院应在选举日以前作出判决。人民法院的判决为最后决定。这是由选民资格案件的特殊性决定的,如果在选举日以后作出判决,即使将申诉人列入选民名单,对于申诉人而言也失去了意义。

(四) 确定候选人

代表候选人由提名产生。各政党、各人民团体可以联合或者单独推荐代表候选人。选民或者代表十人以上联名,也可以推荐代表候选人。我国各级人大代表均实行差额选举,差额的比例因不同选举方式而不同:直接选举中,代表候选人的人数应多于应选代表名额1/3至一倍;间接选举中,代表候选人的人数应多于应选代表名额1/5至1/2。从提名候选人到最终确定候选人名单,中间有一个民主协商的过程。

在直接选举中,分为三种情况:第一,选举委员会汇总后,将代表候选人名单及代表候选人的基本情况在选举日的15日以前公布,并交各该选区的选民小组讨论、协商,确定正式代表候选人名单。第二,如果所提代表候选人的人数超过最高差额比例,由选举委员会交各该选区的选民小组讨论、协商,根据较多数选民的意见,确定正式代表候选人名单。第三,对正式代表候选人不能形成较为一致意见的,进行预选,根据预选时得票多少的顺序,确定正式代表候选人名单。

在间接选举中,分为两种情况:第一,各级人大主席团将依法提出的代表候选人名单及代表候选人的基本情况印发全体代表,由全体代表酝酿、讨论。如果所提代表候选人的人数符合《选举法》第 30 条规定的差额比例,直接进行投票选举。第二,如果所提代表候选人的人数超过最高差额比例,进行预选,根据预选时得票多少的顺序,确定正式代表候选人名单,进行投票选举。

(五) 候选人介绍

在正式代表候选人名单确定后,选民或者代表在投票选举之前应充分了解候选人的政治主张,以便更好地作出选择。我国现行《选举法》规定了介绍候选人的三个途径:(1) 选举组织介绍:选举委员会或者人大主席团应当向选民或者代表介绍代表候选人的情况;(2) 推荐人介绍:推荐代表候选人的政党、人民团体和选民、代表可以在选民小组或者代表小组会议上介绍所推荐的代表候选人的情况;(3) 候选人自我介绍:选举委员会根据选民的要求,应当组织代表候选人与选民见面,由代表候选人介绍本人的情况,回答选民的问题。最后一个途径增加了候选人与选民之间的互动,有助于增进选民对候选人的了解,是立法上的一大进步。但是,这一规定排除了候选人可以提出与选民见面的要求,使候选人处于比较被动的地位,减少了候选人与选民见面的机会。

(六) 投票与计票

《选举法》规定了选民投票的三种方式:投票站、选举大会、流动票箱。投票站和选举大会通常适用于选民比较集中的地方,流动票箱是为了方便行动不便的选民或者居住分散并且交通不便的选民投票而设立的。选举人对于代表候选人可以投赞成票、反对票,可以另选其他任何选民,也可以弃权。投票结束后,由计票和监票人员统计核对选票。在确定选举是否有效以及候选人是否当选的环节,直接选举实行的是"双过半",即选区全体选民的过半数参加投票,选举有效;代表候选人获得参加投票的选民过半数的选票时,始得当选。间接选举实行的是"过半数",即代表候选人获得全体代表过半数的选票时,始得当选。

(七) 罢免

各级人大代表受选民和原选举单位的监督。选民或者原选举单位都有权罢免自己选出的代表。

第一,罢免案的提出。在直接选举中,对于县级人大代表,原选区选民 50 人以上联名,对于乡级人大代表,原选区选民 30 人以上联名,即可提出罢免要求。在间接选举中,主席团或者 1/10 以上代表联名(人大闭会时,人大常委会主任会议或者常委会 1/5 以上组成人员联名),可以提出罢免案。

第二,罢免投票。罢免投票与选举投票适用同样的规则,实行无记名投票,也可以委托投票。

第三,罢免所需票数。罢免县级和乡级的人大代表,须经原选区过半数的选民通过;罢免由县级以上的地方各级人大选出的代表,须经各该级人大过半数的代表通过;在代表大会闭会期间,须经人大常委会组成人员的过半数通过。

热点讨论

在2011年乡镇人大的换届选举中,"独立参选人"现象引起了广泛关注。"独立参选人"是指在人大代表直接选举过程中,未经政党和团体提名推荐而自荐的参选人,或经过自身努力获得选民联名提名推荐的人大代表候选人。"独立参选人"从20世纪80年代开始出现,到2011年达到高潮,其间也有通过竞选当选为人大代表的成功事例。社会各界对"独立参选人"现象褒贬不一,《选举法》为其提供的发展空间也非常有限,请谈谈你对这一现象的看法。

四、选举权的保障

第一,经费保障。全国人大和地方各级人大的选举经费,列入财政预算,由国库开支。

第二,选民资格诉讼。对于公布的选民名单有不同意见的,可以在选民名单公布之日起五日内向选举委员会提出申诉。选举委员会对申诉意见,应在三日内作出处理决定。申诉人如果对处理决定不服,可以在选举日的五日以前向人民法院起诉,人民法院应在选举日以前作出判决。人民法院的判决为最后决定。

第三,对破坏选举行为的制裁。受到《选举法》禁止的破坏选举的行为包括:(1)以金钱或者其他财物贿赂选民或者代表,妨害选民和代表自由行使选举权和被选举权;(2)以暴力、威胁、欺骗或者其他非法手段妨害选民和代表自由行使选举权和被选举权;(3)伪造选举文件、虚报选举票数或者有其他违法行为;(4)对于控告、检举选举中违法行为的人,或者对于提出要求罢免代表的人进行压制、报复。

第四,当选无效。候选人以金钱或者其他财物贿赂选民或者代表而当选的,其当选无效。《选举法》没有进一步明确由谁确定当选无效,实践中通常由选举领导机构认定并宣布。例如,在衡阳破坏选举案中,湖南省人大常委会于2013年12月27日至28日召开全体会议,对在衡阳市十四届人大一次会议期间,以贿赂手段当选的56名省人大代表,确认当选无效并予以公告。在辽宁贿选案中,第十二届全国人大常委会第二十三次会议确定,辽宁省人大选举产生的45名拉票贿选的全国人大代表当选无效。

第三节　全民公决权

近代国家代议制民主的发展并没有全面否定直接民主的价值,全民公决作为直接民主最主要的运作方式,在现代国家仍然被频繁使用,构成了对间接民主的补充和修正。全民公决又称"全民投票",是通过全国公民的无记名投票方式,对有关一个国家内政、外交等可能影响国家发展前途的重大问题作出决定的一种决策方法。公民通过行使全民公决权,可以直接表达自己的意愿,对国家的立法和政策行使直接决定权,是人民主权原则最充分的体现。

一、全民公决权的法律渊源

(一) 国际法渊源

《世界人权宣言》第 21 条和《公民权利和政治权利国际公约》第 25 条都没有明确保障以全民公决的方式参与国家决策的权利,但是其表述却"为各种形式的'直接'民主(全民公决等等)留下了余地。'选举'这个术语必须从广泛的意义上去解释,这意味着选举的规定也适用于全民公决"[①]。在国际层面,明确提到公民表决的民主权利的是《消除对妇女一切形式歧视公约》第 7 条第 1 项,保障妇女在一切选举和公民投票中享有与男子平等的选举权。

值得一提的是,《公民权利和政治权利国际公约》和《经济、社会、文化权利国际公约》分别在第 1 条规定了"人民自决权",即"所有人民都有自决权。他们凭这种权利自由决定他们的政治地位,并自由谋求他们的经济、社会和文化的发展"。此处自决权主体被表述为"所有人民",而不是"人人"或"每个人",说明两公约中规定的自决权是一种集体性质的权利,只有人民才能享有。至于何谓"所有人民","就该问题唯一没有争议的一点就是:生活在殖民统治或类似的外国征服之下的人民享有自决权。……在原则上,自决权也适用于独立的多民族国家中没有作为少数人受到第 27 条保护的人民。"[②]根据自决权主体和目的的不同,人民自决权可以分为"对外政治自决权"和"对内政治自决权",前者主要指人民有权不受干涉地决定其政治地位,涉及领土主权等问题,如殖民地人民宣布独立;后者建立在民主基础

---

① 〔瑞典〕格德门德尔·阿尔弗雷德松、〔挪威〕阿斯布佐恩·艾德编:《〈世界人权宣言〉:努力实现的共同标准》,中国人权研究会组织翻译,四川人民出版社 1999 年版,第 446—447 页。

② 〔奥〕曼弗雷德·诺瓦克:《民权公约评注:联合国〈公民权利和政治权利国际公约〉》(上),孙世彦、毕小青译,三联书店 2003 年版,第 22 页。

之上,由人民直接参与国家管理和政治决策,这种意义上的人民自决权转移到各国国内宪法中时,便不再以人民自决权的面貌出现,而代之以人民主权及全民公决权的规定。①

（二）国内法渊源

全民公决的国内法渊源主要是宪法。许多国家都将全民公决权作为一项基本权利加以规定。例如,《俄罗斯宪法》第3条规定:"人民行使权利的最高直接形式是全民公决和自由选举。"《菲律宾宪法》第2章第1条规定:"立法权属于国会,但由关于人民创制和公民复决权条款规定保留给人民的除外。"《意大利宪法》第75条对全民公决的主体、条件、对象作了原则性规定:(1)所有有权参与选举众议院议员的公民都有权参加全民公决;(2)当有50万选民或者五个地区议会提出全部或部分地废止某部法律或某个具有法律效力的文件时,应举行全民公决以对此作出决议;(3)对有关税收、预算、大赦和特赦的法律,以及授权认可国际条约的法律不得进行全民公决;(4)进行全民公决的建议案,如果享有此项投票权的公民过半数参加投票且获有效选票的过半数通过,该建议案即被通过。

瑞士是使用全民公决最为频繁的国家。"截至2016年6月,瑞士共举行了604次全民公投,平均每年将近4次,这个数字超过全世界所有国家公投次数总和,瑞士也因此被认为是直接民主的典范。"②瑞士的全民公决制度始建于1848年。经过不断发展和完善,现行《瑞士联邦宪法》中的公投制度包括:(1)全面修宪中的全民公投。"如联邦议会中有一院提出全部修改联邦宪法而另一院不予同意,或者有十万有表决权的瑞士公民要求全部修改联邦宪法,在此两种情况下,是否全部修宪问题应交付瑞士全民表决。如参加投票的大多数瑞士公民同意修宪,则联邦议会两院应即改选,以便从事修改宪法。"(2)部分修宪中的全民公决。"宪法的部分修正可依照人民创议或联邦法律规定的方式进行。人民创议系指由十万有表决权的瑞士公民提出的关于增订宪法新条文或关于废止或修改现行宪法中某些条文的要求。"无论是全面修宪还是部分修宪,均需参加表决的多数瑞士公民和联邦多数州同意才能生效。(3)法令案中的全民公决。对任何国会通过的法律和一般性命令,人民均有权要求复决,这就是"人民任意复决"制度。"如有五万有选举权的公民或八个州提出要求,则联邦法律和具有普遍约束力的命令应交付全民表决。""如果有

---

① 参见王秀哲:《论全民公决权》,载杨海坤主编:《宪法基本权利新论》,北京大学出版社2004年版,第222—223页。
② 佚名:《浅析瑞士公投制度》,http://opinion.huanqiu.com/opinion_world/2016-06/9020792.html,2016年9月29日访问。

五万有选举权的公民或八个州提出要求,可在一年内对联邦议会决定紧急生效的联邦命令进行全民表决。"(4)外交事项中的全民公决。关于参加集体安全组织或跨国集团事项,须交付全民和各州表决。

在宪法中规定全民公决权的国家通常会授权法律规定全民公决的具体实施方式。[1] 因此,这些国家的公投法也构成全民公决的国内法渊源,如英国的《政党、选举和公投法案》(2000年)、俄罗斯的《俄罗斯联邦全民公决法》(2004年)、乌克兰的《全民公投法》(2012年)、荷兰的《公投法》(2015年)、越南的《全民公投法》(2016年)等。与宪法条款相比,公投法的规定更加详细。例如,乌克兰的《全民公投法》共108条,分为13章:总则、公投的确定、公投的组织和实施、公投委员会、公投投票人名册、公投筹备的财务保障、公投进程活动保障及正式观察员、公投的宣传、投票和结果的确定、公投的法律结果、有关公投过程中问题的申诉、最后条款、补充条款,对公投的倡议主体、公投的种类、公投问卷的设计、公投的限制等问题都有详细规定。[2]

二、全民公决的范围

从各国的法律规定和实践来看,被纳入全民公决范围的事项主要包括:

(一)宪法的制定与修改

通过全民公决,可以赋予宪法最大的权威,也最能体现制宪权属于国民这一理念。因此,许多国家都通过公民投票产生新的宪法。例如,1946年,意大利举行公民投票,半数以上的选民赞成成立共和国,并投票产生了新宪法,且在新宪法中将全民投票作为行使人民主权的一种直接形式;法国1958年《戴高乐宪法》在全民公决中获得通过;秘鲁新宪法于1993年通过全民投票,成为国家基本法;2011年,埃及通过全民公决,废除旧宪法,制定新宪法。此外,在宪法修改中采用全民公决也是一种常见的做法。例如,法国于2000年通过全民公决成功修宪,将总统任期从7年缩短为5年;克罗地亚于2013年举行修宪公投,超过2/3的克罗地亚人认同修宪提议,定义婚姻是一男一女之间的合法结合;意大利于2016年12月4日进行修宪公投,旨在剥夺参议院的立法权,赋予总理和政府更大权力,以便推行改革和提振国民经济,但是最终反对票超过赞成票,修宪被否决。

日本也是采用全民公投修宪的国家。《日本国宪法》第96条规定:"本宪法的

---

[1] 例如,《意大利宪法》第75条第5款规定:"法律规定全民公决的实施方式。"《瑞士联邦宪法》第90条规定:"有关全民表决的方式及期限,由联邦立法加以确定。"
[2] 参见朱冬传:《乌克兰通过〈全民公投法〉》,载《法制日报》2012年12月4日第11版。

修订,必须经各议院全体议员 2/3 以上赞成,由国会创议,向国民提出,并得其承认。此种承认,必须在特别国民投票或国会规定的选举时进行投票,必须获得半数以上赞成。"从《日本国宪法》制定开始,有关护宪与修宪的争论从来没有停止过。2016 年 7 月 11 日,日本参议院选举结果揭晓,修宪势力在两院均获得 2/3 以上席位。如果修宪提案在议会两院获得通过,全民公投程序将成为决定修宪与否的关键。①

(二) 立法创制与复决

在当代各国普遍采用议会立法的同时,一些国家仍然为人民直接立法留下了制度空间,具体体现为立法创制和立法复决。前者是人民绕过议会,直接行使立法权,表现为法律制定、修改或废止的提案权和表决权;后者是在法律于议会通过之后、正式生效之前,人民有权进行复决。奥地利宪法规定,20 万选民或三个州各一半选民联名,可以提出立法创议。美国有十几个州采用立法公决,如《威斯康星州宪法》第 4 条规定,立法权赋予参议院和众议院,但是人民根据本条规定,得保留权利,在议会之外,提出法案并投票通过,或拒绝该法案,承认或拒绝议会所通过的法律或其一部分。

(三) 直接选举国家元首或确认国家元首的地位

直接选举国家元首的情况一般发生在总统制国家,由于其合法性来自人民的直接赋予,因此有更大的权威。例如,法国总统由选民直接选举产生,是国家的权力核心,除拥有任命高级文武官员、签署法令以及军事权和外交权等一般权力外,还拥有任免总理和组织政府、解散国民议会、举行公民投票、宣布紧急状态等非常权力。《俄罗斯宪法》规定,总统由拥有选举权的公民通过直接选举产生,任期六年,"是国家元首","是武装力量的最高统帅","权力不受侵犯"。宪法赋予总统的权力还包括:决定国家内外政治方向,决定国家重要官员任免,领导、组成和解散政府,确定国家杜马选举,解散国家杜马,决定全民公决,宣布进入紧急状态等。

(四) 其他重大问题的决定

全民公决经常被用于重大、敏感事项。例如,澳大利亚利用公投方式决定是否维持以英王为国家元首的君主制度;意大利通过公投,决定成立共和国;瑞士通过公投,决定加入联合国。近年来,欧洲国家在欧洲一体化的进程中,频繁地通过全民公决决定入盟、批准公约等重大问题。例如,法国在 1992 年 9 月 20 日举行的公

---

① 参见佚名:《日本修宪需过国会和公投两关 修宪势力步步紧逼》,http://www.chinanews.com/gj/2016/07-11/7934295.shtml,2018 年 8 月 15 日访问。

投中,以微弱多数批准实现欧洲联合的《马斯特里赫特条约》;2005年,法国和荷兰先后在全民公决中否决了《欧盟宪法条约》;2009年10月2日,爱尔兰举行公投,通过了《里斯本条约》;2016年6月,英国就是否脱离欧盟举行公投。

值得注意的是,虽然议会表决和全民公决都是民意的表达方式,但是两者的结果可能大相径庭。以《欧盟宪法条约》为例,所有由议会表决的国家都批准了条约,两个否决条约的国家均采用了全民公决的形式。即使在采用两者相结合的混合模式的国家,条约在议会中的支持率也大于在民众中的支持率,因为被选举的议员在考虑问题时的立场与民众有较大不同。"议会政治是一种精英政治,精英无生活之虞,因此考虑的一般都是理想色彩比较浓厚的东西,或者是权力得失。而大众考虑的主要是生活、工作和福利。……全民公决给予了民众一种手段,让精英们清楚地看到民众的想法和愿望。"[①]虽然民众在全民公决时容易受到非理性因素的影响,但是这并不能否定全民公决的必要性和合理性。在现代民主国家,全民公决具有赋予政治决策正当性和合法性的功能。

三、全民公决权的限制

(一)事项的限制

一些国家为了防止有人利用全民公决规避法律,特别规定一定事项不得付诸全民公决。例如,《意大利宪法》第75条规定,对有关税收、预算、大赦和特赦的法律,以及授权认可国际条约的法律,不得进行全民公决。又如,《俄罗斯联邦全民公决法》第6条第5款列举了不得提交全民公决的事项:(1)有关改变由联邦宪法确定的联邦主体的地位问题;(2)有关联邦总统和国家杜马职权提前终止或者延长期限,以及提前或延期举行联邦总统和国家杜马议员的选举;(3)有关选举、任命、提前终止、暂时中止或延长联邦国家公职人员职务;(4)有关联邦最高国家权力机关和其他联邦国家权力机关的人员组成问题;(5)有关选举、提前终止、暂时中止或延长根据国际条约建立的机构及其经选举或任命的公职人员的任期,以及不违反国际条约规定建立的该机构或任命该机构公职人员;(6)有关通过和修改联邦预算、执行和修改联邦财政义务;(7)有关管理、修改和或取消联邦税收,以及免除税收;(8)有关通过保障居民健康和安全的紧急和临时措施;(9)有关大赦和特赦。

(二)发起人资格的限制

例如,《俄罗斯联邦全民公决法》规定,全民公决由俄罗斯联邦总统决定,有权

[①] 李济时:《欧洲全民公决的政治传统及其对欧洲一体化的影响》,载《当代世界社会主义问题》2009年第4期。

提出举行全民公决倡议的主体有三类:(1) 由 200 万以上有参加全民公决权的俄罗斯联邦公民提出;(2) 根据《俄罗斯联邦宪法》的规定,由制宪会议提出;(3) 根据俄罗斯联邦国际条约和《俄罗斯联邦全民公决法》的规定,由联邦国家权力机关提出。又如,法国宪法规定,全民建议案应由政府在国会会期内提出,或者由国会两院联合提出,并将其刊于政府公报;总统有权酌情决定是否将建议案提交全民公决。

(三)时间的限制

即规定在一定时间内不得举行全民公决。例如,《俄罗斯联邦全民公决法》规定,从正式公布全民公决结果之日起两年内,不得对在本次全民公决中投票表决过的问题和在内容上与之雷同的问题再次举行全民公决;在俄罗斯联邦境内进入军事状态或者紧急状态的情况下,以及在解除之日起三个月内,不得提出举行全民公决的倡议,也不得决定和举行全民公决。

作为议会民主的补充,全民公决被广泛用于宪法和法律的创制与复决以及国家重大问题的决断,是人民实现国家管理最直接的手段。但是,全民公决也存在一些弊端。具体而言,从技术层面看,由于参与全民公决的人数众多,增加了组织和管理的难度,因此多发生在人口较少的国家或者实行地方自治的国家的自治区域;从实践经验看,全民公决存在被利用和滥用的风险,历史上曾有拿破仑利用全民公决称帝的事例,当代也出现过以全民公决使独裁政权合法化的例子。全民公决是一把"双刃剑",如何扬长避短,使其真正承载直接民主的价值,是现代民主国家面临的共同问题。

第四节 请 愿 权

除了全民公决,请愿也是实现直接民主的一种重要形式。请愿权是特定主体为了公共利益或个人利益之维护,向国家机关陈述其意见的权利。受理请愿的机关有处理和答复的义务。世界上大部分国家都在宪法中确认了请愿权,并以专门立法的形式对请愿程序进行具体规定。

一、请愿权概述

(一)行使请愿权的主体

作为一种直接表达政治意愿的手段,请愿权的内容必然会涉及国家公共决策,请愿权的行使也必然会引起请愿者与国家机关之间的张力关系。因此,各国宪法在行使请愿权的主体方面,往往会设定一些限制,通常规定只有公民或国民才有请愿权。例如,《意大利宪法》规定:"为了要求采取某些立法措施或表明某些共同需要,一切公民均可向两院呈递请愿书。"《大韩民国宪法》规定:"任何国民均有依法向国家机关提出书面请愿的权利。"《俄罗斯联邦宪法》规定:"俄罗斯联邦公民享有向国家机关和地方自治机关提出个人愿望以及投送个人和集体呼吁书的权利。"但是,与选举权不同,请愿权的主体资格限制要宽松一些。例如,《日本国宪法》规定,任何人都有和平请愿的权利。这里的"任何人"除了指本国公民中的任何人外,也包括外国人和法人。韩国《地方自治法》也规定:"请愿权主体是所有住民,其中包括其他地方自治团体住民和居住在国外的韩国国民。"

(二)接受请愿的主体

除了一些国家明确规定由特定机关(主要是议会)受理请愿外,大部分国家只是笼统地规定可以向国家机关请愿。例如,《德国基本法》规定:"任何人均有权以个人或联合他人的方式向适当机关或议会机构提出请求或申诉。"实践中,受理请愿的机关主要是议会和行政机关,它们在各自职权范围内受理请愿。其中,议会受理的请愿主要涉及立法事项,行政机关受理的事项主要涉及公共管理过程中存在的问题。值得注意的是,在各国请愿制度中,议会请愿是十分重要的内容。从理论上讲,国家的立法、行政和司法机关都可以接受请愿,但是由于司法程序和行政诉愿程序的发展,具有争议性质的请愿逐渐被排除在请愿权之外,因此针对立法改革或完善的议会请愿成为各国请愿制度的主要内容。

(三)请愿的事项

各国宪法和请愿法关于请愿事项的规定都十分宽泛。"一般来说,公民既可以针对与自身利益直接有关的事项向有关机关提出请愿,要求其立即采取或停止某项措施,也可以出于维护公共利益的考虑,对国家及地方公共政策的制定、修改以及社会热点问题的处理等向国家机关及地方公共团体提出意见、表达愿望。"[①]在请愿事项中,值得注意的是司法性质的事项。一些国家采用最广泛的界定方法,将司法性质的事项也纳入请愿权的范围。例如,《俄罗斯审理公民请愿的规则》同时规定了非司法性和司法性两种请愿处理程序,前者针对公民提出的不具有争议性质的请愿,主要是公民就有关国家、社会发展问题向立法和行政机关提出的建议;后者针对公民提出的具有争议性质的请愿,主要是公民就个人权利受到损害而提起的诉愿或诉讼。大部分国家则将具有司法性质的权利请求排除在请愿权之外。例

---

① 张福刚:《传统权利的现代解读——请愿权理论和规范研究》,中国政法大学出版社2013年版,第49页。

如,《日本国宪法》规定的请愿事项包括"损害的救济、公务员罢免、法律、命令中规则的制定、废止或修改以及其他有关事项",但是在实践中,针对法院确定判决进行的请愿不应被允许。在以议会请愿为主的国家,如加拿大和意大利,均规定属于司法范畴的事项不在请愿范围之内。

(四)请愿受理机关的义务

请愿权包括两个层面的内容:一是特定主体,主要是公民有向立法或行政机关陈述愿望或提出建议的资格。二是受理机关负有及时处理并进行答复的义务。正是这种义务将请愿权与言论自由和批评、建议等区分开来。"受理请愿的机关的答复不仅是请愿权基本内容的重要组成部分,而且直接决定了请愿权行使的质量和效果。"[①]为了保障请愿权能够有效行使,一些国家专门制定了请愿受理、审查和答复的规则,这些规则或者存在于专门的请愿法中,或者存在于议会的议事规则中。以加拿大的议会请愿为例,民众的请愿只能向议员提交,由议员将请愿提交到议会,议会的请愿干事将请愿书的原件交给枢密院办公室,由枢密院再转交给相关的政府部门。1986年的议事规则规定,部长必须在收到请愿书的45天内向议会答复,提交请愿的议员同时会收到一份答复副本。[②] 又如,日本《请愿法》规定,对于合法的请愿,官署应受理并诚实处理之;《地方自治法》规定,请愿处理机关应将请愿处理结果通知请愿人。

二、请愿权的属性

学者们对基本权利的分类虽各不相同,但基本上都包括以下四类:作为消极权利的自由权、作为积极权利的社会权、作为主权性权利的参政权、作为维护性权利的权利救济权。那么,请愿权是一项什么权利?对此,有以下几种理解:(1)认为请愿权属于自由权,类似于言论自由等政治自由,国家负有不侵犯、不干涉的义务;(2)认为请愿权属于权利救济权,侧重于对个人权利的维护;(3)认为请愿权属于受益权,即要求国家履行一定的给付义务;(4)认为请愿权属于参政权,是公民直接参政的有效方式。在这四种理解中,参政权属性最能体现请愿权的价值。虽然前三种理解也在不同程度上反映了请愿权的本质,但是请愿权之所以能够独立存在,是因为它具有不同于其他权利的价值取向,既不同于单纯以表达意愿为主要目的的消极自由,也不同于以私权救济为主要目的的诉讼与诉愿,更多地承载了人们对

[①] 张福刚:《传统权利的现代解读——请愿权理论和规范研究》,中国政法大学出版社2013年版,第49页。

[②] 同上书,第181页。

于直接民主的期待。民众的请愿以及政府对请愿的处理和答复,在民众与政府之间建立起直接的沟通机制。通过行使请愿权,民众可以直接参与国家意志的形成或法秩序的创造,有助于"克服公共权力与民意渐行渐远乃至异化作恶的倾向"①。

三、请愿权在我国发展的可能性

我国没有明确规定请愿权,也没有制定专门的请愿法,但是现有的法律框架内仍然为请愿权留出了一定的发展空间。

(一)《宪法》第 41 条之分析

我国《宪法》第 41 条规定:"中华人民共和国公民对于任何国家机关和国家工作人员,有提出批评和建议的权利;对于任何国家机关和国家工作人员的违法失职行为,有向有关国家机关提出申诉、控告或者检举的权利,但是不得捏造或者歪曲事实进行诬告陷害。对于公民的申诉、控告或者检举,有关国家机关必须查清事实,负责处理。任何人不得压制和打击报复。由于国家机关和国家工作人员侵犯公民权利而受到损失的人,有依照法律规定取得赔偿的权利。"学者们将这一条款的内容概括为六项权利,即批评权、建议权、申诉权、控告权、检举权和获得国家赔偿权。在宪法学和人权法学中,这六项权利被统称为"监督权"。② 近年来,也有些学者开始从请愿权的视角解读这些权利。例如,林来梵教授指出:"从比较法的角度看,我国《宪法》第 41 条所列举的这六项权利,基本上属于或相当于传统宪法学所说的请愿权,即人们对国家或其他公共机关就一定事项而提出希望、不满与要求的一种权利。"③

从严格意义上讲,《宪法》第 41 条规定的六项权利并不都属于请愿权的范畴。如申诉权、控告权和获得国家赔偿权,都是公民在自己的权益受到国家机关及其工作人员侵害时,向特定部门寻求救济的权利。如前所述,随着诉讼制度和诉愿制度的发展,具有权利救济性质的请愿逐渐被排除在请愿权之外。剩下的三项权利虽然为请愿权的发展留出了一定的空间,但是以之作为请愿权保护的宪法基础仍显不足。除了针对检举权,国家有义务处理外,批评权和建议权的规定均只侧重于请愿权中的请求权侧面,而缺少国家处理和答复义务的请愿权,也就失去了参与国家管理与决策的民主价值。

---

① 杨海坤、章志远:《公民请愿权基本问题研究》,载《现代法学》2004 年第 4 期,第 13 页。
② 参见李步云主编:《人权法学》,高等教育出版社 2005 年版,第 203 页;张千帆主编:《宪法》,北京大学出版社 2007 年版,第 294 页;林来梵:《宪法学讲义》,法律出版社 2011 年版,第 287 页。
③ 林来梵:《从宪法规范到规范宪法——规范宪法学的一种前言》,法律出版社 2001 年版,第 144 页。

（二）《立法法》第99、100条之分析

请愿权的实现依赖于具体的请愿制度。我国虽然没有专门的请愿法，但是在《立法法》第99、100条中规定了类似于立法请愿的法规审查建议制度。这一制度是公民参与法秩序构建的重要途径，具体内容如下：（1）提出建议。公民认为行政法规、地方性法规、自治条例和单行条例同宪法或者法律相抵触的，可以向全国人大常委会书面提出进行审查的建议。（2）受理与处理。公民提出的建议由常务委员会工作机构进行研究，必要时，送有关的专门委员会进行审查、提出意见。审查机构在审查、研究中认为行政法规、地方性法规、自治条例和单行条例同宪法或者法律相抵触的，可以向制定机关提出书面审查和研究意见。制定机关按照所提意见对行政法规、地方性法规、自治条例和单行条例进行修改或者废止的，审查终止。制定机关如果拒绝修改，审查机构应当向委员长会议提出予以撤销的议案、建议，由委员长会议决定提请常务委员会会议审议决定。（3）答复与反馈。全国人大有关的专门委员会和常务委员会工作机构应当按照规定要求，将审查、研究情况向提出审查建议的公民反馈，并可以向社会公开。

思考题

分析我国信访制度发展为请愿制度的可能性。

第五节　担任公职权

参加本国公务，在国家机关或其他公共机构担任职务，是公民直接参加国家管理和决策的另一项民主权利。这一权利得到了国际人权法和国内法的承认和保护。例如，《世界人权宣言》第21条第2款规定："人人有平等机会参加本国公务的权利。"《公民权利和政治权利国际公约》第25条规定："每个公民应有下列权利和机会……（丙）在一般平等的条件下，参加本国公务。"《德国基本法》规定："所有德国人民应其适当能力与专业成就，有担任公职之同等权利。"为了更好地理解担任公职权，应注意以下几点：

第一，公职的范围一般包括由国家任命的、行使官方权力的国家立法、行政和司法机关中的职务。至于公职是否包括以及在多大范围内包括其他公共机构的职务，则由各国国内法加以规定。例如，根据我国刑法，作为政治权利被剥夺的"公职"的范围除了包括国家机关职务外，还包括国有公司、企业、事业单位、人民团体

的领导职务。

第二,担任公职权只是保障公民有担任公职的可能机会,而不保障他们都能够实际担任公职。例如,我国《公务员法》规定了在我国担任公务员的资格条件,包括具有中国国籍、年满 18 周岁、拥护宪法、具有良好的品行、具有正常履行职责的身体条件、具有符合职位要求的文化程度和工作能力。法律保障拥有上述资格的人都有担任公务员的可能机会,但是并不保障所有满足这些条件的人都一定会成为公务员。

第三,为了防止特权群体垄断公共职务,上述文件都特别强调"平等"担任公职的权利,即担任公职的机会不应受到种族、宗教、性别等因素的限制。例如,《美国宪法》第 6 条规定:"合众国政府之任何职位或公职,不得以任何宗教标准,作为任职的必要条件。"为了实现机会平等,国家应提供相应的制度保障,如发布公共职务的信息,制定公务员考试和竞争的规则,以及为未获得公职者提供救济措施等。同时,为了实现实质平等,为传统上的弱势群体,如妇女、少数民族成员、黑人等提供特别照顾措施,不应被视为构成对他人的歧视。

第四,平等原则并不禁止为担任公职设定必要的资格限制,这些限制通常包括国籍、年龄、住所、教育程度、文化能力和智力等。这意味着"担任政府、行政机关或司法机构中那些由国家任命的公共职务的可能机会,要比担任那些由选举产生的公共职务的可能机会受到更严格的限制。这是与以下这一民主原则相一致的:选举产生的'人民的代表'应该代表全部人民,而不仅仅只代表具有某种职业或教育水平的人,而那些由国家任命的公务员则必须具有与其职责相称的资格要求。"①

案例分析

【案例 4-3】

2008 年 4 月,王某和陆某举办了婚礼。由于陆某长期在外出差,因此两人一直未到民政部门办理结婚登记。2009 年 2 月 19 日,王某生育了一个孩子。5 月 7 日,两人补领了结婚证。当年 2 月,王某报考了江苏省的公务员考试,报考单位是徐州市铜山县人民检察院。王某笔试、面试、体检都顺利通过。但是,在政审阶段,徐州市泉山区人口和计划生育局出具的"婚育证明"称,王某在 2009 年 2 月 19 日非婚生育了一个孩子,5 月 7 日补领了结婚证,夫妇二人的行为属于非婚生育,违反了《江

---

① 〔奥〕曼弗雷德·诺瓦克:《民权公约评注:联合国〈公民权利和政治权利国际公约〉》(上),孙世彦、毕小青译,三联书店 2003 年版,第 444—445 页。

苏省人口与计划生育条例》第 21 条"男女双方经依法登记结婚且均未生育过的,即可生育一个孩子"的规定。7 月 31 日,铜山县委组织部正式给王某下发通知,称王某违反计划生育政策,政审不合格,所以不予录用。①

第六节 抵 抗 权

抵抗权是指"公民拥有必要时可以对于以政府(国家)名义作出的行为,采取相应的不服从或者抵抗行为的权利"②。这种权利深深根植于自然法理念,即只有符合自然正义的法律才是真正的法,才具有权威。对于不正义的"恶法",人民可以不服从甚至抵抗。这种观念体现在早期的人权文件中,其中美国《独立宣言》的表述最有代表性。《独立宣言》中有两处提到人民的抵抗权,一处是:"人人生而平等,他们都从造物主那里被赋予了某些不可转让的权利,其中包括生存权、自由权和追求幸福的权利。为了保障这些权利,所以才在人们中间成立政府。而政府的正当权力,则系得自被统治者的同意,如有任何一种形式的政府变成损害这些目的的,那么人民就有权来改变或废除它。"另一处是:"当始终追求同一目标的一系列滥用职权和强取豪夺的行为表明政府企图把人民置于专制暴政之下时,人民就有权也有义务去推翻这样的政府,并为其未来的安全提供新的保障。"

随着法律秩序在各国的建立,以暴力推翻政府为目的的抵抗权被完全抛弃。即使是非暴力的和平抵抗权,也很少在宪法层面得到确认。③ 对于大部分国家而言,抵抗权作为一种非实证化的权利,只是存在于法律秩序之外,以维护法律秩序为目的的一种手段。抵抗权的滥用可能会给法律秩序和人权带来不利后果。因此,抵抗权的行使应受到严格限制。

第一,抵抗权的行使应有正当目的。《德国基本法》规定:"立法应遵循宪法秩序,行政和司法应遵守正式法律和其他法律规范。对于企图废除上述秩序的任何人,如没有其他对抗措施时,所有德国人均有抵抗权。"有学者据此认为,在《德国基本法》框架内的抵抗权已经不再是古典的、传统的保障个人法益之权利,而是具有更高价值的,为了保障国家的立国原则及法律体制而存在的。不过,这种观点也受

---

① 参见韩大元主编:《中国宪法事例研究》(第 5 卷),法律出版社 2010 年版,第 50 页。
② 张千帆主编:《宪法》,北京大学出版社 2007 年版,第 298 页。
③ 《德国基本法》关于抵抗权的规定是一种政治妥协的结果。"基本法之制定抵抗权,并非完全基于需要及主动的因素,而是一种因应新的紧急权立法,为了安抚和缓和反对者之情绪及消除彼等之疑惧,所为的一种妥协式之替代立法。"陈新民:《德国公法学基础理论》(下册),山东人民出版社 2001 年版,第 613 页。

到了质疑。例如,我国台湾地区学者陈新民认为,上述见解虽有一定道理,但"忽略了抵抗权之原始精神及其本意,都是具有保障人权的深厚意义"。因此,他主张,保障法律秩序和个人人权都可以成为行使抵抗权的正当目的。[①]

第二,抵抗权应和平行使。行使抵抗权并不是为了暴力颠覆政府,而是为了寻求现有宪法秩序的改进和完善,推动法律或公共政策的改变。因此,抵抗应以和平方式为主。

第三,抵抗权应当作为最后手段行使。对于政府运作中发生的违反法律秩序的行为,人民应依法定救济渠道予以纠正。作为一种维护法律秩序的紧急权,抵抗权只是一种辅助性措施,只有在用尽了其他合法手段、在迫不得已的情况下方可行使。即使是在抵抗权已经合法化的国家,亦是如此。例如,《德国基本法》规定,抵抗权只有在"没有其他对抗措施时"才可行使;《葡萄牙宪法》也规定,"在无法求助于公共权力机关的场合",可以行使抵抗权。将抵抗权作为最后手段行使,旨在保障法律秩序的安定,减少抵抗权被滥用的风险。

此外,人们在行使抵抗权时还需承担违法的风险。除了在一些抵抗权合法化的国家,可以通过立法免除抵抗行为的责任外,在大多数未承认抵抗权的国家,抵抗只是一种基于良心、合乎道德却不合法的权利主张。在没有法律明确规定的情况下,如果人们不服从实证法义务,甚至采取抵抗行为,必然要承担不利的法律后果。

思考题

马丁·路德·金领导的民权运动是非暴力抵抗的经典案例,结合该案例,分析抵抗权行使的条件和特征。

➢ 小结

民主权是一个国家的公民所拥有的,直接或通过选举产生的代表,参与构成公共事务的活动过程的权利,是民主政府的核心。民主权的正当性建立在人民主权原则的基础上。人民主权为人民参与公共事务、行使民主权利提供了理论依据。民主权是一项国民主权性权利。国民是国家主权者,具有主动参与国家意思形成的地位。与这种地位相适应的是国民作为主权者应当享有的权利,这些权利包括作为间接民主权主要形式的选举权,也包括作为直接民主权主要形式的全民公决

---

① 参见陈新民:《德国公法学基础理论》(下册),山东人民出版社2001年版,第614—615页。

权、请愿权、担任公职权,甚至颇受争议的抵抗权也在不同程度上得到了认可。

选举权是现代民主国家最重要的民主权利,它的实现依赖一些选举原则和选举程序。获得广泛承认的选举原则有普遍性原则、平等性原则和秘密投票原则;选举程序包括选区的划分、候选人的提名、投票、计票、确定当选等,通常由各国立法加以规定。选举权的实现除了要求国家消极不作为以保障选举自由外,还为国家施加了积极义务,既包括划分选区、制定选举程序,也包括为选举提供选举设施和经费保障。

近代国家代议制民主的发展并没有全面否定直接民主的价值,全民公决作为直接民主最主要的运作方式,在现代国家仍然被频繁使用,构成了对间接民主的补充和修正。在实践中,全民公决权的范围包括宪法的制定与修改、重要法律的创制与复决、直接选举国家元首或确认国家元首的地位以及对国家重大问题的决定。同时,我们应该注意到,全民公决是一把"双刃剑",也存在被滥用的可能。为了防止有人利用全民公决规避法律,一些国家通过立法对全民公决的事项、条件及时间加以限制。

除了全民公决,请愿也是实现直接民主的一种重要形式。请愿权是特定主体为了公共利益或个人利益之维护,向国家机关陈述其意见的权利。受理请愿的机关有处理和答复的义务。世界上大部分国家都在宪法中确认了请愿权,并制定了专门的请愿法,规范请愿的提出、受理、处理和答复等程序。请愿权的范围十分广泛,公民既可以针对与自身利益直接有关的事项向有关机关提出请愿,要求其立即采取或停止某项措施,也可以出于维护公共利益的考虑,对国家及地方公共政策的制定、修改以及社会热点问题的处理等向国家机关及地方公共团体提出意见、表达愿望。我国虽然没有请愿权的明确规定,但是《宪法》第41条和《立法法》第99、100条为请愿权留出了一定的发展空间。

担任公职权是公民享有的在平等条件下担任国家公共职务的权利。这项权利并不要求国家保证每个公民都担任公职,而只是保障担任公职的"可能机会";同时,这种机会对每个人都应当是平等的,任何人均不得因种族、性别、宗教等因素而受到歧视。当然,平等保护并不排除国家对某些公职设定资格限制,因为某些公职人员必须具备与其职责相称的资格要求。

抵抗权是最具争议的民主权利,是公民在其权利得不到保障的情况下采取的最后手段,其正当性深深根植于自然法理念。对于大部分国家而言,抵抗权作为一种非实证化的权利,只是存在于法律秩序之外,以维护法律秩序为目的的一种手段。抵抗权的滥用可能会给法律秩序和人权带来不利后果。因此,抵抗权的行使应受到严格限制。

课外材料

案例(CASES)

1. 2013年衡阳破坏选举案
2. 2016年辽宁拉票贿选案
3. 英国"脱欧"公投

法条链接(RULES)

1.《世界人权宣言》第21条
2.《公民权利和政治权利国际公约》第25条
3.《消除对妇女一切形式歧视公约》第7条
4.《消除一切形式种族歧视国际公约》第5条
5.《欧洲人权公约第一议定书》第3条
6.《美洲人权公约》第23条
7.《非洲人权和人民权利宪章》第13条
8. 人权事务委员会"关于参与公共事务的权利、选举权以及平等接受公共服务的权利"的第25号一般性意见
9.《中华人民共和国宪法》第34条、第41条、第77条、第102条

阅读(READINGS)

1. 张卓明:《选举权论》,社会科学文献出版社2014年版。
2. 周其明:《选举程序研究——中国选举制度存在的问题与前瞻》,中国政法大学出版社2014年版。
3. 张福刚:《传统权利的现代解读——请愿权理论和规范研究》,中国政法大学出版社2013年版。
4. 国际人权法教程项目组编写:《国际人权法教程》(第一卷),中国政法大学出版社2002年版。
5. 魏贻恒:《全民公决的理论与实践》,中国人民大学出版社2007年版。
6.〔瑞典〕格德门德尔·阿尔弗雷德松、〔挪威〕阿斯布佐恩·艾德编:《〈世界人权宣言〉:努力实现的共同标准》,中国人权研究会组织翻译,四川人民出版社1999年版。
7.〔奥〕曼弗雷德·诺瓦克:《民权公约评注:联合国〈公民权利和政治权利国际

公约〉》(上),孙世彦、毕小青译,三联书店 2003 年版。

8. 宋方青、傅振中:《论国际人权立法的中国化———以民主权为中心》,载《现代法学》2009 年第 5 期。

9. 张中瑞:《试论全民公决权》,载《法治研究》2010 年第 8 期。

10. 郭道晖:《"非法之法"与公民的抵抗权》,载《炎黄春秋》2013 年第 3 期。

11. 朱孔武:《论"抵抗权"的三个维度》,载《环球法律评论》2007 年第 1 期。

12. 杨海坤、章志远:《公民请愿权基本问题研究》,载《现代法学》2004 年第 4 期。

第五章 工 作 权

➤ 学习目的

- 理解国际人权法和国内宪法对工作权给予保护的必要性。
- 把握工作权的概念和保护范围,掌握一些重要概念如工作自由权、工作平等权和就业保护权的含义以及国家承担的义务。
- 把握工作权与相关权利的关系。
- 进一步思考目前我国工作权保障的不足之处,分析原因并提出完善的建议。

➤ 知识要点

- 工作权不仅是个人谋生的手段,其正当性也能从它与社会正义、世界和平以及人的尊严的关系中得到证明。
- 工作权是一个权利束,包括与就业有关的权利和由就业派生的权利。前者包括就业自由权、就业保护权、获得免费就业服务权、免于失业保障权等,后者包括公正的工作条件权、安全卫生的工作条件权、公平报酬权等。
- 平等与非歧视原则贯穿于工作权的所有方面,这一原则不仅禁止基于种族、性别、宗教等因素对劳动者进行歧视,而且要求采取积极措施对处于不利地位的劳动者给予特殊保护,以实现实质平等。
- 工作权的实现还需要一些辅助性权利,包括结社自由权、集体谈判权和罢工权等。它们本身虽不是工作权,但却是实现工作权必不可少的工具。
- 国家在工作权保障方面承担三个层次的义务,即尊重、保护和实现。
- 工作权不等于充分就业,也不必然派生出要求国家提供工作的主观性权利和"保障工作"的国家义务。

> 案例导入

- 竞业限制是否构成对择业自由的侵害?

【案例 5-1】

张某于 2010 年 10 月 27 日进入某投资有限公司工作,担任技术部高级工程师,劳动合同期限为 2010 年 10 月 27 日到 2015 年 10 月 26 日。劳动合同第 20 条约定:员工离职后 2 年内负有竞业限制义务,不得为与公司存在竞争关系的任何实体提供服务或协助;公司会按照员工离职前 12 个月平均月工资的 25% 按月支付竞业限制补偿金;员工如果违约,应按照其在本合同项下总计可得补偿金的 10 倍向公司支付赔偿金。

- 残疾人是否可以要求用人单位提供"合理便利"?

【案例 5-2】

一名日托机构的工作人员由于自身残疾的原因,要求将工作时间从原来的早上 7 点到下午 3 点调整为早上 10 点到下午 6 点。这家机构的工作时间是早上 7 点到晚上 7 点。雇主是否应当为他调整工作时间?

【案例 5-3】

一名在某早报从事印刷工作的工人,其正常工作时间是晚上 10 点到凌晨 3 点。由于自身残疾的原因,他要求在白天工作。他的要求是否应得到满足?如果无法为他调整时间,那么这家单位应当采取什么措施?

第一节 工作权概述

一、工作权的正当性

工作权(the right to work)是国际人权宪章和一些国家宪法中规定的一项重要权利。这不仅仅是因为工作是人们谋生的手段,更重要的原因在于,它与人的尊严和社会正义之间存在十分密切的关系。前者体现了工作权的个人价值,后者为工作权的正当性提供了社会基础。

第一,工作权为实现个人尊严和价值提供保障。在人权理念出现后的很长一段时间内,人们更关注宗教信仰自由、人身自由、政治自由等自由权利,而对包括工作权在内的社会权的重要性并没有充分的认识。到了19世纪末20世纪初,伴随着垄断资本主义的发展,出现了大量失业和贫困人口,人们才逐渐认识到工作权对人的全面发展的重要意义。首先,工作权的保障是生存权得以实现的重要前提。一个人要想在住房、食物、衣物等方面达到最低限度的生活水准,除了依靠国家的保障措施外,更主要的是依靠自身的努力工作。因此,以提供就业服务、保障公平就业机会和公正就业条件为主要内容的工作权,间接地起到了保护生存权的作用。可以说,工作权的最低限度要求中就蕴含着劳动者的生存权,如最低劳动报酬、最低限度的劳动条件、最低限度的就业服务保障等。当然,这也意味着,当我们在对工作权保障的指标进行设定时,也必须满足劳动者的基本生存权,保证人确实能够像人那样生活。其次,工作在满足人们基本生存需要的同时,能够使人们因经济上的独立而获得人格上的独立,从而获得一种尊严感。可见,这种尊严感正是来源于工作所提供的安全感和意志自由。最后,工作的过程也是实现个人个性发展的过程,同时工作也可以提升人们参与社会生活、实现人生价值的能力。

第二,工作权能促进社会公平与正义。实际上,从历史发展的角度看,最初的劳动保护立法的政策性意图是十分明确的。以美国"罗斯福新政"为例,当时的"各项立法图谋保障适当劳动条件的意图之中,确实包含着改善劳动者贫困的生活,确保他们能够像人那样生活的福利国家的基本理念。但是,与此同时,这些相关立法还有另一种意图,这就是要保护劳动力,提高生产效率,不致使低劣的劳动条件刺激发生不必要的劳动争议,搅乱生产的秩序。这一点也是不能否认的"[①]。当然,这种政策意图并不妨碍工作权在建立和维护公平竞争秩序中的作用。同时,国家保护工作权的措施在客观上也起到了提高劳动者地位、强化劳动者交涉能力的作用。这样,一方面可以减少劳动者与用人单位之间的不平等,维持劳动者与用人单位之间的平衡;另一方面也可以改善甚至消除不公平、困难的劳动条件,促进民生安定和社会公平。

二、工作权的法律化

与大多数人权法律化的轨迹一样,工作权的法律化首先发生在国内法律制度中。因为工作权是工业革命时期工人争取自身权利的成果,所以保护工作权的法律也伴随着工业革命的进程而不断发展。1802年,英国颁布了《学徒健康与道德法》,拉开了工作权国内法律保护的序幕。将工作权作为一项宪法权利加以保护则

[①] 〔日〕大须贺明:《生存权论》,林浩译,法律出版社2001年版,第9页。

始于1919年《魏玛宪法》。作为从近代宪法向现代宪法的过渡,《魏玛宪法》规定了大量的经济社会权利,其中第163条第2款专门就工作权作了规定:"德国人民应有可能之机会,从事经济劳动,以维持生计。无相当劳动机会时,其必需生活应筹划及之。其详细,另以联邦单行法律规定之。"该法还承认劳动者有组织工会权和集体谈判权。此后,越来越多的国家在宪法中承认工作权,并规定了政府为保护工作权所承担的义务。例如,1936年《苏联宪法》第118条规定:"苏联公民有劳动的权利,即有获得保障的工作并按劳动的数量和质量领取报酬的权利。劳动的权利的保证是:国民经济的社会主义组织,苏维埃社会生产力的不断增长,经济危机可能性的消除,失业现象的消灭。"1947年《意大利宪法》第4条规定:"共和国承认所有公民的劳动权,并且发展一切有助于这种权利实现的条件。"1947年《日本国宪法》第27条规定:"一切国民均享有劳动的权利,承担劳动的义务。有关工资、劳动时间、休息以及其他劳动条件的基准,以法律规定之。"我国现行《宪法》第42条第1、2款规定:"中华人民共和国公民有劳动的权利和义务。国家通过各种途径,创造劳动就业条件,加强劳动保护,改善劳动条件,并在发展生产的基础上,提高劳动报酬和福利待遇。"

在所有的人权中,工作权是较早实现国际化的。1919年成立的国际劳工组织是联合国处理劳工问题的专门机构,它的主要工作是通过制定国际劳工标准,维护各国工人和其他劳动者的基本权益。国际劳工标准的范围涵盖结社自由、组织权利、集体谈判、机会和待遇平等、废除强迫劳动等工作权的主要领域,在反对奴隶贸易、保护儿童和妇女权利、改善劳动条件等方面发挥了重要作用。[①] 二战以后,国际人权立法迅猛发展,关于工作权的保护出现在众多人权文件中。全球性的人权文件有《世界人权宣言》和《经济、社会、文化权利国际公约》,区域性的人权文件有《欧洲社会宪章》《美洲人权公约附加议定书》和《非洲人权和民族权宪章》。其中,《经济、社会、文化权利国际公约》的规定最为全面,其第6条第1款明确规定:"本公约缔约各国承认工作权,包括人人应有机会凭其自由选择和接受的工作来谋生的权利,并将采取适当步骤来保障这一权利。"此外,该公约第7条和第8条分别规定了良好工作条件权和组织工会的权利。

虽然工作权在国内层面和国际层面均得到了认可,但是它的实施"在所有国家都是困难的。……在那些国家里,仍然有数以百万计的人们没有实际的机会来实

[①] 我国是国际劳工组织的创始成员国,也是该组织的常任理事国。1971年,我国恢复了在该组织的合法席位。自1983年至今,我国每年均派代表团出席各种会议,并积极参与该组织在国际劳工立法和技术合作方面的活动。我国批准的国际劳工公约涉及最低就业年龄、最低工资、工时与休息时间、劳动条件、男女同工同酬和残疾人就业等内容。

现这一权利。在实现这一权利的过程中,即使最狭义的工作权也必定面临许多问题和挑战。"①这些问题和挑战既可能源于工作权概念本身的模糊性、内涵的不确定性,也可能源于国家义务的渐进性和司法上的不可诉性。当然,这些问题和挑战并不是绝对的。首先,工作权除了要求国家采取积极措施逐步实现外,也包含一些可以要求国家立即实现的消极义务,如择业自由、免于强制劳动和非歧视等。这些方面的工作权,无论是内涵还是国家义务,都是清晰、明确的,在司法救济中并不存在障碍。其次,在特殊情况下,某类人可能享有获得完全可裁判性的主观性工作权利,如由于战争和军事原因导致的残疾人、因劳动事故或职业病而被认为不适合于从事原来工作的人等。② 最后,工作权中还包括一些应当由国家立即实现的最低核心内容。联合国经济、社会、文化权利委员会在第3号"一般性意见"中,确认缔约国的核心义务是确保达到《经济、社会、文化权利国际公约》所涵盖的每一项权利的最起码基本水平。"就第六条而言,这一'核心义务'包含确保无歧视和平等保护就业的义务。就业领域中的歧视包含范围广泛的侵权行为,它们影响到生活的各个阶段,从基本教育到退休,并且对个人和群体的工作状况产生相当大的影响。因此,这些核心义务至少包括下列要求:(a)保证获得就业的权利,尤其是对于弱势和遭排斥的个人和群体来说更是如此,使他们能够过一种有尊严的生活;(b)避免任何措施在私营和公共部门对弱势和遭排斥的个人和群体造成歧视和不平等待遇,削弱对这类个人和群体的保护机制;(c)以一种包含雇主和工人组织在内的参与和透明进程,根据全体工人关注的问题,通过并执行一项解决这类关切的国家就业战略和行动计划。这种就业战略和行动计划应当以弱势和遭排斥的个人和群体为对象,并特别应当包括能够衡量和定期审查就工作权利取得进展的指标和基准。"③

三、工作权的保护范围

参考各国国内立法和国际人权公约,主要是《经济、社会、文化权利国际公约》的规定,工作权的保护范围涵盖了与就业有关的权利和由就业派生的权利。具体而言,在工作权的总体概念之下,包括以下三类相互关联的权利:

第一,与就业有关的权利,包括就业自由权、就业保护权、获得免费就业服务权、免于失业保障权等。其中,就业自由权是指任何人均有凭借自由选择和担任的

---

① 国际人权法教程项目组编写:《国际人权法教程》(第一卷),中国政法大学出版社2002年版,第297页。
② 参见〔挪威〕A. 艾德、C. 克洛斯、A. 罗萨斯主编:《经济、社会和文化权利教程》(修订第二版),中国人权研究会组织翻译,四川人民出版社2004年版,第192页。
③ CESCR, General Comment No. 18, para. 31, February 6, 2006, E/C. 12/GC/18.

职业谋生的自由;就业保护权主要是对已经就业的人提供保护,除非具有合理理由,任何人不得被任意解雇,国家有义务通过立法保护劳动关系的稳定,并为被解雇者提供法律救济;获得免费就业服务权是为了使劳动者能实现自由就业,从国家获得免费的公共就业服务的权利,国家有义务提供并维持这项服务;免于失业保障权是指国家负有积极义务,发展就业支持政策,减少失业和促进就业。

第二,由就业派生的权利,包括公正的工作条件权、安全卫生的工作条件权、公平报酬权、社会保障权等。其中,公正的工作条件权包括合理的工作时间、每年享有带薪假期、保证每周休息时间等;安全卫生的工作条件权是指劳动者有权获得安全、卫生、有益于健康的工作条件;公平报酬权是指所有劳动者有权享有足够的合理报酬,以使他们及其家人能达到温饱水平,并承认男女劳动者有同工同酬的权利;社会保障权要求国家建立并维持一定水平的社会保障制度,并为失业者提供失业保险。

第三,平等与非歧视的权利。平等与非歧视的原则贯穿于工作权的所有方面,这一原则不仅禁止基于种族、性别、宗教等因素对劳动者进行歧视,而且要求采取积极措施对处于不利地位的劳动者给予特殊保护,以实现实质平等。

此外,工作权的实现还需要一些辅助性权利,如组织和参加工会权、集体谈判权、罢工权等。这些权利虽不是工作权本身,但却是工作权得以实现必不可少的工具和保障。

热点讨论

我国《宪法》规定"中华人民共和国公民有劳动的权利",基于这一权利,我们可以向国家提出哪些要求?

第二节　就业自由权

一、就业自由权的含义

就业自由权是"人人应有机会凭其自由选择和接受的工作来谋生的权利",包括两个层面的内容:一是消极层面,即劳动者有免于强迫劳动的自由;二是积极层面,即劳动者有选择职业、工作和工作场所的自由。

(一)免于强迫劳动的自由

任何人都不得被强迫或强制从事劳动。根据国际劳工组织1930年通过的《强迫劳动公约》(第 29 号)第 2 条第 1 款的规定,"强迫或强制劳动"一词指以惩罚相威胁,强使任何人从事其本人不曾表示自愿从事的所有工作和劳务。1957 年的《废止强迫劳动公约》(第 105 号)对"强迫劳动"作了更加细化的规定,具体包括五种情况:(1)作为政治压迫或政治教育的一种手段,或者作为对持有或发表某些政治观点或表现出同既定的政治、社会或经济制度对立的思想意识的人的一种惩罚;(2)作为动员和使用劳动力以发展经济的一种方法;(3)作为执行劳动纪律的一种措施;(4)作为对参加罢工的一种惩罚;(5)作为实行种族、社会、民族或宗教歧视的一种手段。但是,也存在一些不被禁止的例外情形,如:(1)依法庭的合法命令而被迫从事劳动;(2)基于军事性质的服务或代替服兵役而被要求的服务;(3)在紧急状态或灾难的情况下被强制要求的服务;(4)属于正常公民义务的劳动或服务。[①]

我国立法提供了针对用人单位强迫劳动的应对和制裁措施。例如,《劳动合同法》第 38 条第 2 款规定:"用人单位以暴力、威胁或者非法限制人身自由的手段强迫劳动者劳动的,……劳动者可以立即解除劳动合同,不需事先告知用人单位。"《劳动法》和《刑法》则规定了强迫劳动的法律责任。《劳动法》第 96 条规定,对于用人单位以暴力、威胁或者非法限制人身自由的手段强迫劳动的,由公安机关对责任人员处以 15 日以下拘留、罚款或者警告。《刑法》第 244 条规定:"以暴力、威胁或者限制人身自由的方法强迫他人劳动的,处三年以下有期徒刑或者拘役,并处罚金;情节严重的,处三年以上十年以下有期徒刑,并处罚金。明知他人实施前款行为,为其招募、运送人员或者有其他协助强迫他人劳动行为的,依照前款的规定处罚。单位犯前两款罪的,对单位判处罚金,并对其直接负责的主管人员和其他直接责任人员,依照第一款的规定处罚。"

(二)择业自由

"人权法和劳动法已经认可了在择业自由名义下的许多权利主张。它们旨在不仅防止和保护不受各种形式的强迫,而且强调有关工作自由的积极方面。从这种意义上,应将自由理解为选择职业、工作或其他应酬活动的自由,以及选择工作场所的自由。"[②]具体而言,劳动者拥有的择业自由权"包括对是否从事职业劳动、从事何种职业劳动、在何时何地从事职业劳动以及进入哪个用人单位从事职业劳动

[①] 参见国际劳工组织《强迫劳动公约》(第 29 号)第 2 条第 2 款、《欧洲人权公约》第 4 条第 3 款、《公民权利和政治权利国际公约》第 8 条第 3 款丙项。

[②] 国际人权法教程项目组编写:《国际人权法教程》(第一卷),中国政法大学出版社 2002 年版,第 304 页。

等方面的选择权"①。为了保障劳动者能够自由、自主地进行职业选择,一些配套的制度是必不可少的,如为自由职业者提供充分的社会保障、改革户籍制度以保障迁徙自由等。

此外,对于已经就业的劳动者而言,他们的择业自由主要体现为再次选择工作的自由。我国《劳动法》和《劳动合同法》都承认,劳动者除了可以和用人单位协商一致解除劳动合同外,还享有单方解除合同的权利。即劳动者提前30日(或在试用期内提前3日)以书面形式通知用人单位的,可以与用人单位解除固定期限劳动合同、无固定期限劳动合同或者以完成一定工作任务为期限的劳动合同,劳动合同自法定期限届满自行解除,无须用人单位同意。这一规定为劳动者自由择业权的实现提供了坚实的基础,但是在实践中也面临着一个非常现实的问题,即将劳动者的单方解除权适用于解除固定期限劳动合同,会使劳动合同中的期限条款失去对劳动者的约束力,用人单位必须面对劳动者随时离开的风险。同时,"用人单位因劳动者可随时'跳槽',必然对劳动者的培训投入信心不足,从而限制劳动者素质的提高和企业的长远发展"②。

二、就业自由权的限制

公民选择职业的自由并不是完全绝对的,有时会基于一些理由而受到限制,其中得到法律认可的理由主要有以下几个:

(一)基于"工作内在要求"的限制

国际劳工组织《消除就业和职业歧视公约》(第111号)第1条规定,基于特殊工作本身的要求的任何区别、排斥或特惠,不应视为歧视。我国《公务员法》和《法官法》均排除了有"曾因犯罪受过刑事处罚"和"曾被开除公职"这两类情形之人的任职资格。其中,法官的录用条件中还特别强调了法律专业知识和从事法律工作的年限。这些要求是从事法官工作的内在要求,不能视为对不符合条件者的歧视和选择自由的限制。

(二)基于"公共利益"的限制

为了保证公务员正常履行公务和履行公务时的公正性,许多国家的立法都对公务员从事兼职工作作出限制。例如,德国《公务员法》第65条规定,政府不得批准下列兼职工作:兼职的种类和范围需要占用公务员大量精力,以至于妨碍了公务

---

① 李步云主编:《人权法学》,高等教育出版社2005年版,第221—222页。
② 孙春孺:《劳动者单方解除劳动合同若干问题》,http://www.chinacourt.org/article/detail/2013/01/id/810564.shtml,2018年9月3日访问。

员正常履行公务;兼职会与公务员的义务发生矛盾;兼职从事的工作是公务员所属的行政机关处理或将会处理的事务;兼职会影响到公务员的公正性或不偏不倚;兼职会严重限制将来对公务员的任用;兼职会损害公共行政管理的形象;等等。我国《公务员法》第53条也规定,禁止公务员"从事或者参与营利性活动,在企业或者其他营利性组织中兼任职务"。类似的规定也出现在我国《法官法》和《检察官法》中。

此外,立法对从事非法职业的禁止、对特种职业资格的许可,都是基于公共利益的目的而对个人工作自由的限制。根据《劳动法》和《就业促进法》,我国对从事涉及公共安全、人身健康、生命财产安全等特殊工种的劳动者,实行职业资格证书制度,劳动者必须经过培训并取得职业资格证书后才能上岗就业。但是,繁复多样的职业资格许可和认定事项,不仅大大增加了制度性交易成本,也为劳动者就业和转岗设置了障碍。2014—2016年,国务院先后分6批取消了319项职业资格,占国务院设置职业资格总数的52%,其中准入类38项,包括注册税务师、注册资产评估师、潜水人员、土地估价师资格等。截至2016年,国务院部门设置的职业资格总量减少至296项,其中专业技术人员职业资格剩余70项,技能人员职业资格剩余226项,大大减少了就业限制。[①]

(三) 基于"保护商业秘密"的限制

为了保护商业秘密,立法上强行规定或允许用人单位以协议的方式约定,劳动者在离职后一定时期内不得从事与原单位有竞争关系的工作,这项制度被称为"竞业限制"。竞业限制在保护商业秘密的同时,也构成了对劳动者自由择业权的限制,可能因此而导致劳动者谋生能力的下降,甚至威胁到劳动者的生存权。因此,立法上应对竞业限制的适用作出详细规范,以防止其被滥用。我国《劳动合同法》从以下几个方面对竞业限制的适用进行了限制:其一,竞业限制仅适用于三类主体,即用人单位的高级管理人员、高级技术人员和其他负有保密义务的人员;其二,竞业限制期限不得超过二年;其三,用人单位应当按月向劳动者支付经济补偿。[②]当然,劳动者违反竞业限制义务时,也应当承担不利的法律后果。我国《劳动合同法》提供了两种责任方式:一是劳动者违反竞业限制约定的,应当按照约定向用人单位支付违约金;二是劳动者违反竞业限制义务,给用人单位造成损失的,应当承担赔偿责任。[③]

[①] 参见《国务院关于取消一批职业资格许可和认定事项的决定》,国发〔2014〕27号、国发〔2014〕50号、国发〔2015〕11号、国发〔2015〕41号、国发〔2016〕5号、国发〔2016〕35号。
[②] 参见《劳动合同法》第23—24条。
[③] 参见《劳动合同法》第23条、第90条。

在具体个案的审理中，法院通常采用"利益衡量"的方法，即在"保护用人单位的商业秘密免受不正当竞争侵害"的利益和"个人自由选择职业和生活方式"的利益之间进行权衡和取舍。当个人被牺牲的利益大于用人单位的应保利益时，竞业限制协议应被认定为无效，反之亦然。①

（四）基于"弱势群体保护"的限制

劳动立法中会有一些关于特定群体的限制性保护措施，如最低就业年龄②、禁止妇女夜间工作等。这些规定通常因具有保护妇女、儿童等弱势群体权利的目的而获得正当性。但是，当它们被放在其他价值下进行权衡时，其正当性可能会受到质疑。以禁止妇女夜间工作的规定为例，其立法目的主要侧重于保护女性的身体健康，但是近年来这种禁令受到了就业机会平等的挑战。国际劳工组织《1948年（妇女）夜间工作公约（修订本）》严格限制妇女夜间工作，第3条明确要求："除去只雇用同一家庭成员的企业之外，妇女不分年龄，将不得在夜间受雇于任何其他公营或私营工业企业或其任何分支机构。"但是，这一规定在1990年被修订，不再强行禁止妇女从事夜间工作，而代之以要求为从事夜间工作的妇女提供健康保护；同时，在生育前后的一段时间内，为女工提供除夜间工作外的其他选择。③

热点讨论

我国的一些航空公司在与飞行员签订的劳动合同中有"必须服务期"的规定。所谓必须服务期的终止日期，是飞行员的退休之日，即约定"在必须服务期内劳动者不得提出离职"。这一规定是否侵犯了飞行员的择业自由？

第三节　就业保护权

就业保护权是已经就业的劳动者享有的一项权利，旨在保护他们不被任意解雇，以维护劳动关系的稳定性和工作权的安定性。为了实现这一权利，国际法和国内法在长期的实践中发展出各种各样的就业保护制度，也称"雇佣保护制度"或"解雇保护制度"。

---

① 参见彭学龙：《竞业禁止与利益平衡》，载《武汉大学学报（哲学社会科学版）》2006年第1期。
② 1998年12月29日，第九届全国人大常委会第六次会议批准了国际劳工组织《准予就业最低年龄公约》，并声明："在中华人民共和国领土内及中华人民共和国注册的运输工具上就业或者工作的最低年龄为16周岁。"
③ 参见国际劳工组织：《1990年夜间工作公约》（第171号），第3条、第7条。

一、就业保护制度

(一)"不当解雇"与"不公平解雇"

最初,普通法对雇主解雇自由的限制仅限于程序上的控制,即要求雇主在解雇雇员时应提前通知。法律会规定一个通知期,只要雇主满足了这一程序要求,其解雇自由就是不受限制的。例如,《欧洲社会宪章》第4条第4款规定:"所有工人有权在一个合理期间内接收到终止雇佣的通知。"英国普通法上的"不当解雇"主要包括以下三种情形:(1)没有履行合同约定的通知期,或在合同对通知期没有约定的情况下,没有履行《雇佣权利法》所规定的最短通知期;(2)没有遵守合同中约定的解雇程序,如没有履行合同中约定的惩戒程序;(3)合同约定的解除情形未出现而解雇。① 这种程序要求的作用仅限于防止雇主解雇自由的滥用,对劳动者工作安全的保障是非常有限的。随着契约自由理论的修正和对劳动者权利的重视,"不当解雇"概念在程序要求的基础上被赋予实质性内容,并发展出"不公平解雇"概念,即雇员只有在具有正当理由的情况下才能被解雇。立法上也会列举一些明显不公平的行为作为禁止解雇的理由。例如,美国在20世纪30年代确立了雇佣保护制度,通过立法规定雇员不能由于以下原因被解雇:(1)雇员不因参加合法组织或从事产业行动而被解雇;(2)禁止解雇那些对最低工资、加班时间提出抗议的雇员;(3)禁止解雇对工作安全抱怨的雇员,以及对侵害环境进行投诉的雇员;(4)不能因种族、肤色、宗教信仰、民族、年龄、性别、残疾、是否为越战老兵或国籍身份等原因而解雇雇员。同时,美国司法判例确认在下列三种情形下,雇员不能"自由地"被解雇:(1)雇主的解雇行为违反公共政策,如雇员因拒绝从事违法活动或揭发雇主违法行为而被解雇;(2)雇主的人事政策、管理流程、口头承诺明示或隐含续订雇佣合同的承诺;(3)雇主违反合同所遵循的诚实信用和公平合理原则,如雇主故意剥夺合同中约定的雇员的权益、奖金或津贴。②

(二)国际劳工组织的"合理理由"概念

国际劳工组织《关于雇主主动终止雇佣公约》(1982年第158号)和《终止雇佣建议书》(1982年第166号)提出了雇主终止雇佣的"合理理由"概念,以保护雇员不被雇主任意解雇的权利。根据这两个文件,除非与雇员工作能力、行为相关或基于企业、机构或事业运作的要求,雇员不得被解雇。被排除在"合理理由"外的情形至

---

① 参见王天玉:《工作权研究》,中国政法大学出版社2011年版,第171页。
② 参见程延园:《英美解雇制度比较分析——兼论解雇中的法律和经济问题》,载《中国人民大学学报》2003年第2期。

少包括:(1)工会会员在工作时间外或在雇主同意的工作时间内参加工会活动;(2)担当工人代表职务;(3)对雇主涉嫌违反法律法规的行为提起诉讼或投诉于行政主管部门;(4)种族、肤色、性别、婚姻状况、家庭责任、怀孕、宗教、政治见解、民族血统或社会出身;(5)因休产假而未参加工作;(6)因患病或受伤而临时缺勤;(7)因依法服兵役或履行其他公民义务而缺勤;(8)雇员的某种错误行为,除非雇主已对该雇员发出适当的书面警告,而他确实再次或屡次实施同一错误行为,且根据国家法律已经构成解雇的正当理由;(9)雇员工作表现不佳,除非雇主已给予该雇员适当的指导和书面警告,而他经过一段合理时间之后仍无改进。

（三）我国的就业保护立法

无论是"不当解雇""不公平解雇"还是"合理理由"概念,都从程序和实体上对雇主的解雇权作出了一定限制,所采取的立法模式或者是对"合理理由"进行否定性列举,或者是对构成"不当解雇"的情形进行肯定性列举。我国的就业保护使用法定解雇理由,《劳动合同法》采用程序要求与实体要求相结合、肯定性规定与否定性规定相结合的立法模式。首先,《劳动合同法》在第39—41条规定了用人单位可以解除劳动合同的法定理由,又在第42条列举了用人单位不得解除劳动合同的六种情形:(1)从事接触职业病危害作业的劳动者未进行离岗前职业健康检查,或者疑似职业病病人在诊断或者医学观察期间的;(2)在本单位患职业病或者因工负伤并被确认丧失或者部分丧失劳动能力的;(3)患病或者非因工负伤,在规定的医疗期内的;(4)女职工在孕期、产期、哺乳期的;(5)在本单位连续工作满15年,且距法定退休年龄不足5年的;(6)法律、行政法规规定的其他情形。其次,除了实体上的法定解雇理由,《劳动合同法》还在第40条规定了"提前三十日以书面形式通知劳动者本人或者额外支付劳动者一个月工资"的程序要求。最后,《劳动合同法》规定了用人单位违法解除或者终止劳动合同应当承担的法律责任,即用人单位应当依法向劳动者支付正常经济补偿金两倍的赔偿金。

二、妇女的就业保护

如上所述,我国《劳动合同法》保护妇女不被任意解雇的权利,凡是实行劳动合同制的女职工,在合同期未满的情况下,任何企业和个人都不得在孕期、产期、哺乳期内与其解除劳动合同。国务院《女职工劳动保护特别规定》(2012年)第5条也有同样的规定:"用人单位不得因女职工怀孕、生育、哺乳而降低其工资、予以辞退、与其解除劳动或者聘用合同。"用人单位违法解除劳动合同或者聘用合同的,女职工可以依法向劳动人事争议调解仲裁机构申请调解仲裁,对仲裁裁决不服的,依法向人民法院提起诉讼;造成女职工损害的,用人单位应当依法给予赔偿;用人单位及其直接负责的主管人员和其他直接责任人员构成犯罪的,应当依法追究刑事责任。

当然,妇女孕期、产期、哺乳期内的就业保护也不是绝对的。如果女职工在孕期、产期、哺乳期内有下列情形之一的,用人单位可以解除劳动合同:(1)在试用期间被证明不符合录用条件的;(2)严重违反劳动纪律或者用人单位的规章制度的;(3)严重失职,营私舞弊,给用人单位造成重大损害的;(4)被依法追究刑事责任的。

热点讨论

2016年9月12日,淘宝开启了12元月饼内部抢购活动,4位淘宝内部员工制作了一款JS插件,触发器是按钮变成"秒杀"字样,并且点击界面,实现抢购月饼的功能。本应完成一次抢购后跳转支付界面,但是由于页面自身原因,即使完成处于未支付状态的抢购以后,仍然可以继续抢购。最终的结果是,触发器多次被触发,从而导致这4位员工一共抢了124盒月饼。阿里巴巴迅速作出反应,认为4位员工采用技术手段作弊,对其他员工造成了福利分配的不公正,而且其行为已触及了诚信红线,为了维护企业文化,于当天对这4人作出开除处理。

第四节　免于失业保障权

《世界人权宣言》第23条第1款规定:"人人有权工作……并享受免于失业的保障。"这一表述一出现就引起了人们对其含义的争论:免于失业保障权是否意味着国家要保证每个人都能获得一份工作?这在任何国家都是不可能完全实现的。因此,此后的国际人权文件放弃了这一措辞,转而从国家义务的角度进行界定。例如,《经济、社会、文化权利国际公约》第6条第2款要求缔约各国实行"技术的和职业的指导和训练,以及在保障个人基本政治和经济自由的条件下达到稳定的经济、社会和文化的发展和充分的生产就业的计划、政策和技术"。《欧洲社会宪章》第1条第1款要求缔约各国"将尽可能实现和维持高度、稳定的就业水平作为它们的基本目标和责任,旨在促进充分就业"。这一转变"虽然导致了认定政府有实行消除失业的政策的具体义务,但它造成了对'权利'观点的忽视。也就是说,免于失业保障权的内容从国家义务的观点比从'积极的'人权观点有了更为广泛的发展,而未能在两种观点之间形成更为密切的共存关系。"[1]

根据《就业促进法》，我国政府为减少失业、促进就业而承担的积极义务至少应包括以下几个方面：(1) 制定就业规划。国家实施积极的就业政策，县级以上人民政府应把扩大就业作为经济和社会发展的重要目标，纳入国民经济和社会发展规划，并制定促进就业的中长期规划和年度工作计划。(2) 提供就业服务。县级以上人民政府应建立健全公共就业服务体系，设立公共就业服务机构，为劳动者免费提供就业政策法规咨询、职业供求信息、市场工资指导价位信息和职业培训信息发布、职业指导和职业介绍以及对就业困难人员实施就业援助。对于失业人员从事个体经营的，地方政府应加强指导，提供政策咨询、就业培训和开业指导等服务。(3) 帮助失业人群。国家建立健全失业保险制度，依法确保失业人员的基本生活，并促进其实现就业。国家鼓励企业增加就业岗位，扶持失业人员和残疾人就业，对吸纳符合国家规定条件的失业人员达到规定要求的企业、失业人员创办的中小企业、安置残疾人员达到规定比例或者集中使用残疾人的企业、从事个体经营的符合国家规定条件的失业人员、从事个体经营的残疾人依法给予税收优惠。(4) 通过发展经济和调整产业结构，多渠道、多方式增加就业岗位，拓宽就业渠道。

思考题

国际法和国内法都为国家设定了一系列义务，以减少失业和促进就业。但是，这并不意味着国家必须保证每一个想就业的人都能就业，当其就业的要求无法得到满足时，也不能寻求司法救济。免于失业保障的权利属性在国际法和国内法中都不明显。那么，在免于失业保障的众多国家义务中，是否存在将某些义务转化为主观权利的可能性？

第五节 由就业派生的权利

由就业派生的权利，又称"公正和良好的工作条件权"，是指劳动者在与用人单位形成劳动关系后所享有的要求获得合理的工作和休息时间、安全卫生的工作条件、公平的劳动报酬的权利。

---

[1] 〔挪威〕A.艾德、C.克洛斯、A.罗萨斯主编：《经济、社会和文化权利教程》（修订第二版），中国人权研究会组织翻译，四川人民出版社2004年版，第194页。

一、获得合理的工作和休息时间的权利

《经济、社会、文化权利国际公约》第 7 条要求各缔约国保证劳动者享有"休息、闲暇和工作时间的合理限制,定期给薪休假以及公共假日报酬",但是并没有就工作时间和假日报酬等制定具体标准。在这方面,国际劳工组织的工作更细致,也更有成效,它所制定的《工作时间公约》《40 小时公约》《带薪休假公约》《夜间工作公约》等,确立了缔约国应当遵守的最低标准,对各国国内劳动标准的制定有较大影响。我国劳动立法对最高工作时间、带薪休假和假日报酬等都有规定,基本保障了劳动者获得合理的工作和休息时间的权利。

(一)工作时间

我国实行劳动者每日工作时间不超过 8 小时、平均每周工作时间不超过 44 小时的工时制度。用人单位延长工作时间受到法律的严格限制:第一,延长工时必须基于"生产经营需要";第二,在程序上必须"与工会和劳动者协商"后才可以实施;第三,延长时限"一般每日不得超过一小时;因特殊原因需要延长工作时间的,在保障劳动者身体健康的条件下延长工作时间每日不得超过三小时,但是每月不得超过三十六小时"。当然,在发生紧急状况时,延长工时可以不受法律的限制。得到《劳动法》承认的紧急状况有:一是发生自然灾害、事故或者因其他原因,威胁劳动者生命健康和财产安全,需要紧急处理的;二是生产设备、交通运输线路、公共设施发生故障,影响生产和公众利益,必须及时抢修的;三是法律、行政法规规定的其他情形。

(二)休息时间

我国《宪法》第 43 条第 1 款规定:"中华人民共和国劳动者有休息的权利。"这一条款既确认了劳动者的休息权,也为制定和完善休假制度提供了宪法依据。我国已基本形成了以《宪法》为基础,以《劳动法》为核心,包括国务院行政法规和各地方性法规、规章在内的较为完善的休假权规范体系。《劳动法》要求用人单位应当保证劳动者每周至少休息一日,并规定在元旦、春节、国际劳动节、国庆节和法律法规规定的其他休假节日,应当依法安排劳动者休假。

(三)带薪休假

带薪休假是劳动者享有的由雇主给付薪酬的年度休假权利。国际上积极提倡和落实带薪休假的是国际劳工组织,1936 年制定的《带薪休假公约》(包括《1970 年带薪休假公约(修正本)》)为带薪休假提供了具体标准。此后,一些全球性和区域性的国际人权文件将带薪休假确定为劳动者的一项基本权利,纳入工作权的范围

加以保护。① 我国关于带薪休假的规定在1952年就已经存在,但是当时的规定仅限于政府工作人员,而且休假时间长短依行政级别确定。② 即便如此,这一规定也没有真正得到实施。由于受到"大跃进"和"文化大革命"的影响,带薪休假的规定长期处于虚置状态。带薪休假的立法正式启动是在20世纪90年代。1993年《教师法》第7条第4款规定教师享有寒暑假期的带薪休假。1994年《劳动法》第45条规定工作1年以上的劳动者有权享受带薪年休假,并授权国务院制定具体办法。2007年4月,国务院发布《船员条例》,规定船员除享有国家法定节假日的假期外,还享有在船舶上每工作2个月不少于5日的年休假。船员用人单位应当在船员年休假期间,向其支付不低于该船员在船工作期间平均工资的报酬。同年12月,国务院颁布了《职工带薪年休假条例》。2008年,人事部、人力资源和社会保障部分别出台了《机关事业单位工作人员带薪年休假实施办法》《企业职工带薪年休假实施办法》。我国当前的带薪休假制度与早期相比有了很大进步,但是仍存在一些需要改进的地方:

第一,带薪休假权的享有主体不再局限于政府工作人员,机关、团体、企业和事业单位、民办非企业单位、有雇工的个体工商户等单位职工都享有带薪休假权。但是,除了对教师和船员有特别规定外,其他主体享有带薪年休假的前提条件是连续工作1年以上。这个期限比国际劳工组织和国外普遍规定的最低服务期限都要长,如《1970年带薪休假公约(修正本)》规定的最低服务期限为不超过6个月,英国为13周,德国为6个月,爱尔兰为1365小时。

第二,关于休假假期,我国是按工龄计算的,职工累计工作已满1年不满10年的,年休假5天;已满10年不满20年的,年休假10天;已满20年的,年休假15天。可见,我国带薪休假的假期最长为15天,与其他国家相比要短。据统计,截至2016年,全世界有大约49%的国家规定了最低20天的带薪年假,其中70%的发达国家与欧盟国家超过了20天。非洲国家中,有接近50%的国家规定法定带薪休假期为20—23天,而24—26天以及26天以上的国家也占了大约5%。③ 此外,我国在计算年休假假期时,规定请病假累计超过一定时间的不再享受当年的年休假,既与带薪休假的初衷不符,也没有体现出对劳动者权利的尊重。

第三,根据《职工带薪年休假条例》,单位确因工作需要不能安排职工休年休假的,经职工本人同意,可以不安排职工休年休假。对职工应休未休的年休假天数,

---

① 参见《世界人权宣言》第24条、《经济、社会、文化权利国际公约》第7条、《美洲人权公约关于经济、社会和文化权利领域的附加议定书》第7条和《欧洲社会宪章》第2条。
② 参见中央人民政府政务院《关于各级人民政府工作人员休假制度暂行规定的通知》(1952年)。
③ 参见宁立标:《论我国带薪休假权保障立法的完善》,载《法商研究》2016年第2期。

单位应当按照该职工日工资收入的300％支付年休假工资报酬。这一规定虽然保护了职工权益,但是也为用人单位不安排年休假"开了方便之门"。国际上较为普遍的做法是认定放弃休假的协议无效。例如,《1970年带薪休假公约(修正本)》和《海事劳工公约》都规定放弃休假或者以金钱补偿休假的协议应属无效;《俄罗斯联邦劳动法典》规定,不允许以货币补贴代替假期,但是尚未休假已被解雇的员工例外;《德国联邦休假法》为了鼓励人们带薪休假,对自动放弃带薪休假权的员工不予经济补偿。

二、获得安全卫生的工作条件的权利

获得安全卫生的工作条件是工作权的内在要求,也与劳动者的生命权和健康权息息相关。我国《劳动法》对国家和用人单位施加了积极的保障义务。就国家而言,其首要任务是制定劳动安全卫生规程和标准,建立伤亡事故和职业病统计报告和处理制度,并依法对劳动场所进行监督检查,促使用人单位遵守劳动法律法规,维护劳动者权益。用人单位的保障义务要更直接一些。首先,用人单位必须建立健全劳动安全卫生制度,严格执行国家劳动安全卫生规程和标准,对劳动者进行劳动安全卫生教育,防止劳动过程中的事故,减少职业危害。其次,用人单位的劳动安全卫生设施必须符合国家规定的标准。新建、改建、扩建工程的劳动安全卫生设施必须与主体工程同时设计、同时施工、同时投入生产和使用。最后,用人单位必须为劳动者提供符合国家规定的劳动安全卫生条件和必要的劳动防护用品,对从事有职业危害作业的劳动者应当定期进行健康检查。

在规定国家和用人单位保障义务的同时,考虑到劳动者作为权利主体的地位和相对于用人单位的弱势地位,我国《劳动法》还赋予劳动者一些权利:(1)紧急处置权。劳动者对用人单位管理人员违章指挥、强令冒险作业,有权拒绝执行。在危及生命安全时,劳动者有权紧急撤离现场。我国《劳动合同法》还进一步规定,劳动者拒绝用人单位管理人员违章指挥、强令冒险作业的,不视为违反劳动合同。(2)监督权。用人单位如果没有达到国家规定的安全卫生技术标准要求,职工有权提出异议,并要求用人单位改正、改进。劳动者对危害生命安全和身体健康的行为,有权提出批评、检举和控告。用人单位打击报复举报人员的,由劳动行政部门或者有关部门处以罚款;构成犯罪的,对责任人员依法追究刑事责任。

三、获得公平的劳动报酬的权利

根据《经济、社会、文化权利国际公约》第7条,劳动者获得的劳动报酬应能"保

证他们自己和他们的家庭得有符合本公约规定的过得去的生活"。具体而言,获得公平的劳动报酬的权利至少包括以下几个方面:

(一)获得最低工资保障

我国实行最低工资保障制度。最低工资的具体标准由省、自治区、直辖市人民政府规定,报国务院备案。用人单位支付劳动者的工资不得低于当地最低工资标准。所谓最低工资标准,是指劳动者在法定工作时间或依法签订的劳动合同约定的工作时间内提供了正常劳动的前提下,用人单位依法应支付的最低劳动报酬。在确定和调整最低工资标准时,应当综合考虑劳动者本人及平均赡养人口的最低生活费用、社会平均工资水平、劳动生产率、就业状况以及地区之间经济发展水平的差异等因素。"截至2016年7月底,全国最低工资(第一档)都已超1000元/月,而超过2000元/月的地区只有上海和深圳,分别是2190元/月和2030元/月;在1500—2000元(不含2000元)区间的有19个地区,占比59%;最低的是青海,1270元/月,其次是湖南1390元/月。"①

(二)加班和节假日工作报酬

在我国,用人单位在法定工作时间以外安排劳动者工作的,应支付高于劳动者正常工作时间工资的工资报酬。(1)安排劳动者延长工作时间的,支付不低于工资的150%的工资报酬;(2)休息日安排劳动者工作又不能安排补休的,支付不低于工资的200%的工资报酬;(3)法定休假日安排劳动者工作的,支付不低于工资的300%的工资报酬。

(三)同工同酬和妇女特别工资保障

《世界人权宣言》确立的原则是"同工同酬"(equal pay for equal work),即同样的工作应获得同样的报酬,其目的在于反对男女双重工资标准。《经济、社会、文化权利国际公约》在此基础上向前迈了一步,将"同工同酬"修改为"同值工作同酬"(equal remuneration for work of equal value)。妇女经常集中在某些工资报酬比较低的职业,如教学、护理、秘书等,规定"同值工作同酬",目的在于强调当决定工资级别时,不应考虑劳动者性别,而要客观评价各类工作的具体工作条件。②

除了同工同酬外,妇女因其生理原因,还需要在孕期、产期和哺乳期享受特别工资保障。根据我国《女职工劳动保护特别规定》(2012年),用人单位不得因女职

---

① 沃保网编辑整理:《2016年最低工资标准:2016年最新全国各省市最低工资标准(完整版)》,http://news.vobao.com/zhuanti/858434677510999463.shtml,2018年9月2日访问。

② 参见〔瑞典〕格德门德尔·阿尔弗雷德松、〔挪威〕阿斯布佐恩·艾德编:《〈世界人权宣言〉:努力实现的共同标准》,中国人权研究会组织翻译,四川人民出版社1999年版,第507—508页。

工怀孕、生育、哺乳而降低其工资,并特别强调:(1)怀孕女职工在劳动时间内进行产前检查,所需时间计入劳动时间。(2)女职工休产假期间,有权领取产假工资或生育津贴,两者"就高领取"。按规定,女职工生育享受98天产假;难产的,应增加产假15天;生育多胞胎的,每多生育1个婴儿,可增加产假15天。女职工怀孕未满4个月流产的,享受15天产假;怀孕满4个月流产的,享受42天产假。(3)用人单位应当在每天的劳动时间内为哺乳期女职工安排1小时哺乳时间;女职工生育多胞胎的,每多哺乳1个婴儿,每天增加1小时哺乳时间。

案例分析

【案例5-4】 集体经济组织成员资格认定条件的平等性

李某1994年3月参加工作,2008年5月入职某科技有限公司。双方于2008年9月签订书面劳动合同。2016年5月,该公司以李某工作失误给公司造成损失为由,扣罚李某当月的工资。李某于次月主动辞职,并申请劳动争议仲裁,其中一项请求就是"裁决支付年休假工资"。在本案中,李某是否有权享受带薪年休假?如果有权享受,那么可以休假几天?如果李某没有及时提出休假申请,是否可以视为主动放弃休假的权利?李某未休年假的工资应当如何计算?

第六节 工作平等权

工作平等权,即每个人,不分种族、性别、肤色、宗教信仰、财产状况、社会出身等,都平等地享有工作机会和享受就业待遇的权利。平等的要求贯穿于工作权的每一个方面,既包括职业选择、工资报酬的平等,也包括就业服务、就业保护和良好工作条件等方面的平等。平等本身包含两个方面的内容:一是形式平等,二是实质平等,前者要求同等情况同等对待,后者则要求不同情况应得到不同对待。具体到工作权中,工作平等权的具体要求也体现在两个方面:一是禁止就业歧视的形式平等,二是提供特殊就业保护的实质平等。

一、禁止就业歧视

就业歧视不仅侵害了个人的人格尊严、生存权与发展权,也关系到社会的公平、公正与和谐。我国现有的规范就业歧视问题的立法主要是《劳动法》和《就业促进法》,但是这两部法律在禁止就业歧视中的作用仍十分有限。

第一，适用范围狭窄。根据国际劳工组织《消除就业与职业歧视公约》，应当予以禁止的就业歧视，其范围不应仅仅局限于获得就业和特定职业，还应包括"获得职业培训、就业条款和条件"等职业上的机会和待遇。我国《就业促进法》虽然在第三章专章规范了"公平就业"问题，但是仅规定"用人单位招用人员、职业中介机构从事职业中介活动，应当向劳动者提供平等的就业机会和公平的就业条件，不得实施就业歧视"，而没有提及职业培训、晋升与工作条件等方面可能存在的歧视问题。

第二，禁止性差别事由太少。我国《劳动法》仅规定了四种禁止事由：民族、种族、性别、宗教信仰。《就业促进法》的规定要更细致一些：(1) 禁止基于性别的歧视。"国家保障妇女享有与男子平等的劳动权利。用人单位招用人员，除国家规定的不适合妇女的工种或者岗位外，不得以性别为由拒绝录用妇女或者提高对妇女的录用标准。用人单位录用女职工，不得在劳动合同中规定限制女职工结婚、生育的内容。"(2) 禁止基于民族的歧视。"各民族劳动者享有平等的劳动权利。"(3) 禁止基于残疾的歧视。"用人单位招用人员，不得歧视残疾人。"(4) 禁止基于健康状况的歧视。"用人单位招用人员，不得以是传染病病原携带者为由拒绝录用。但是，经医学鉴定传染病病原携带者在治愈前或者排除传染嫌疑前，不得从事法律、行政法规和国务院卫生行政部门规定禁止从事的易使传染病扩散的工作。"(5) 禁止基于地域的歧视。"农村劳动者进城就业享有与城镇劳动者平等的劳动权利，不得对农村劳动者进城就业设置歧视性限制。"①

上述规定基本涵盖了我国当前就业平等中最突出的问题，但是仍有一些重要的歧视事由没有被纳入其中。前述《消除就业与职业歧视公约》中规定的禁止性差别事由包括：种族、肤色、性别、宗教、政治见解、民族血统或社会出身。《经济、社会、文化权利国际公约》虽未单独规定就业歧视，但在一般性条款中规定："本公约所宣布的权利应予普遍行使，而不得有例如种族、肤色、性别、语言、宗教、政治或其他见解、国籍或社会出身、财产、出生或其他身份等任何区分。"国际公约中关于政治见解、社会出身、财产、出生或其他身份等差别事由在我国现有立法中没有明确体现。

第三，缺少救济性条款。我国《劳动法》和《就业促进法》中禁止就业歧视的规定多为权利性宣告，对于就实施就业歧视的行为如何进行制裁、受到歧视的个人如何获得救济都没有具体规定。

此外，我国虽然已经从法律制度上否定了就业歧视，但是在现实中仍存在一些就业歧视现象，其中尤以性别歧视最为严重。"根据11个省市总工会对660个企业

---

① 参见《就业促进法》第27—31条。

领导的调查表明,有88%的企业领导因女职工生育等原因,影响企业的经济效益,而不愿意招收女工。西南政法大学的一项调查显示,约70%的女大学生认为,在求职过程中存在男女不平等。"①就业中的性别歧视事件频发,但是女性在维权方面障碍重重。由于维权成本高,许多女性直接选择放弃维权。一些招聘单位以不适合女性工作、专业不符合要求为由或根本不通知面试等方式拒绝女性求职者。一些女性求职者由于信息不对称等原因,无法掌握招聘单位涉嫌性别歧视的证据,也很难证明自己受到的损失,因此在诉讼中很难获胜,甚至根本无法立案。这种状况在2014年以后发生了一些变化。2014年6月24日,应届毕业生郭某在某网站上看到杭州市西湖区某烹饪职业技能培训学校在招聘文案人员,她认为自己的学历以及实习经验符合学校的要求,便在网上提交了简历。等待多天后没有得到任何回复,郭某又浏览了网站的相关页面,才发现招聘页面上写着"限男性"的要求。郭某表示不解,多次向对方咨询,并到学校当面了解,对方坚持只要男性,表示这个岗位不适合女性。11月12日,杭州市西湖区人民法院经审理后认为"被告不对原告是否符合其招聘条件进行审查,而直接以原告为女性、其需招录男性为由拒绝原告应聘,其行为侵犯了原告平等就业的权利,对原告实施了就业歧视",判决被告赔偿原告精神损害抚慰金2000元。该案被称为"浙江就业性别歧视第一案"。中国政法大学刘小楠教授在评论该案时说:"中国在女性就业歧视案件上最大的问题是没有判例,虽然中国不是判例法国家,但是对于法律只有原则性规定的性别歧视案件,判例对于实践该部分法律起到至关重要的作用。这个案件为消除女性就业歧视起到了良好的示范作用。"②

2016年8月22日,最高人民法院发布了10起弘扬社会主义核心价值观典型案例,其中就有一起是就业性别歧视案件。某劳务公司在某网站上发布招聘信息,标题为"某速递员3000加计件",任职资格:男。邓某某在线投递简历申请该职位,并于2014年9月25日到某速递公司面试,然后试干了两天。双方达成于10月8日签约的意向,但是最终并未签约。10月19日,邓某某给对方负责人李某打电话询问不能签合同的原因。李某确认因为邓某某是女性,所以某速递公司不批准签合同。北京市顺义区人民法院经审理,认定某速递公司对邓某某实施了就业歧视,判决赔偿邓某某入职体检费用120元、精神损害抚慰金2000元、鉴定费6450元。

从以上两个案例可以看出,在招聘单位仅仅以性别为由拒绝录用求职者时,法

---

① 佚名:《将〈反就业歧视法〉纳入立法规划》,http://news.qq.com/a/20160311/023036.htm,2018年8月4日访问。
② 转引自周竟:《"浙江就业性别歧视第一案"有了结果,女大学生胜诉》,载《现代金报》2014年11月14日A14版。

院通常会认定招聘单位构成性别歧视。在民事责任方面,法院会要求招聘单位赔偿求职者的直接经济损失。当歧视行为给求职者造成了精神损失时,法院会根据招聘单位的过错程度和求职者的损害后果确定抚慰金的数额。这些案件的赔偿数额虽然不大,但是它们的示范作用不容小觑。正如最高人民法院研究室郭锋所说,对实施就业性别歧视的单位通过判决使其承担民事责任,不仅是对全体劳动者的保护,营造平等、和谐的就业环境,更是对企图实施就业性别歧视的单位予以威慑,让平等就业的法律法规落到实处,起到规范、引导的良好作用。①

除了性别歧视,一些新的歧视现象也值得关注。例如,高校毕业生在就业时面临的歧视。2013年4月16日,教育部办公厅发布《关于加强高校毕业生就业信息服务工作的通知》,明确要求:"凡教育行政部门和高校举办的招聘活动,要严格做到'三个严禁';严禁发布含有限定985高校、211高校等字样的招聘信息,严禁发布违反国家规定的有关性别、户籍、学历等歧视性条款的需求信息,坚决反对任何形式的就业歧视。"但是,在现实中,985高校、211高校以及第一学历的硬性要求在招聘公告中屡见不鲜,学历歧视已经成为毕业生就业平等的严重障碍。

另一个值得关注的问题是基于健康状况的歧视。2003年的"乙肝歧视案"引起了体检标准的改革,排除了就业中对"乙肝病毒携带者"的歧视。但是,基于健康状况的歧视并没有就此完全消除。2015年3月9日,王女士应聘到北京煤炭总医院做实习药剂师。因表现优秀,同年4月24日,单位决定录用她并安排做体检。没想到,王女士的体检结果显示她患有巧克力囊肿,单位遂要求她离开岗位并不予录用。北京市朝阳区人民法院审理查明后认为,煤炭总医院给王女士提供实习岗位是以就业为目的的,双方之间应适用《就业促进法》及《劳动法》的相关规定。王女士患有的巧克力囊肿并非传染病和职业病,不影响工作。煤炭总医院在王女士实习时也没有告诉她患巧克力囊肿不能入职,在王女士体检后却拒绝其入职,侵犯了王女士的平等就业权。②

二、特殊就业保护

在一般情况下,就业平等仅仅意味着就业者不因性别、种族、信仰等差别而受到歧视。但是,当同等对待会导致不平等时,我们必须面对这样一些问题:对象之间的不同情况是否需要得到不同对待?如何才能实现真正的平等?例如,我们为

---

① 参见王春霞:《最高法发布就业性别歧视典型案例,依法保护妇女平等就业权》,http://fj.people.com.cn/n2/2016/0823/c372371-28878537.html,2018年8月18日访问。
② 参见张淑玲:《煤炭总医院就业歧视被判道歉》,载《京华时报》2016年8月28日。

残疾人提供和普通人一样的就业机会,并不因他是残疾人而加以歧视。这在表面上似乎实现了就业平等,但是残疾人自身的生理缺陷使其没有足够的能力与身体健康的人一样利用就业机会,从而在竞争中处于劣势。对于残疾人而言,真正的平等不仅要求免于歧视,还要考虑到残疾人与身体健康的人之间的不同,提供特殊就业保护。

与禁止歧视侧重于强调机会平等不同,就业保护措施更侧重于实现就业竞争的条件平等,要求政府和用人单位采取更加积极的措施促进和实现实质平等。其中,有几个方面值得我们予以特别关注:首先,"因为社会诸领域的不平等是相互关联与相互作用的,因而,条件的平等不能仅限于在雇佣领域本身考察,还必须扩展到在形成雇佣条件的整个社会大背景中进行考察。"其次,"为促进条件的平等,国家必须承担起更多的责任,必须履行社会调整的积极性义务。可以用行政的、法律的和经济的手段为雇佣劳动创造平等的竞争条件。"[1]我国《就业促进法》第28条和第29条明确规定,两类人应当享有特殊的就业保护:一是少数民族劳动者,要求"用人单位招用人员,应当依法对少数民族劳动者给予适当照顾"。二是残疾人,要求"各级人民政府应当对残疾人就业统筹规划,为残疾人创造就业条件"。这两个条款虽然明确了义务主体,但是对于未履行义务的行为,如用人单位未对少数民族劳动者给予适当照顾,或各级人民政府没有为残疾人创造就业条件,没有设定任何制裁措施和救济途径;对于义务的具体内容,也没有明确的判断标准。因此,为了实现实质性的就业平等,我国的就业保护措施及相关立法仍需继续完善。

第一,少数民族劳动者就业优惠措施。与汉族劳动者相比,少数民族劳动者无论是在就业数量、就业质量,还是在就业结构方面都存在严重问题,就业困难已经成为制约少数民族人民生活质量和影响社会稳定的关键因素。[2] 造成少数民族劳动者就业困难的因素主要有三个:一是制度性就业障碍,即法律法规确立的制度性保障在现实中得不到落实;二是个体性就业歧视,即用人单位基于民族偏见拒绝雇用少数民族求职者;三是结构性就业困境,即少数民族因语言文化、区域发展、教育水平、经济发展水平等原因而导致的在就业市场上的整体性不利地位。[3] 前两者可以通过禁止就业歧视予以消除,而后者只能通过采取积极措施加以改善:(1)通过对少数民族的教育优惠和专门的职业指导,提高少数民族劳动者的就业竞争能力;(2)采取强制性与激励性相结合的措施,引导雇主加大对少数民族劳动者雇用数

---

[1] 齐延平、张录荣:《论平等雇佣的法理》,载《法制与社会发展》2014年第2期。
[2] 参见陈书伟、韩丽:《青藏地区世居少数民族就业能力及其社会稳定效应研究》,载《西北民族大学学报(哲学社会科学版)》2013年第3期。
[3] 参见李昊:《少数民族就业纠偏行动:宪法平等原则的实施机制》,载《法学论坛》2015年第2期。

量,前者如强制推行民族就业配额制度,后者如采取财政与税收优惠措施;(3)由国家实施特殊优惠政策,帮助少数民族兴办文化、教育,发展经济和社会事业,消除少数民族劳动者就业的结构性障碍,促进就业。

第二,残疾人就业保护措施。《残疾人权利公约》第27条专门规定了残疾人的"工作和就业",除了规定残疾人和身体健康的人同样享有自由择业权、在一切就业事项上享有非歧视待遇外,还用大量篇幅特别规定了对残疾人的就业保护措施,要求缔约国采取措施:(1)使残疾人能够切实参加一般技术和职业指导方案,获得职业介绍服务、职业培训和进修培训;(2)在劳动力市场上促进残疾人的就业机会和职业提升机会,协助残疾人寻找、获得、保持和恢复工作;(3)促进残疾人自营就业、创业经营、创建合作社和个体开业的机会;(4)在公共部门雇用残疾人;(5)以适当的政策和措施,其中可以包括平权行动方案、奖励和其他措施,促进私营部门雇用残疾人;(6)确保在工作场所为残疾人提供合理便利;(7)促进残疾人在开放劳动力市场上获得工作经验;(8)促进残疾人的职业和专业康复服务、保留工作和恢复工作方案。

我国于2007年签署、2008年批准《残疾人权利公约》,并以该公约的基本原则和精神为指导,修订《残疾人保障法》,进一步强化了对残疾人的权利保障。具体而言,在就业保护方面:(1)国家实行按比例安排残疾人就业制度。国家机关、社会团体、企业事业单位、民办非企业单位应当按照规定的比例(残疾人就业的比例不得低于本单位在职职工总数的1.5%)安排残疾人就业,并为其选择适当的工种和岗位。达不到规定比例的,应当缴纳残疾人就业保障金。(2)国家对安排残疾人就业达到、超过规定比例或者集中安排残疾人就业的用人单位和从事个体经营的残疾人,依法给予税收优惠,并在生产、经营、技术、资金、物资、场地等方面给予扶持。国家对从事个体经营的残疾人,免除行政事业性收费。(3)国家鼓励和扶持残疾人自主择业、自主创业。地方各级人民政府和农村基层组织,应当组织和扶持农村残疾人从事种植业、养殖业、手工业和其他形式的生产劳动。(4)政府有关部门设立的公共就业服务机构,应当为残疾人免费提供就业服务。残疾人联合会举办的残疾人就业服务机构,应当组织开展免费的职业指导、职业介绍和职业培训,为残疾人就业和用人单位招用残疾人提供服务和帮助。

这些就业保护措施基本上满足了《残疾人权利公约》的要求。联合国残疾人权利委员会在对上述措施表示欢迎的同时,也提出了一个问题,即中国没有将"合理便利"的概念一以贯之地适用于非歧视原则,因此建议中国在国内法中纳入"合理便利"的定义,并且明确规定"拒绝提供合理便利"将构成基于残疾的歧视。① 根据《残疾人权利公约》,"合理便利"是指根据具体需要,在不造成过度或不当负担的情况下,进行必要和适当的修改和调整,以确保残疾人在与其他人平等的基础上享有或行使一切人权和基本自由。合理便利是实质平等和积极义务的一部分,具有如下特点:(1)个人化,即合理便利应针对某个残疾人的具体需要予以判断和提供。(2)既包括物质便利,也包括非物质便利。以美国《残疾人法案》为例,前者如雇主对工作环境进行改进或调整,必要时,雇主应添加或改造设备装置。后者如对申请工作的程序进行改进或调整,使适格的残疾求职者可以获得被雇主考虑的机会;为残疾雇员调整工作内容,提供兼职工作或修改工作日程,重新分配到空缺的岗位,适当调整或修改考试、培训材料或政策以及其他类似的便利。② (3)不应对企业造成过度或不当负担,即"就业者提出的合理便利要求,要以不损害企业的整体利益为限度,应处于合理性与现实性范围之内"③。

思考题

除了保障求职者的诉讼权利、畅通救济渠道外,国家还可以采取哪些措施以减少就业中的性别歧视?

➤ 小结

工作权是个人的一项重要的社会权利,既为实现个人尊严和价值提供保障,也有助于促进社会公平与正义。失业不仅构成对个人生存的威胁,也会影响到民主本身。一般认为,二战以后国际人权文件对工作权的重视,主要归因于两次世界大战之间经济危机的经历。"这一期间的失业被看作德国民众支持纳粹政权的重要原因。政客选择动员和战争作为解决失业的办法,并想通过扩大战争工业来解决国内经济问题。"④

---

① See Committee on the Rights of Persons with Disabilities: Concluding Observations on the Initial Report of China, para. 11-12, October 15, 2012, CRPD/C/CHN/CO/1.
② 参见曲相霏:《残疾人权利公约中的合理便利——考量基准与保障手段》,载《政法论坛》2016年第2期。
③ 郝红梅、韩德强:《拒绝提供合理便利构成就业歧视的法理学分析》,载《云南大学学报(社会科学版)》2009年第3期。
④ 〔瑞典〕格德门德尔·阿尔弗雷德松、〔挪威〕阿斯布佐恩·艾德编:《〈世界人权宣言〉:努力实现的共同标准》,中国人权研究会组织翻译,四川人民出版社1999年版,第502页。

最早将工作权作为一项宪法权利加以规定和保护的是德国的《魏玛宪法》,该法关于工作权的规定奠定了工作权宪法保护的基本框架。在国际层面,对工作权的国际化做出卓越贡献的是国际劳工组织,它通过制定国际劳工标准,维护各国工人和其他劳动者的基本权益,其中比较重要的有《同酬公约》(第 100 号)、《消除就业与职业歧视公约》(第 111 号)、《最低就业年龄公约》(第 138 号)、《职业安全和工作环境公约》(第 155 号)等。二战后,工作权以新兴国际人权的面貌进入《世界人权宣言》,工作权中的职业选择自由、享受公正工作条件和报酬、非歧视以及组织和参加工会等内容均获得承认。稍后制定的《经济、社会、文化权利国际公约》对工作权的表述更加明确,除了个人可以自由选择职业外,还包括创造良好的市场条件、维持稳定的发展水平和制定充分的就业计划。

从保护范围来看,工作权涵盖与就业有关的权利和由就业派生的权利,前者包括就业自由权、就业保护权、获得免费就业服务权、免于失业保障权等,后者包括公正的工作条件权、安全卫生的工作条件权、公平报酬权、社会保障权等。平等与非歧视的原则贯穿于工作权的所有方面,这一原则不仅禁止基于种族、性别、宗教等因素对劳动者进行歧视,而且要求采取积极措施对处于不利地位的劳动者给予特殊保护,以实现实质平等。此外,工作权的实现还需要一些辅助性权利,如组织和参加工会权、集体谈判权、罢工权等。这些权利虽不是工作权本身,但却是工作权得以实现必不可少的工具和保障。

国家在工作权保障方面承担三个层次的义务,即尊重、保护和实现。尊重的义务主要体现在工作权作为自由权的侧面,即国家不得干涉工作权的行使,具体包括个人有免于强迫劳动的自由、个人可以自由地和不受歧视地进入劳动力市场、劳动者可以自由地组织和参加工会、工会的活动不受任意干涉等。如果国家违反了尊重义务,权利人可以依法向法院寻求司法保护。国际法和国内法均规定这类义务应接受司法审查,具有很强的可诉性。在保护的义务之下,国家不仅要尊重劳动者的自由,而且应当通过立法或采取其他措施,保证用人单位不侵害劳动者的自由。由于工作权的实现与用人单位具有最直接的关联性,也最容易受到用人单位的侵害,因此各国的劳动立法中均包含大量具有保护性质的条款,如保护劳动者不受用人单位任意解雇、保护劳动者不受用人单位强迫劳动、保证用人单位尊重劳动者组织和参加工会的权利并尊重工会的活动自由、保护劳动者在安全卫生的条件下工作、保护劳动者获得公平报酬等。实现的义务又可分为促进的义务和提供的义务。其中,前者要求国家采取措施促进劳动者获得工作的权利,如制定就业规划、提供就业服务和职业指导、发展经济和调整产业结构以增加就业机会等。最有争议的是提供的义务。具体而言,当某人失业或想工作时,是否有被给予工作的权利?国家是否有为想工作的人提供工作的义务?回答是否定的,法院也不会审理这类案件。

在我国,工作权是受宪法保护的基本权利。为了落实这一宪法权利,立法机关制定了《劳动法》《劳动合同法》《就业促进法》《工会法》等法律,对就业自由权、就业保护权、免于失业保障权、公正和良好的工作条件权以及工会权等进行了有效的保护。当然,这些法律还有进一步完善的空间,如在保障就业自由权的同时,如何做到劳动者与用人单位之间利益的平衡;如何通过立法引导带薪休假的实施;如何更好地发挥工会的集体谈判权以维护职工权益等。同时,可能还需要制定一些新的法律,如反就业歧视法等,以弥补现有立法的不足。

➢ 课外材料

案例(CASES)

1. 张先著案
2. 郭某诉杭州市西湖区某烹饪职业技能培训学校就业歧视纠纷案
3. 东航飞行员辞职系列案件

法条链接(RULES)

1. 《世界人权宣言》第23条
2. 《经济、社会、文化权利国际公约》第6—8条
3. 《消除对妇女一切形式歧视公约》第11条
4. 《欧洲社会宪章》第1—4条
5. 《美洲人权公约附加议定书》第6—7条
6. 《非洲人权和人民权利宪章》第10条
7. 国际劳工组织第29号、第105号、第158号、第171号公约
8. 《中华人民共和国宪法》第42—43条

阅读(READINGS)

1. 王天玉:《工作权研究》,中国政法大学出版社2011年版。
2. 国际人权法教程项目组编写:《国际人权法教程》(第一卷),中国政法大学出版社2002年版。
3. 〔挪威〕A.艾德、C.克洛斯、A.罗萨斯主编:《经济、社会和文化权利教程》

(修订第二版),中国人权研究会组织翻译,四川人民出版社 2004 年版。

4.〔瑞典〕格德门德尔·阿尔弗雷德松、〔挪威〕阿斯布佐恩·艾德编:《〈世界人权宣言〉:努力实现的共同标准》,中国人权研究会组织翻译,四川人民出版社 1999 年版。

5.杨海坤主编:《宪法基本权利新论》,北京大学出版社 2004 年版。

6.李步云主编:《人权案例选编》,高等教育出版社 2008 年版。

第六章 生 存 权

> 学习目的

- 初步掌握生存权的概念、内容等基本知识，了解生存权在整个人权法体系中的地位和作用。
- 了解并熟悉生存权保障在我国的发展历程，清楚当下生存权保障取得的长足进步及其存在的问题。
- 初步了解生存权的主要内容，理解社会保障权、适当生活水准权和健康权的有关基础知识。
- 在掌握部分基础知识的基础上，学会运用理论对现实中有关案例进行分析，并对具体问题进行深入研究。

> 知识要点

- 我国政府将生存权视为首要人权。生存权是我国人权体系的基石，也是"第二代人权"的重要组成部分。
- 生存权不是与生存有关的所有权利的总和，而是具有特定含义和内容的概念。
- 生存权属于社会权的范畴，其具体内容包括社会保障权、适当生活水准权和健康权。生命权不应该属于生存权的内容。
- 社会保障权是指通过自己的能力不能维持其生活水准的人享有受到保障的权利。它主要针对失业、年老、疾病等丧失劳动能力而无法维持正常生活的人（非正常情况），其具体内容包括社会保险、社会救助、社会福利和社会优抚等。
- 适当生活水准权是指在正常情况下获得足够的食物和营养、衣着、住房、医疗和在需要时得到必要的照顾的权利。它具体包括食物权、衣着权和居住权等权利内容。
- 健康权主要是指人人应该享有可能达到的最高标准的身体健康和精神健康

的权利。对于健康权的具体内容,并没有统一的划分,学界也没有形成定论。本书主要从两个维度界定健康权的内容:一是根据健康与否,分为健康维护权和劳动能力保持权,或者是享有健康生活条件的权利和获得医疗照顾的权利;二是根据健康权的客体,大致分为医疗健康权、食品卫生权、环境健康权、公共健康权、心理健康权等。

- 健康权并不意味着国家要保障每个人都是健康的,这是不可能做到的。
- 生存权主要涉及个人的基本生活,其重要性不言而喻。其中,最为关键的问题是国家对生存权的保障程度需要用什么标准予以衡量。生存权的标准应该是温饱权基础上最低限度合于人性尊严的权利。因此,生存权不应该止于温饱的实现,还应该包括有维持最低限度生活必需的基本物品、人们有尊严地享有这些物品以及除物品以外精神层面的保障。
- 作为基本人权之一的生存权的保障需要国家履行尊重、保护和给付的义务。其中,给付义务对于生存权而言至关重要。

➤ 案例导入

【案例6-1】 贵州毕节儿童垃圾箱取暖死亡事件和儿童集体喝农药事件

2012年11月16日,贵州省毕节市七星关区街头,5名男孩因在垃圾箱内生火取暖导致一氧化碳中毒而死亡,其年龄均在10岁左右。5个孩子的父亲为亲兄弟,家住毕节市七星关区的一个苗族村,家庭十分贫困。据其中一个父亲说,其家庭全年全部收入为两三千元,孩子平时的伙食就是稀饭和盐巴。就在此事发生后不到3年的2015年6月9日,毕节市七星关区田坎乡4名留守儿童在家中死亡。他们是一兄三妹,最大的哥哥13岁,最小的妹妹5岁。警方的初步调查结论是:他们疑似集体喝农药自杀。以上两事件发生后,虽然毕节市政府采取了问责措施和相关补救政策,但是从中不难看出我国贫困地区在儿童福利和儿童救助方面存在的诸多问题。

【案例6-2】 因雾霾起诉政府和环保部门案

2014年2月20日,石家庄市新华区李某某因石家庄连续数天空气质量指数为严重污染,向石家庄市裕华区人民法院起诉,并提出三点诉讼请求:(1)被告依法履行治理大气污染的职责;(2)被告承担给原告造成的经济损失1万元;(3)诉讼费用由被告承担。但是,由于一系列原因,立案并不顺利。

2016年11月20日,一环保组织志愿者孙某在郑州出差时因雾霾严重而购买价值32元的口罩,他认为这笔费用应由郑州市政府承担。第二天,孙某向新乡市中级人民法院递交了向郑州市政府索赔口罩费的诉状。两天后,孙某又向郑州市政府寄出索赔口罩费的书面信函。11月25日,孙某收到立案通知书。11月29日,郑州市政府向法院提交了答辩状。

第一节 生存权概述

一、生存权的含义

生存权作为首要的人权概念,应该具有独立而自足的性质,必定是一个既具有特殊性又具有旨在实现人类全面生存权利的普适性的概念。本书以为,所谓生存权,是指在一定的历史条件下和社会关系中,公民应当享有的、由国家依法保障的使人成其为人的最基本权利,包含最基本的社会保障权、适当生活水准权以及健康权三个方面的内容。与现有的其他概念相比,此概念从权利的本质、权利的历史、权利的主体、权利的义务相对人以及权利的内容等方面概括了生存权的基本属性。

第一,生存权的本质是使人成其为人的最基本权利。此处的"最基本",不仅说明了生存权的基础性地位,也是区分生存权与其他人权的标志之一。"人性的首要法则,是要维护自身的生存,人性的首要关怀,是对其自身所应有的关怀。"① 无法生存,人类就不可能进行任何活动;没有生存权,其他人权也无从谈起。据此,不难看出,生存权是指作为社会个体的人生存所必不可少的权利,是基于人类生存本能而自然产生的。

第二,生存权是一个与时俱进的概念。从应有生存权利到法定生存权利,再到实有生存权利,这是生存权由观念转变为现实的三个阶段,展示了人类不断为生存权而抗争的画卷般的历史。生存权的与时俱进主要体现在三个方面:首先,从保障方式来看,生存权已从过去的消极保障过渡到消极保障与积极保障相结合,生存权的保障更为全面化、人性化。其次,生存权的保障内容已由初创时期的单一经济内容扩充至包括社会、文化等多重内容,展现了其最为鲜明的时代特征。最后,生存权的保障标准是一个相对的概念,它应由国家根据不同时期的经济、文化状况加以调整。任何权利都是具体的、历史的和相对的,"权利决不能超出社会的经济结构以及由经济结构制约的社会的文化发展"②。"社会的政治、经济与文化发展水平以

---

① 〔法〕卢梭:《社会契约论》,何兆武译,商务印书馆1980年版,第9页。
② 《马克思恩格斯选集》(第3卷),人民出版社1995年版,第305页。

及各种社会关系的性质与状况,对人权的存在与发展有重要的影响与制约。"①生存权作为在一定的历史条件下和社会关系中人的最基本权利,显然与所在时代、所处社会的生产力发展有着天然而直接的联系。

第三,生存权的主体是所有公民,义务相对人是国家。"所有公民"有三层含义:(1)平等意义上的权利主体,即所有公民均能平等地享有生命、生活保障权,无论什么种族、信仰、社会身份以及门第出身等,只要生命、生活陷入需要保障之状,就能享有生命、生活保障请求权。(2)显在性的权利主体,即因诸种不利因素,生命、生活已陷入需要保障的那一部分公民。此类主体可细化为生存自救者与生存弱者,前者要凭靠自身的综合能力获得生存权的保障,而后者的生存权保障须借助于国家的力量。(3)隐在性的权利主体,即当下之生命、生活无须国家保护,但将来可能跌落至"最基本的生命、生活线"之下的那部分公民,届时他们可请求生命、生活的保障。生存权是宪法权利,其义务承担者应该是国家。基于宪法学理论,宪法的产生、发展以及实际运行的原动力和核心价值是公民基本权利。作为国家与人民之间的契约,国家权力来自人民权利,其宗旨在于保障公民的基本人权。因此,生存权的义务承担者必定是国家。国家的生存权保障义务在当代具有双重性,即消极保障义务与积极保障义务。

二、生存权的性质与内容

生存权作为一项基本人权,在20世纪尤其是二战以后日益受到重视,成为各国宪法和国际人权法的重要内容。"生存权在宪法上获得保障,给基本权利体系的性质带来了重要的质的进步。"②我国政府更是将生存权视为首要人权。生存权是我国人权体系的基石。但是,学界对生存权的性质、内容和标准等至今仍未达成共识,甚至还存在很多对生存权的曲解。例如,有学者认为生命权、尊严权、财产权、劳动权、社会保障权、发展权、环境权、健康权、和平权都是生存权的内容。③ 这种对生存权的泛化理解会损害生存权的权利性质和地位。生存权是一个有着特定含义和内容的概念,而不是各种权利的总和。对生存权作出清晰、明确的界定是对其进行深入研究的前提,也是获得生存权保障的基础。

(一)生存权属于社会权的范畴

生存权是人类社会生活领域的权利,与政治生活、经济生活、文化生活领域的

---

① 李步云:《论人权的本原》,载《政法论坛》2004年第2期。
② 〔日〕大须贺明:《生存权论》,林浩译,法律出版社2001年版,第20页。
③ 参见徐显明:《生存权论》,载《中国社会科学》1992年第5期。

权利不同。对于社会权的内容,学者们并没有形成统一的认识。德国学者布鲁纳和奥地利学者陶曼德采用三分法,将社会权分为工作权、社会安全权和文化教育权。① 日本学界认为社会权包括生存权、受教育权、劳动权和劳动基本权。我国学界基本上持同样的立场,认为"社会权是包括生存权、工作权和受教育权的一组权利"②。也有学者从《经济、社会、文化权利国际公约》的文本出发,认为该公约第9条至第12条包括社会权,即社会保障权,保护家庭、妇女、儿童的权利,适当生活水准权,健康权,教育权。③ 虽然不同的学者对社会权内容的表述存在很大差异,但是有一点是共同的,即都承认生存权是社会权的一部分。在整个权利体系中,生存权属于社会权的范畴。

当然,关于生存权在人权体系中的归属也有不同的观点。例如,有学者认为:"生存权利、人身权利是人权的逻辑起点或最低限度的首要权利;政治权利和自由是人权的核心;经济、社会和文化权利是基础权利。"④这种理解与1991年《中国的人权状况》(白皮书)中的人权体系是一致的,其中指出:"中国主张的人权,不只是生存权和公民政治权利,而且包括经济、文化和社会等方面的权利。"这显然是将生存权视为与"经济、文化和社会等方面的权利"并列的权利。从《中国的人权状况》(白皮书)中关于生存权的具体内容来看,生存权的范围包括适当生活水准权、健康权和社会保障权,这些实际上就是社会权中的生存权。但是,《中国的人权状况》(白皮书)将生存权从"经济、文化和社会等方面的权利"中分离出来,导致了人权分类的困扰,同时也影响到对生存权性质和内涵的理解。因此,我们在界定生存权时,应考虑人权体系的完整性与合理性,以及生存权与其他权利的协调。

(二)生存权不应包括生命权

关于生存权与生命权的关系,存在两种不同的理解:一种是认为生存权包括生命权,是生命安全得到保障、基本生活需要得到满足的权利。另一种是从生活权的角度理解生存权,排除了生命权。⑤ 将生存权理解为生命权是对"生存权"概念的最初理解。近代早期的生存权思想是在资产阶级反对封建专制的斗争中发展起来的。当时,生存权的基本含义就是要求国家不得任意剥夺个人的生命,强调国家以不作为的方式保护个人生命。这种对生存权的最初理解在资产阶级革命的过程中发挥了重要作用。但是,伴随着资本主义的高度发展,逐渐产生了贫困和失业等社

---

① 参见陈新民:《德国公法学基础理论》(下册),山东人民出版社2001年版,第691页。
② 龚向和:《社会权的概念》,载《河北法学》2007年第9期。
③ 参见郑贤君:《论宪法社会基本权的分类与构成》,载《法律科学》2004年第2期。
④ 张文显:《法学基本范畴研究》,中国政法大学出版社1993年版,第112—113页。
⑤ 参见杜钢建:《析生活权与生存权》,载《贵州警官职业学院学报》1996年第2期。

会问题,此时需要国家的积极干预。在这种情况下,只对生命权予以保障已经不足以保证所有的社会成员在社会生活中实现应有的尊严,因此在生存权的概念中发展出要求国家提供最低限度生活资料以保障个人现实生活的权利。

《世界人权宣言》和《经济、社会、文化权利国际公约》等国际人权文件都是从"人的生活的基本需要"出发,界定生存权的。《日本国宪法》第 25 条的生存权条款也是为了保障国民"健康且文化性的最低限度的生活"。日本宪法学界倾向于从生活权而不是生命权的意义角度理解生存权。即使有学者承认生命存在是生存权不可或缺的要素,但是此时对生命权的理解,不是"考量国家不可侵犯问题,而是国家须积极作为来确保人民生命之存续,涉及生理、心理上健康之确保"[①]。生存权与生命权是两类性质完全不同的权利:生存权是要求国家对公民最低限度合于人性尊严的生活积极促成以及提供相应服务的权利,其实现主要依赖于国家积极作为;而生命权则要求国家尊重人的生命,主要是要求国家消极不作为的权利。将生命权从生存权的概念中分离出来,可以使生存权的含义更加明确。从生活权的角度理解生存权,有利于发挥生存权在国家经济、社会和文化发展方面的推动作用。

(三) 生存权应包括社会保障权、适当生活水准权和健康权

我们考察生存权的主要目的是,确定构成生存权的所有不同要素,使生存权不因包罗万象而变得仅具象征意义。生存权不是与生存有关的所有权利的总和,它属于社会权的范畴,有其特定的权利内容。生存权应包括社会保障权、适当生活水准权和健康权。

《世界人权宣言》被认为是最早对生存权作出规定的国际人权文件,其第 25 条第 1 款规定:"人人有权享受为维持他本人和家属的健康和福利所需的生活水准,包括食物、衣着、住房、医疗和必要的社会服务;在遭到失业、疾病、残疾、守寡、衰老或在其他不能控制的情况下丧失谋生能力时,有权享受保障。"《世界人权宣言》虽然没有明确提出"生存权"的概念,但是学界均承认其第 25 条是关于生存权内容的界定。从满足人的生活的基本需要出发,《世界人权宣言》将生存权界定为适当生活水准权(包括医疗)和社会保障权。

继《世界人权宣言》之后,越来越多的国际人权文件对生存权作出了规定。《世界人权宣言》第 25 条所列的生存权的内容也被包含在其后的许多国际人权文件中。为了更详细地表述生存权的内容,保障生存权各项内容的实现,《经济、社会、文化权利国际公约》把《世界人权宣言》的生存权内容用三个条款具体规定为三种

---

① 陈慈阳:《宪法学》,台湾元照出版有限公司 2005 年版,第 586 页。

权利,包括将医疗的适当生活水准权细分为第 11 条的适当生活水准权和第 12 条的健康权,这里的"生活水准"范围较窄,主要包括"足够的食物、衣着和住房";而第 9 条则专门规定了社会保障权。但是,这并不妨碍生存权成为一个包含食物、衣着、住房、健康和社会保障在内的综合权利。生存权所包含的诸要素应是综合的,而非割裂的。食物、衣着和住房因是人的基本生活必需品而成为生存权的当然内容。除此之外,每个人都有可能同时面临身心健康问题。身心健康是生活的当然内容,没有适当的生活水准,它就无法得到保障。因此,获得医疗保健等健康权也应成为生存权的内容。《经济、社会、文化权利国际公约》将健康医疗作单独规定,就是为了突出健康权在生存权中的地位和作用。当然,健康权不仅仅是《世界人权宣言》所说的获得医疗保健的权利,还包括获得作为健康的根本前提的一些必需的要素,如安全的饮用水、适当的卫生设备和必要的营养等。生存权是一个统一的、相互依赖的、不可分割的权利体系,而不是提供者可以依自己的喜好任意施舍的一堆基本需要或基本物品。

适当生活水准权和社会保障权是密切相关的权利。适当生活水准权是针对正常情况下的人的权利,即足够的食物和营养、衣着、住房、医疗以及在需要时得到必要的照顾。社会保障权则是通过自己的能力不能维持其生活水准的人享有的受到保障的权利,主要针对因失业、年老、疾病等丧失劳动能力而无法维持正常生活的人(非正常情况)。两者共同构成生存权的内容。有学者将生存权狭窄地理解为相当生活水准权,认为"生存权只有一种含义,那就是相当生活水准权,是指人们获得足够的食物、衣着、住房以维持相当生活水准的权利",而"社会保障权是生存权的重要保障"。① 这种将生存权等同于适当生活水准权、将社会保障权排除在外的理解,与国际社会对生存权的理解不符,也与中国政府的人权保护精神不一致。1991 年《中国的人权状况》(白皮书)中的"生存权"不仅包括吃饭、穿衣等基本的生活需要,还包括"基本的生活保障"。此外,如果将适当生活水准权与生存权等同,则没有必要出现两个同义反复的概念。实际上,适当生活水准权和社会保障权是人在两种不同生活状态下的基本需要,都是对人的生存状况的具体要求,都是维持人的有尊严的生活不可或缺的权利,都是生存权的内容,缺一不可。

三、生存权的保障标准

(一) 生存权不仅仅是温饱权

有学者基于 1991 年《中国的人权状况》(白皮书),以文本所确定的事实对生存

---

① 参见上官丕亮:《究竟什么是生存权》,载《江苏警官学院学报》2006 年第 6 期。

权进行界定,将生存权等同于生命权(实际上为国家独立权)和温饱权,认为生存权是"人按其本质在一个社会和国家中享有的维持自己生命的最起码的权利"[①]。其依据主要是《中国的人权状况》(白皮书)中的一些表述,如:"对于一个国家和民族来说,人权首先是人民的生存权。没有生存权,其他一切人权均无从谈起"。"国家不能独立,人民的生命就没有保障。危害中国人民生存的,首先是帝国主义的侵略。""中华人民共和国的建立,在中国大陆上铲除了帝国主义、封建主义和官僚资本主义势力,……中国人民的生命安全从此获得了根本保障。""人民的温饱问题基本解决了,人民的生存权问题也就基本解决了。"这种理解是对《中国的人权状况》(白皮书)的误读。《中国的人权状况》(白皮书)表达的生存权绝不仅仅是指温饱权,而是包括适当生活水准权、健康权和社会保障权(基本的生活保障)的。当然,这种生存权的范围还比较狭窄,保障的程度也比较低:适当生活水准权和社会保障权主要是为了解决吃饭、穿衣的问题,没有提到住房的问题;健康权也仅限于寿命和身高、体重方面的健康水平,没有涉及身心健康的保障。

人权既是一种需要达到的现实目标,更是人类的远大理想,是一定时期人们孜孜以求的目标。人权在本质上是一种道德权利,作为道德权利的人权必然超越法定人权和实有人权的范围和标准。如果人权的范围过于狭窄或标准太低,甚或下降为只是解决温饱问题,那就不是我们的目标和理想,更谈不上是一个民族的首要人权。即使是作为法定的生存权,人权的范围和标准也应当与当前的经济、社会发展水平相适应,且应随着经济社会的发展而扩大和提高。自1991年宣称生存权是首要人权以来,历经二十多年的高速发展,中国经济取得了举世瞩目的成就,在人权方面的目标也不断向前推进。"做大蛋糕"和"分配蛋糕"同等重要,分配正义,特别是第二次分配正义对于人权的范围和标准的确定也很重要。

中共十七大报告提出了实现全面建设小康社会奋斗目标的新要求,提出要"加快发展社会事业,全面改善人民生活"。"覆盖城乡居民的社会保障体系基本建立,人人享有基本生活保障。合理有序的收入分配格局基本形成,中等收入者占多数,绝对贫困现象基本消除。人人享有基本医疗卫生服务。"中共十八大报告提出要"在改善民生和创新管理中加强社会建设",着重强调"加强社会建设,是社会和谐稳定的重要保证。必须从维护最广大人民根本利益的高度,加快健全基本公共服务体系,加强和创新社会管理,推动社会主义和谐社会建设。""加强社会建设,必须以保障和改善民生为重点。提高人民物质文化生活水平,是改革开放和社会主义现代化建设的根本目的。要多谋民生之利,多解民生之忧,解决好人民最关心最直

---

① 徐建一主编:《〈中国的人权状况〉(白皮书)问题解答》,中国青年出版社1992年版,第23页。

接最现实的利益问题,在学有所教、劳有所得、病有所医、老有所养、住有所居上持续取得新进展,努力让人民过上更好生活。"由此可见,温饱问题目前已经基本解决,如果再将生存权等同于温饱权,将严重阻碍生存权的发展。生存权的标准应与小康社会的奋斗目标相一致。以住房为例,建设部提出的我国居民住房的小康标准是:到2020年,居民住房要从满足生存需要实现向舒适型的转变,基本做到"户均一套房、人均一间房、功能配套、设施齐全"。与此相适应,我们关于住房权的标准也应作出调整,在"有房住"的基础上,更加关注住房质量和生活质量。

(二)生存权是"最低限度合于人性尊严的生活"的权利

生存权的目的在于保障人能过像人那样的生活,在实际社会生活中确保人的尊严。因此,虽然生存权的具体内容可能因不同国家、不同时代的生活水准和经济状况而不同,但是至少应包括两个层面:第一层是维持人的生活的基本物质需要,如食物、衣着、住房和医疗等;第二层是人们能有尊严地享有这些基本需要。因此,我们将生存权的内容界定为"最低限度合于人性尊严的生活",具体可以从以下三个方面进行理解:

首先,必须有维持最低限度生活必需的基本物品。每个人要想生存,要想维持最基本的生活水平,都需要一定数量的食物、衣着和住房等。如果没有这些基本物品,个人的生活就难以维持,甚至生命也会受到威胁。作为生存权基本内容的食物、衣着、住房等基本物品,被认为是个人健康发展不可或缺的,不仅关系到个人物质上的幸福,也关系到个人精神上的幸福,尤其是个人的自尊和自我价值感。因此,最低限度的生存权就是获得基本生活物品的权利。

其次,人们应能有尊严地享有这些基本物品。在《世界人权宣言》和《经济、社会、文化权利国际公约》等国际人权文件中,生存权的核心是维持人的基本需要所必需的"适当的生活水准",显然有比衣、食、住等更高的要求。但是,对这种要求不能作一般性的规定,而是取决于有关经济、社会、文化条件。其中,"最本质的一点是,人人应该在不受羞辱和没有不合理的障碍的情况下,充分地与他人进行一般的日常交往。这特别指他们应该能够有尊严地享有基本需求。任何人都不应生活在只能通过乞讨、卖淫或债役劳动等有辱人格或丧失基本自由的方法来满足其需求的状况之中。"[①]由此可见,国际人权法学界关于生存权的理解没有停留在对基本物品的提供上,而是超越了对"人的基本物质需要"的理解,转向"确保人的尊严"。这一点在日本宪法学界有着更充分的体现。《日本国宪法》中规定的生存权的权利内

---

① 〔挪威〕A.艾德、C.克洛C、A.罗萨斯主编:《经济、社会和文化权利教程》(修订第二版),中国人权研究会组织翻译,四川人民出版社2004年版,第111—112页。

容是"健康且文化性的最低限度的生活"。虽然对这种生存权的权利内容很难下一个精确的定义,但是学者们普遍认为这种"最低限度的生活"应是确保人的尊严所必需的。例如,日本学者三浦隆认为:"所谓生存权,就是人为了像人那样生活的权利。所谓像人那样生活,就是说人不能像奴隶和牲畜那样生活,是保全作为人的尊严而生活的权利。"①

最后,"最低限度合于人性尊严的生活"不应仅限于衣、食、住等物质层面,也应包括生活的精神层面。宪法学界已经注意到这一点,不仅关注生存权的物质侧面,也关注生存权的文化性侧面,即对生活的"质"这一方面的关注。"没有对文化性侧面的关注,就无法保证最低的人性尊严,也就无法回答基于今日之社会状况的对人性的要求。"②大须贺明认为:"所谓最低限度生活,顾名思义,明显是指人在肉体上、精神上能过像人那样的生活之意。这是人在社会生活中为确保自我尊严的最低限度生活。所以,这不是指单纯地像动物般生存的、仅仅维持衣食住等必要物质的最低限度那样的最低生活费,而是指具有一定文化性的生活之水准。"③他据此将生存权的权利内容解释为包含着三层步步递进的层次性内涵:第一层次为最低限度生活,即一定数量的食物、衣着和住房等物质性条件;第二层次为肉体和精神方面健康的最低限度生活,即在生理卫生和精神卫生方面保障这种最低限度的生活达到一定的健康基准;第三层次为"健康且文化性的最低限度的生活",将文化性要素作为衡量支付生活费的基准。④

生存权的标准不是一成不变的,它是由特定历史时期一个国家的生产力水平以及与此相适应的社会、经济和文化水平决定的。当前,我国的社会、经济和文化水平有了很大提高,生存权保障的标准不应再停留在20世纪90年代初期的水平,而应将其提高到一个新的层次。

四、生存权的国家义务

我国学者对生存权的探讨多集中在生存权的权利内容方面,对与保障权利实现相对应的义务却很少进行研究。仅仅界定生存权的权利内容是远远不够的,"更重要的是说清楚社会本身应该具有确保遵守那些权利的特征"⑤。因此,从国家义

---

① 〔日〕三浦隆:《实践宪法学》,李力、白云海译,中国人民公安大学出版社2002年版,第158页。
② 〔日〕大须贺明:《生存权论》,林浩译,法律出版社2001年版,第29页。
③ 同上书,第95页。
④ 同上书,第293—294页。
⑤ 〔瑞典〕格德门德尔·阿弗雷德松、〔挪威〕阿斯布佐恩·艾德编:《〈世界人权宣言〉:努力实现的共同标准》,中国人权研究会组织翻译,四川人民出版社1999年版,第484页。

务的角度理解生存权是非常重要的。根据人权与法治理论,国家是保障人权的义务承担者。

美国学者亨利·舒从国家义务的角度分析权利,提出了"三层义务论"。他认为,与每种基本权利相对应的义务有三个层面,即避免剥夺的义务、保护个人不受剥夺的义务和帮助被剥夺者的义务。[①] 挪威学者艾德等对"三层义务论"作了进一步的发展,提出人权为国家带来了四种义务:尊重的义务、保护的义务、促进的义务和提供的义务。[②] 任何一种权利都需要国家多种义务的履行才能充分地实现。"所有的权利既有积极的相关义务,也有消极的相关义务。"但是,不同权利对应的国家义务的侧重点各有不同。"在许多典型的环境下,许多权利主要具有积极的相关义务,或主要具有消极的相关义务。"[③]虽然有些公民权利和政治权利要求国家在各个层次上履行义务,甚至包括直接提供的义务,但是公民权利和政治权利是保障个人的自治领域不受国家权力侵害的权利,主要是要求国家消极不作为的权利。因此,一般认为,这种权利对应的主要是国家尊重义务。同样,尽管社会权在很多情况下可以很好地由个人自己使用资源而非国家介入予以实现,但是社会权的目的是保护生活贫困者和社会经济上的弱者,是要求国家积极作为的权利,其实现主要依靠国家利用资源积极促成或直接提供相应的服务。

生存权作为典型的社会权,其目的在于确保每个人都能过上保持人的尊严的社会生活,这就需要国家为他们提供生活的基本物品。也就是说,个人为了能过像人那样的生活,有权要求国家采取一定的积极性措施。因此,在与生存权相对应的三种义务中,尊重和保护的义务是次要的。任何权利都有被尊重和保护的属性,否则就不能成为权利。生存权指向的国家义务的核心是给付。国家给付义务集中反映了生存权的本质,生存权主要是国家促成和提供的权利。国家作为最终保障义务的承担者,有义务实现生存权所有人对生存权的要求。"这可以采取两种形式:一是为人们提供他们所没有的机会;二是当没有其他可能性生存时,直接为他们提供赖以满足基本生存需要的食物或其他资源。一种是直接提供,一种是社会保障。"[④]

概言之,我们在界定生存权时,不宜扩大或缩小其范围,既不能侵犯其他权利

---

① See Henry Shue, *Basic Rights: Subsistence, Affluence and U. S. Foreign Policy*, Princeton University Press, 1996, p. 13.
② 参见〔挪威〕A.艾德、C.克洛斯、A.罗萨斯:《经济、社会和文化权利教程》,中国人权研究会译,四川人民出版社 2004 年版,第 20—21 页。
③ 〔美〕杰克·唐纳利:《普遍人权的理论与实践》,王浦劬等译,中国社会科学出版社 2001 年版,第 113 页。
④ 〔日〕大须贺明:《生存权论》,林浩译,法律出版社 2001 年版,第 550 页。

领域,也不能因失职而留下没有保障的权利真空;既要充分考虑国际人权法的精神和国际社会对生存权的理解,与国际社会的理解相协调,也要考虑与本国经济社会的发展水平相一致。因此,生存权应为公民依法享有的、要求国家对其最低限度合于人性尊严的生活积极促成并提供相应服务的权利。

热点讨论

对我国部分大学生获得的助学金,在生存权维度内应如何定性?还有没有其他针对大学生生存权的法律、政策或现实做法?

第二节 社会保障权

"社会保障"一词可以上溯至20世纪30年代美国颁布的《社会保障法》。社会保障权成为人权体系,尤其是生存权的重要组成部分,是宪法和法律规定的结果,也是国家经济发展水平与民众社会需求相融合的结果。

一、社会保障权概述

(一)社会保障的内涵

人类社会由农业社会向工业社会过渡的过程中,人类赖以生存的土地已经在工业化趋势下逐渐萎缩。在此形势下,人类为了抵御自然界和工业发展带来的灾害、无法抗拒的疾病、失业以及家庭变故等,对于社会保障的需求程度越来越高。

虽然德国早在1883年就已经颁布《疾病保险法》,开了社会保障制度的先河,但是"social security"一词最早出现在1935年美国总统罗斯福颁布的《社会保障法》中。1938年,新西兰通过一项法案,把关于社会救济、社会保险的所有单项法规并称为"社会保障制度"。1944年,国际劳工组织通过《费城宣言》,正式使用"社会保障"的概念。后来的《世界人权宣言》《社会保障公约》等一系列国际文件大量使用"社会保障"一词,并逐渐为世界各国所普遍使用。

虽然"社会保障"被普遍使用,但是由于"各国的经济发展水平、社会制度、文化背景以及民族传统等不同,加之所依据的理论体系存在差异,因此,国际上还没有一个可以被普遍接受的社会保障的定义"[①]。更有学者认为"社会保障"是一个包容

---

① 陈元刚主编:《社会保障学教程》,重庆大学出版社2012年版,第14页。

性的概念,很难对其作一个固定的定义。我国学者基本一致的观点可以概括为,社会保障是指"国家立法强制规定的、由国家和社会出面举办,对公民在年老、疾病、伤残、失业、生育、死亡、遭遇灾害、面临生活困难时给予物质帮助,旨在保障公民个人和家庭基本生活需要并提高生活水平、实现社会公平和社会进步的制度"[①]。

我国学者的上述定义大致包含以下内容:(1) 社会保障具有强制性,国家通过立法对国家与社会的社会保障责任予以确定。(2) 社会保障的主体包括国家与社会,主要是国家。唯有国家或政府有能力担当起社会保障的重任。政府承担社会保障职能最具规模经济效应,可以降低、分散社会保障过高的执行成本。同时,国家作为社会保障的主体能够更好地实现社会保障的基本目标。(3) 社会保障主要针对的是"公民在年老、疾病、伤残、失业、生育、死亡、遭遇灾害、面临生活困难"等具体情形。(4) 社会保障的最低基本目标是保障公民的基本生活需要并提高生活水平。(5) 社会保障的价值在于最终实现社会公平、社会正义和社会进步。

(二) 社会保障权的含义

上文对社会保障的内涵予以确定,主要强调的是一种制度层面的社会保障。从人权的视角探究社会保障的内容,则主要针对社会保障权进行研究。所谓社会保障权,是指公民在年老、疾病、伤残、失业、生育、死亡、遭遇灾害、面临生活困难时,有向国家要求提供一定的金钱、物质和精神上的保障措施的权利。有学者认为,社会保障权与我国宪法规定的"物质帮助权"的内涵基本一致,即"社会保障权是指公民在其失去劳动能力或劳动机会或遇到其他灾害和困难时,为保障其基本的生活需要而享有的由国家给予物质帮助的权利"[②]。但是,这种社会保障权的概念具有明显过分扩大权利内容的缺陷,即将劳动权也纳入社会保障权的内容之中。社会保障权作为一项基本人权和公民的基本权利,具有不同形态,大致如道德权利和宪法权利,另外还表现为一系列普通法律权利。因此,有学者认为,所谓社会保障权,主要是指"社会成员(或公民)在面临威胁其生存的社会风险时,从国家和社会获得物质保障和社会服务,使之维持生存并达到相当水准的生活的权利"[③]。

由以上定义可知,社会保障权具有以下一些具体内容:(1) 社会保障权不仅是权利,还是普遍的基本人权;不仅是普通的法律权利,也是宪法权利。关于社会保障权的宪法属性(或者说基本权利属性),有学者从国家宪法文本的比较视角进行了研究。荷兰学者亨利·范·马尔赛文和格尔·范·德·唐对142部宪法进行了

---

① 林嘉:《社会保障法的理念、实践与创新》,中国人民大学出版社2002年版,第8页。
② 种明钊主编:《社会保障法律制度研究》,法律出版社2000年版,第95页。
③ 郭曰君、吕铁贞:《论社会保障权》,载《青海社会科学》2007年第1期。

分析,发现有 33 部宪法规定了享受宽裕或合理的生活标准的权利,有 95 部宪法规定了在失业、疾病、丧失劳动能力或年老情况下的国家救济和社会保险,有 62 部宪法规定了享受社会保险或社会救济的权利。[①](2)社会保障权是一种普遍的基本权利,其享有主体应是全体公民。(3)社会保障权要求国家和社会协力加以保障,其中最主要的主体应该是国家,社会承担的是辅助作用。由于社会保障权内容复杂,所涉领域广泛,各子权利的具体要求差异较大,因此对于国家义务和社会义务的划分不能一概而论。除国家以外,企业、社会组织和非法人团体都应该承担一定的社会保障义务。但是,国家义务的主体性不可否认。(4)社会保障权的实现需要发生一定的事实,要求有一定的法律关系发生。即公民只有"在年老、疾病、伤残、失业、生育、死亡、遭遇灾害、面临生活困难时",方能要求社会保障权的实现。

(三)社会保障权的权利属性

第一,社会保障权具有基本权利与普通法律权利两个层面的属性。基本权利主要是就宪法层面而言,是对公民生活起到基础性作用的权利。一般而言,宪法上的基本权利可以从两个维度进行分析,即宪法规范和宪法判例。由于我国目前缺少实质的司法审查制度,因此论证宪法上的社会保障权主要是从宪法规范的角度出发。我国宪法文本对社会保障权的规定主要包括两个方面:一是总纲中直接规定的社会保障,即《宪法》第 14 条第 4 款规定:"国家建立健全同经济发展水平相适应的社会保障制度。"二是公民基本权利中关于社会保障实质内容的规定,即《宪法》第 45 条规定:"中华人民共和国公民在年老、疾病或者丧失劳动能力的情况下,有从国家和社会获得物质帮助的权利。国家发展为公民享受这些权利所需要的社会保险、社会救济和医疗卫生事业。国家和社会保障残废军人的生活,抚恤烈士家属,优待军人家属。国家和社会帮助安排盲、聋、哑和其他有残疾的公民的劳动、生活和教育。"

除了作为基本权利以外,社会保障权还是一种普通法律权利。所谓普通法律权利,是指在作为部门法的社会法域内对社会保障权予以规定。这一系列的权利内容主要体现在一些部门法领域,如《社会保险法》《残疾人保障法》《妇女权益保障法》《儿童权益保障法》《社会救助暂行办法》《城市居民最低生活保障条例》等。上述法律法规涉及社会保障权的一系列子权利,如社会保险权、社会救助权、最低生活保障权以及特殊主体的权利等。

第二,社会保障权具有积极自由与消极自由双重属性。其中,积极自由是指权

---

① 参见〔荷兰〕亨利·范·马尔赛文、格尔·范·德·唐:《成文宪法的比较研究》,陈云生译,华夏出版社 1987 年版,第 158—159 页。

利主体有要求国家积极采取措施加以保障的自由,消极自由是指公民有要求国家不予介入的自由。积极自由是社会保障权的主体属性与主要表现形式。社会保障权中的社会救助权、社会福利权就是典型的要求国家予以积极保护的权利。但是,当个人基于自身意志拒绝国家提供保护和救助时,国家不得予以强制保障。

第三,社会保障权在适用上具有普遍性与特殊性相结合的特点。社会保障权所具有的普遍意义可以从两个方面进行考察:首先,现代世界所有国家都通过宪法、社会保障法或者其他法律,规定了公民应享有的社会保障权。社会保障制度已经成为一国不可或缺的基本法律制度,也是国际社会普遍关心的问题。其次,在一个国家中,所有公民皆享有社会保障权,不分种族、肤色、民族、宗教信仰等,禁止任何歧视和限制。平等地享有社会保障权是国际人权公约和各国立法共同遵循的理念。

社会保障权不仅具有法律规定和具体适用上的普遍性,鉴于各国具体情况的差异,它也具有一定的差异性。正如有学者指出,社会保障权的"普遍性是主要的,特殊性是次要的,但事实上是存在的"。由于各个国家在经济发展与人民生活水平上存在差异,因此在社会保障制度的具体建立上也存在各种不同。以我国为例,由于存在城乡二元经济结构,农村居民虽然享有一定程度的社会救济、社会福利和最低生活保障等,但是这种制度无论是在层级还是内容上都与城市社会保障存在一定的差异。

第四,社会保障权具有社会权利与经济权利双重属性。在传统上,基本权利有自由权与社会权之分。在此前提下,社会保障权是典型的社会权利,即具有鲜明的积极自由成分和国家主动保障的义务。有学者主张从解释学角度出发,将我国宪法上的基本权利分为八类[①],经济自由权与社会权皆列于其中。社会保障权既具有经济权利属性,也具有社会权属性。经济权利属性是指"它给予生活困难者以物质帮助,使他们提高生活水平"。这一点可以从我国《宪法》第14条第4款的规定中看出。社会权利属性主要体现在它"对社会上弱势群体成员——老人、妇女、儿童、残疾人等,通过带有倾斜性权利保护特点的社会保障法律规定和提供完善社区服务等手段,改善他们在社会上的处境和地位"[②]。另有学者认为社会保障权兼具财产权与人身权的性质,[③]也值得关注。

---

① 此八类包括:人格权、平等权、人身自由权、精神自由权、经济自由权、参政权、社会权、权利救济权。参见林来梵:《宪法学讲义》,法律出版社2015年版,第311—312页。
② 李步云主编:《人权法学》,高等教育出版社2005年版,第242页。
③ 参见郭曰君、吕铁贞:《论社会保障权》,载《青海社会科学》2007年第1期。

二、社会保障权的发展历程

西方发达国家在完成工业革命后,纷纷建立起较为完备的社会保障制度,社会保障权应运而生。为缓和劳资矛盾,德国率先制定了《劳工疾病保险法》《劳工伤害保险法》《残废与老年保险法》等,首创社会保险立法,成为后来许多国家效仿的对象。20 世纪 30 年代,美国在经济危机后制定了《社会保障法》,该法最主要的内容是老年保险和失业保险。美国首创"社会保障"一词,更重要的是将社会保险、福利、救济等都纳入社会保障法律体系之内,大大扩充了社会保障的内容,提高了其地位。英国在 20 世纪 40 年代建立了完善的社会保障法律体系,并宣告已建成"福利国家"。此后,一些北欧国家、西欧国家以及美国、新西兰、澳大利亚等国也根据自身特点,参照"福利国家"模式,推进福利政策,建立了各自的社会保障制度。

在国际上,《大西洋宪章》《联合国宣言》《世界人权宣言》等所包含的"四大自由"已有社会保障的雏形。其中,《世界人权宣言》第 25 条第 1 款规定:"人人有权享受为维持他本人和家属的健康和福利所需的生活水准,包括食物、衣着、住房、医疗和必要的社会服务;在遭到失业、疾病、残废、守寡、衰老或在其他不能控制的情况下丧失谋生能力时,有权享受保障。"《经济、社会、文化权利国际公约》第 9 条规定:"本公约缔约各国承认人人有权享受社会保障,包括社会保险。"国际劳工组织于 1952 年通过第 102 号公约即《社会保障最低标准公约》,为社会保障确立了国际标准。该公约规定了九个项目:(1)医疗保障;(2)疾病;(3)失业;(4)老年;(5)工伤;(6)家庭;(7)生育;(8)残疾;(9)遗属。经济、社会、文化权利委员会于 2007 年 11 月 23 日通过第 19 号"一般性意见",对《经济、社会、文化权利国际公约》第 9 条规定的"社会保障权"概念进行了进一步解释,指出社会保障权包括在没有歧视的情况下获得和保留获得现金或实物福利的权利,保护人们免于:(1)因为疾病、残疾、分娩、工伤、失业、年老或家庭成员死亡而丧失工资收入;(2)无钱就医;(3)无力养家,尤其是赡养儿童与成年家属。

中华人民共和国成立以来,逐渐建立起以社会保险、社会救济、社会福利和社会优抚为主要内容的社会保障制度。无论是 1949 年《共同纲领》还是 1954 年《宪法》,都对社会保障制度予以规定,为初步建立社会保障制度奠定了规范基础。同时,我国在劳动保险和社会救济方面也有了长足发展。但是,1957—1976 年,社会保障制度受到严重挫折。改革开放以后,社会保障制度重又取得突破性发展。1982 年,我国第四部《宪法》公布,第 43—46 条、第 48—49 条等对社会保障制度加以规定。1994 年,我国第一部《劳动法》公布,该法专门对社会保险和社会福利进行了规定。随后,社会保障制度开始改革和重建,多部有关社会保障的法律法规颁布。目前,我国已经初步建立起项目齐全的社会保障体系,社会保险的覆盖面进一步扩大,城乡的最低生活保障制度进一步完善。

三、社会保障权的主要内容

由于缺乏统一的社会保障法典,因此社会保障权的具体内容存在争议。本书根据已有的研究成果和我国的现实情况,将社会保障权的具体内容概括为社会保险权、社会救助权、社会福利权、社会优抚权。

(一) 社会保险权

社会保险权是指公民在登记参保并缴纳社会保险费后,在因遭遇年老、疾病、失业、伤残、生育等社会风险而暂时或永久失去劳动能力或劳动机会、部分或全部丧失生活自理能力时,或者非参保公民在其参保缴费的亲属死亡而失去经济依靠时,在符合法定要件的情况下,从国家强制实施并有雇主参与供款的社会保险制度中主张并获得保险给付,以补偿他们因社会风险而造成的收入中断、减少甚至丧失或支出增加,进而维持有尊严的基本生活水平的权利。由此可见,社会保险权是一种法定权利,且兼具财产权与人身权双重属性。但是,不可否认,它作为社会保障权的重要组成部分,[①]属于社会权的范畴。

从规范的视角观察,社会保险权大致包括以下内容:(1) 社会保险权的权利主体。在现代保险制度中,权利主体可分为两类:被保险人与其他受益人。前者是指被依法纳入或自愿加入社会保险制度并与保险人建立社会保险法律关系,以其生命、健康、就业、自主行动能力为承保对象,在履行了特定的给付义务之后,在特定的保险事件发生以后享有社会保险给付请求权的人。后者作为权利主体享有请求权的情况主要为遗嘱年金、家庭保险等基于保险利益的积累或是具有亲属身份等,从而获得社会保险给付请求权的主体资格。(2) 社会保险权的义务主体。在社会保险权的构成要素中,存在着国家、社会保险机构、雇主、个人及其他义务主体,与社会保险权利主体相对应。各义务主体承担不同层次的义务。国家承担的是宪法上的义务,其他主体承担的是普通法上的义务。(3) 社会保险权规范的客体要素。社会保险权的客体是指社会保险权诉求的对象,是依据法律规定,由保险人提供给社会保险权利人的各种社会保险给付。由于社会保险项目具有多样性,因而社会保险给付也有多种类型。按照客体的内容,社会保险给付可分为货币给付、物质给

---

① 参见刘锦城:《社会保障权利的内容结构与性质分析》,载《行政与法》2007年第1期。

付、服务给付等。(4) 社会保险权的权利内容。以人的基本需要为基础,根据社会保险权所体现的利益形态,其权利内容可以分为健康保障的社会保险权、生计维持的社会保险权、参与促进的社会保险权等。

(二) 社会救助权

社会救助权作为公民的一项基本权利,已被许多国家以宪法的形式予以确认。我国台湾地区学者钟秉正认为:"社会救助权是使受助者在陷入困境时,能迅速获得有效救助,早日脱离困境,以恢复自立自足生活的权利。"① 本书认为,社会救助权是指当陷入生活困境的公民依靠自身努力难以满足其生存发展的基本需求时,从国家和社会请求获得物质帮助和社会服务,以维持基本生存并达到相当生活水准的权利。

社会救助权不是一个孤立和形式单一的个体权利,而是由最低生活保障权、专项社会救助权和补充社会救助权等一系列权利构成的。(1) 最低生活保障权,又称"低保权",是国家为了保障公民基本生活而规定的一项权利。它一般是指当公民的生活水平低于国家规定的最低社会保障线时,有权依照法定程序和标准,从国家或政府获得社会救助的权利。最低生活保障权是社会救助权的核心内容,按地区不同,分为城市低保和农村低保。(2) 专项社会救助权,是指国家在保障公民最低生活保障权的基础上,为了让陷入生活贫困的公民享有"体面的生活",在教育、医疗、住房、司法等方面给予社会救助的权利。它主要由教育救助、医疗救助、住房救助、司法救助等专项权利组成,在社会救助权体系中处于重要地位。(3) 补充社会救助权,一般属于非常规性社会救助,是指公民在遇到自然灾害、通货膨胀以及身体残疾等情况下,可依法向国家请求社会救助的权利。它主要包括灾害救助和补贴救助两种形式。

(三) 社会福利权

社会福利权,"是指公民享受国家和社会提供的物质文化设施和服务,以提高其物质和精神生活水平的权利"②,具体包括职业福利权、民政福利权、公共福利权等。其中,职业福利权是指职工所在单位通过兴办集体福利设施、发放福利实物以及提供各种补贴等,改善职工的物质文化生活。也有学者认为,社会福利主要是指由国家出资兴办的、旨在为社会大众谋利益的各种福利性事业,以及国家为社会全体成员提供的各种福利性补贴,包括一般社会福利、职工福利和特殊社会福利等。③

---

① 钟秉正:《社会福利法制与基本人权保障》,台湾神州图书出版有限公司2004年版,第173页。
② 胡敏洁:《福利权研究》,法律出版社2008年版,第10页。
③ 参见林嘉:《社会保障法的理念、实践与创新》,中国人民大学出版社2002年版,第10页。

一般社会福利是指国家和社会有关部门和团体举办的社会文化教育事业以及市政建设、社会服务等,享受的对象是全体社会成员。职工福利是指职工所在单位通过兴办集体福利设施、提供各种补贴或发放实物,改善职工的物质文化生活,享受的对象是本单位的职工及其家属。特殊社会福利是指国家和社会为残疾人和无劳动能力的人举办福利事业,包括残疾人福利、儿童福利、老人福利等。

(四)社会优抚权

社会优抚权,"是指公民因服兵役,或者因维护国家和社会的公共利益而致使生命和健康受到损害,由其本人或其遗属享受褒扬、优抚、抚恤,以确保其一定生活水平的权利"[①]。社会优抚权的权利主体具有特殊性,一般是指军人及其家属。社会救助权的目的在于维护军人的合法权益,保障国家对军人的抚恤和优待,以鼓励军人保家卫国,巩固国防。我国《宪法》第45条第2款规定:"国家和社会保障残废军人的生活,抚恤烈士家属,优待军人家属。"

热点讨论

我国《宪法》和《社会保险法》等都规定社会保障应"同经济发展水平相适应",地区各异、城乡不同的社会保障体系是不是这一原则的体现?如果是,这一规定是否与平等权相冲突?

第三节 适当生活水准权

适当生活水准权作为一项基本人权,主要渊源于《世界人权宣言》和《经济、社会、文化权利国际公约》。《世界人权宣言》第25条第1款明确规定:"人人有权享受为维持他本人和家属的健康和福利所需的生活水准,包括食物、衣着、住房、医疗和必要的社会服务;在遭到失业、疾病、残疾、守寡、衰老或在其他不能控制的情况下丧失谋生能力时,有权享受保障。"《经济、社会、文化权利国际公约》第11条第1款规定:"本公约缔结各国承认人人有权为他自己和家庭获得相当的生活水准,包括足够的食物、衣着和住房,并能不断改进生活条件。……"1997年,中国正式签署了该公约,并获得了全国人大常委会的批准。这就意味着中国政府必须按照该公约的规定,全面、充分地实现其中的各项权利。但是,我国的法律中直接与适当生活

[①] 薛小建:《论社会保障权》,中国法制出版社2007年版,第8页。

水准权相联系的条款很少。《宪法》中的部分条文虽在规范精神上有所涉及,但也与其他权利高度重合。

一、适当生活水准权概述

(一)适当生活水准权的内涵

适当生活水准权作为一项基本人权,应该具有相应的规范性。欲说明适当生活水准权的实质保障范围,必须对"适当生活水准"予以界定。适当生活水准要求公民的生活水平应该与经济发展水平相适应,不宜过高,也不宜过低。由此可见,"适当生活水准"是一个相对的、发展的、与时俱进的概念,受一国整体经济发展状况和公民普遍生活水平的制约。如果说适当生活水准和经济发展水平呈现一种函变关系,那么两者应该是正相关的关系。因此,适当生活水准并不仅仅是基本的生存需要条件,还应该包括居民能享有一定面积的住房、健全的医疗保障和基本的教育等。

相对于适当生活水准的确定,适当生活水准权需要有权利主体和义务主体的构架。适当生活水准权是指人在生存和交往活动中,为了满足自身生存、尊严与发展的需要,从国家和社会获得物质帮助和其他服务的权利。一方面,公民能够平等地享有适当生活水准权,而不因民族、种族、性别等有所差异;另一方面,当出现上述难以满足基本生存需要的情况时,公民有向国家或者其他法定组织要求给予相应物质帮助和社会服务的权利。

(二)适当生活水准权的权利属性

从适当生活水准权的概念和基本构成可知,它作为一项权利具有积极权利属性、法定权利属性和基本权利属性。

第一,适当生活水准权是积极权利。最早明确区分积极自由和消极自由的是英国哲学家以赛亚·柏林。他认为,消极自由是不受他人干涉的自由,积极自由是可以做某事的自由。积极自由实质上就是积极权利,具体包括社会安全权、工作权、休息权、受教育权、获得适当生活水准的权利等,还包括当上述这些权利无法得到满足时可以向国际社会申诉的权利。[①] 李步云教授认为,国家以不作为的方式保证实现的权利是消极权利,而以作为的方式保证实现的是积极权利。[②] 适当生活水准权是需要国家采取积极行动予以保护和主动承担实现义务的积极权利。

---

① See Isaiah Berlin, *Four Essays on Liberty*, Oxford University Press, 1969, p.129.
② 参见李步云:《论个人人权与集体人权》,载《中国社会科学院研究生院学报》1994年第6期。

第二,适当生活水准权是法定权利。法定权利是相对于道德权利和应有权利而言的。法定权利往往是对道德权利的法律化。一国通过法律文件将道德权利制度化,使人们可以依据法律享有权益。[①] 适当生活水准权在人类历史上首先是作为某种程度上的道德权利存在于人们的思想和观念之中,继而为法律所承认和支持并上升为法定权利的。首先,综观各国保护适当生活水准权的具体措施,多是依靠制定最低生活保障法、最低收入法、医疗卫生保健法、教育法等各项与社会保障有关的具体法律予以实现的。其次,适当生活水准权有明确的权利主体和义务主体。

第三,适当生活水准权是基本权利。首先,部分国家的宪法明确规定了适当生活水准权,如海地、巴基斯坦、埃塞俄比亚、印度、苏里南、罗马尼亚等。其次,从国际公约来看,目前国际社会普遍认同适当生活水准权的基本权利性质,认为缔约各国应当从宪法层面对适当生活水准权予以尊重、保护和实现。最后,一些国家是透过宪法规范以外的司法判例确认适当生活水准权的基本权利地位的。其中,较具代表性的是美国 1970 年"戈德伯格诉凯利案"的判例。

(三)适当生活水准权的主体和保障范围

适当生活水准权的主体应该包括权利主体和义务主体。权利主体主要是指什么人可以向国家诉诸适当生活水准权的保障。不难看出,适当生活水准权不仅是内国法上的基本权利,也是国际人权公约规定的国际人权。因此,适当生活水准权的权利主体应该包括三个层面:内国法上对应的是公民;对于缔结公约的世界各国政府而言,单个人也是适当生活水准权的合格权利主体;除了公民个人以外,家庭也应该成为适当生活水准权的基本权利主体之一。

除权利主体以外,适当生活水准权的义务主体同样值得关注。根据国际文件的相关设定,适当生活水准权的义务主体主要是国家,还有国际组织、非政府组织、社会及他人,也包括个人自己。国家是适当生活水准权最基本、最重要的保障主体;国际组织和非政府组织是国际法上的义务主体;社会及他人是因社会连带关系而衍生的第三方义务主体;个人则是适当生活水准权前提性、道德性的自励主体。

对适当生活水准权的保障范围,即适当生活水准权究竟应当包含哪些具体的权利内容,学术界一直存在争论。综合国际人权保障的相关文件和国内法的研究成果,为厘清适当生活水准权与其他相关权利的界限,本书认为,适当生活水准权的具体形态应该包括食物权、衣着权、住房权。

[①] 参见胡敏洁:《福利权研究》,法律出版社 2008 年版,第 71 页。

二、食物权

(一)食物权的基本含义

食物权,又可称为"获得食物权""获取充足食物权"等。根据联合国经济、社会、文化权利委员会第12号"一般性意见"对食物权的定义,本书认为,食物权可理解为:每个人都有根据自己的饮食习惯和文化传统,直接获得或者购买适当质量和足够数量的食物的权利。这种权利是长期和无限制的,以此确保人们能够在身体和精神方面过上符合需要和免于恐惧的、有尊严的生活。根据《经济、社会、文化权利国际公约》第11条第2款的规定,国家负有核心义务,须采取必要行动减缓饥饿状况,甚至在发生自然灾害或其他灾害时也应如此。联合国经济、社会、文化权利委员会认为,食物权的核心内容是:"食物在数量和质量上都足以满足个人的饮食需要,无有害物质,并在某一文化中可以被接受;此类食物可以可持续、不妨碍其他人权的享受的方式获取。"

(二)食物权的基本要求

食物权的基本要求有四个方面:

第一,食物的可提供性,是指直接依靠生产性土地或者其他自然资源获取食物的可能性,或者是指运转良好的分配、加工及销售系统根据需求,将食物从生产地点运至所需要的地点的可能性。[①] 联合国经济、社会、文化权利委员会对食物的可提供性的解释是:人们可以获得食物的方式,即食物的具体提供方式。所以,食物的可提供性具体针对食物的供应环节,包括食物的生产、加工、分配、销售及保存等环节。

第二,食物的可获取性,是指保证每个人都能切实取得食物。可获取性分为经济的可获取性和实际的可获取性。其中,经济的可获取性是指个人拥有足够的获得符合自身需要的食物的经济能力;实际的可获取性是指要保证人人都能获得食物,包括某些在获取食物的能力方面存在障碍的特殊群体,如婴儿、老人、残疾人等。

第三,食物提供和获取的可适足性,是指食物在数量和质量上都足以满足个人需要,没有有害物质,并且可以在一种文化上被接受。由此可知,食物提供和获取的可适足性包括以下三个方面:(1)食物必须能够满足饮食需要,即食物含有人的

[①] 参见黄金荣主编:《〈经济、社会、文化权利国际公约〉国内实施读本》,北京大学出版社2011年版,第88—89页。

身心发育、发展和维持以及身体活动所需的各种营养物。这些营养物与人的整个生命期各阶段的生理需要相一致,并能满足不同性别和年龄阶段的人的需求。(2)食物必须没有有害物质。这是对食物质量提出的要求,政府和私营部门都应该采取措施,防止食物在各个环节发生掺假和因环境等因素而发生污染等。具体措施主要包括:食物安全标准的制定,食物生产、流通和销售环节的监管,科学的宣传教育等。(3)食物在文化和消费上具有可接受性,主要是指在食物生产和销售时,不仅要满足食物的使用价值,还要关注其中蕴含的文化影响,并考虑消费者的可接受程度。例如,不得强迫一个人食用违背其宗教信仰和风俗习惯的食物等。

第四,食物提供和获取的可持续性,可以理解为代际公平问题,即食物的生产和创制不得过度消耗非可再生能源,需要为后代食物的基本需要和多样性负责。因此,食物的可持续性包括可长期供应和可获取。[①]

三、衣着权

衣着权是指公民享有适足衣物的权利。有学者指出:"衣服是人的必需品,衣着权是最低限度的人权。原始人尚能解决衣服问题,做到遮身蔽体、驱寒保暖,后来人应更能保障衣着权,让人们穿上合身得体、整洁宜人的衣服。衣服是人类生存状况和人类文明的直观标志,衣着权是反映人有无尊严和人是否被善待的一面镜子。如果人们的衣着权都得不到保障,人们衣衫褴褛,衣不蔽体……那就充分说明人生活在艰难困苦中,过着没有尊严的生活,有些人甚至不成之为人;同时也表明该国家或社会没有尽到保障人权的基本责任。"[②]也有学者认为:"衣服也许是世界上最脆弱但又最坚固的权利保护屏障,它赋予人以完整的身体、坚强的人格和神圣的尊严。衣服是权利之幕,在其之下笼罩着一系列与人密切相关的权利,而如何对待衣服、怎样保障衣着权是评判人权的底线,也是检验人权的试金石。"[③]

传统上,衣着有三大功能:避寒、遮羞和表明身份。由于衣着的款式、质量和人们需求的多样性,再加上变动较大,因此很难给衣着制订一个明确的标准。但是,从各国的立法实践来看,许多国家仍然从宪法的高度肯定衣着权在人们日常生活中的重要性。例如,巴基斯坦宪法规定,国家应为公民提供衣服等基本生活必需品。虽然我国现在关于衣着供应方面的法律制度几乎处于空白状态,但是也曾经有过对于吃穿用度以法律或政策形式予以供应的时期。

[①] 参见林沈节:《食物权及其解释》,载《太平洋学报》2009 年第 9 期。
[②] 邱本:《论衣着权》,http://www.iolaw.org.cn/showArticle.asp?id=1124,2018 年 8 月 20 日访问。
[③] 李超群:《适当生活水准权:当代人的基本权利》,载《政法论丛》2015 年第 1 期。

四、住房权

(一) 住房权的内涵

住房权,又称"适当住房权",是指公民享有起码的栖身之所的权利。1991年,联合国经济、社会、文化权利委员会发布了《关于获得适当住房权的第4号一般性意见》,规定适当住房权是适当生活水准权的组成部分之一,它的实现对其他权利的实现影响重大。该委员会认为,不应该狭隘或限制性地解释住房权利,不能仅仅将它视为一种商品,而应将它视为人安全、和平和有尊严地居住于某处的权利。

(二) 住房权的保障标准

联合国经济、社会、文化权利委员会认为,住房权应当首先强调"适足",即"在某种程度上,是否适足取决于社会、经济、文化、气候、生态及其他因素"。[①] 同时,还必须考虑住房权的其他方面,包括:(1) 使用权的法律保障,用以对抗强制驱逐、骚扰和其他威胁;(2) 服务、物质、设备和基础设施的可使用性,主要是指住房应当具备的合理设施,如取暖及照明设施、卫生及盥洗设施、排水及紧急服务设施等;(3) 可支付性,主要是指居民对住房的负担在其经济能力可支付的范围之内;(4) 可居住性,是指住房拥有充足的空间以及对抗恶劣天气的设施;(5) 实际可获得性,是指要采取一切措施保障适足的住房实际上能够获得,尤其是对处于不利地位的特殊群体,如老人、残疾人等;(6) 地点,住房不能建在威胁居民健康权的污染地区,也不能建在直接邻近污染的发源之处,应考虑居民居住的便利;(7) 文化的适足性,应恰当地体现住房的文化特征和多样性。

(三) 我国的住房权保障体系

我国住房保障按照农民和城镇居民进行分类。农民住房保障的土地供应部分通过集体成员权,从集体土地所有权中免费分配宅基地,地上构造物则按照市场方式实现。城镇居民住房权通过市场化和住房保障制度实现。我国城镇基本的住房保障制度包括以下三个方面:

第一,城市低收入住房困难家庭的廉租住房保障制度,简称"廉租房制度"。政府(单位)在住房领域实施社会保障职能,保障对象是城市中的低收入家庭,即对具有本市非农业常住户口的最低收入家庭和其他需保障的特殊家庭,提供租金补贴或以低廉租金配租的具有社会保障性质的普通住宅,以保证其住房达到社会最低

[①] 参见黄金荣主编:《〈经济、社会、文化权利国际公约〉国内实施读本》,北京大学出版社2011年版,第106页。

生活标准。建立廉租房制度的目的是,构建面向住房弱势群体的城市住房保障制度。

第二,经济适用房制度。经济适用房是指具有社会保障性质的商品住宅,它是根据国家经济适用住房建设计划安排建设的,由国家统一下达计划,用地实行由地方政府行政划拨方式,免收土地出让金,对各种经批准的收费实行减半征收,出售价格按保微利的原则确定,具有经济性和适用性的特点。所谓经济性,是指住房的价格相对于同期市场价格来说是适中的,适合中等及低收入家庭的负担能力。所谓适用性,是指在房屋的建筑标准上不能削减和降低,要达到一定的使用效果。

第三,公共住房租赁制度。这是指政府或其他公共机构如国有企业等将持有的一部分房源以低于市场价、高于廉租房租价的方式租给特定人群的制度。公共租赁住房通过新建、改建、收购、长期租赁等多种方式筹集,可以由政府投资,也可以由政府提供政策支持、社会力量投资。其基本特征是,将政府建设或筹集的房源以实物配租或货币补贴形式,提供给刚进入劳动力市场的新职工或农民工群体。

热点讨论

目前,我国多数一二线城市的房价大幅度上涨,普通工薪阶层很难企及。这种现象是不是对公民住房权的侵犯?各地政府采取限制房价过快上涨的措施是否可以理解为国家在履行保障公民住房权的义务?

第四节 健 康 权

当前,人类的健康权正受到前所未有的来自自身的威胁。面对此种形势,如何运用法律手段保障人类健康,实现每个人最基本的健康权保障成为不可回避的话题。以下我们将从人权和法律视角对健康权进行介绍,试图理清健康权的内涵及其保护路径。

一、健康权的含义

欲了解健康权的实质内容,必须从语词和规范上对"健康"一词所涵盖的意义加以梳理和界定。

(一)"健康"的内涵

健康一般指个人的健康,这个概念可能是主观的和不确切的。健康是人作为生命个体拥有之所以为人的幸福和尊严的重要前提,是人追求幸福的必要条件。《辞海》中将"健康"表述为:"人体各器官系统发育良好、功能正常、体质健壮、精力充沛,并具有健全的身体和社会适应能力的状态。通常用人体测量、体格检查、各种生理和信理指标来衡量。"①《现代汉语词典》这样解释"健康":"(人体)发育良好,机理正常,有健全的心理和社会适应能力。"②《简明不列颠百科全书》认为:"健康是人在体力、感情、智力和社交能力等方面可持续适应其所处环境的程度。"③

学界对健康内涵的揭示形成了五种主要观点:(1)生理机能完善状态的单维度说。此说认为,健康是生物意义上的身体健康,主要从医学的角度去解释如何维护人的身体健康。健康特指人体生理机能的一种完善状态。(2)生理和心理良好状态的二维度说。此说认为,健康包括生理健康和心理健康。(3)身心良好与社会适应状态的三维度说。世界卫生组织(WHO)提出了著名的三维健康概念,指出"健康不仅是没有疾病或不虚弱,而是身体的、心理的和社会的完美状态",即不仅要身体健康、心理健康,还要能积极适应社会。(4)身体健康、心理健康、社会适应健康和道德健康的四维度说。1989年,世界卫生组织进一步定义了四维健康新概念,即"一个人在身体健康、心理健康、社会适应健康和道德健康四个方面皆健全"。(5)身体健康、社会健康、情绪健康、精神健康和哲理健康的五维度说。以上从不同维度对健康加以界定的学说基本上是一种逐步推进的方式,其中世界卫生组织强调的三维度说基本上是通说。

(二)健康权的定义与内涵

对健康概念的争议,导致了健康权的不明确性。健康权作为经济、社会、文化权利的基本人权,其概念也很难描述或说明。以下分别从国际人权条约和国内研究两个视角对健康权的定义与内涵进行分析。

1. 国际人权条约对健康权的界定

(1)《世界卫生组织宪章》的定义:"身体上、心理上和社会适应上的完好状态,而不仅仅是没有疾病或虚弱。"(2)《世界人权宣言》的定义:"人人有权享受为维持他本人和家属的健康和福利所需的生活水准,包括食物、衣着、住房、医疗和必要的社会服务;在遭到失业、疾病、残废、守寡、衰老或在其他不能控制的情况下丧失谋生能力时,有权享受保障。"(3)《经济、社会、文化权利国际公约》的定义:"人人有权

---

① 《辞海》,上海辞书出版社1999年版,第722页。
② 《现代汉语词典》(第7版),商务印书馆2016年版,第642页。
③ 《简明不列颠百科全书》编辑部:《简明不列颠百科全书》,中国大百科全书出版社1985年版,第32页。

享有能达到的最高的体质和心理健康的标准。"(4)《第 14 号一般性意见》的定义：2000 年,联合国经济、社会、文化权利委员会通过了《享有能达到的最高健康标准的第 14 号一般性意见》(简称《第 14 号一般性意见》),对健康权概念进行了详细诠释,指出："享有健康权必须被理解为一项享有实现能够达到的最高健康标准所必需的各种设施、商品、服务和条件的权利。"(5)《儿童权利公约》的定义："儿童有权享有可达到的最高标准的健康。"

2. 我国学者对健康权的界定

(1)从私权利的角度出发,有学者认为："健康权者,不为他人妨害,而就自己之健康,享受利益之权利也。"①(2)有学者将健康权定义为："独立的人格权,即公民以其机体生理机能正常运作和功能完善发挥,以其维持人体生命活动的利益为内容的人格权,它包括健康维护权、劳动能力保持权和健康利益支配权。"②(3)王利明教授在《人格权法新论》一书中认为："健康权是公民以身体的生理机能的完善性和保持持续、稳定、良好的心理状态为内容的权利。"③

综上,健康权是关涉生存权的一项基本权利,可将之定义为：人人享受可能达到最高健康标准所必需的各种设施、商品、服务和条件,能够维持躯体生理机能正常和精神状态完满的权利。这一定义表明,可以从主体、义务相对人、客体和内容等方面对健康权加以分析。(1)健康权的主体,即谁有资格要求得到健康保障。一般认为,健康权的主体为所有人。(2)健康权的义务主体,即义务相对人。从《经济、社会、文化权利国际公约》以及我国的法律规定可知,健康权的相对方一般是指国家。学者们已经总结出保障健康权的三层次国家义务：尊重、保护和给付。(3)健康权的客体,即健康权指向的对象可以理解为上文界定的"健康"。(4)健康权的内容,即健康权具体包括什么。健康本身的复杂性导致健康权的内容不一而足。关于健康权具体应该包括哪些内容,下文将予以详细论述。

二、健康权的内容构成

在对健康与健康权的内涵加以界定的基础上,本书认为,健康权的外延主要包括：健康维护权、劳动能力权、健康支配权、自然和工作环境健康权以及平等医疗权等。

(一)健康维护权

健康维护权的首要内容是自然人享有保持自己的健康的权利。保持自己的健

---

① 何孝元：《损害赔偿之研究》,台湾商务印书馆 1982 年版,第 135 页。
② 魏振瀛主编：《民法》,高等教育出版社、北京大学出版社 2000 年版,第 645 页。
③ 王利明主编：《人格权法新论》,吉林人民出版社 1994 年版,第 288 页。

康，就是使自己的健康状况保持在完好的状态，通过饮食、锻炼等提高健康水平，以及在生理机能、功能出现异常状态时请求医疗救助的权利，使健康状况恢复到原有水平或达到完好状态。健康维护权的另一项内容是自然人在自己的健康权受到不法侵害时享有请求法律保护的权利。健康权是绝对权、对世权，权利主体以外的其他任何人都负有不得侵害的法定义务。

（二）劳动能力权

劳动能力是自然人从事创造物质财富和精神财富活动的脑力和体力的总和。作为自然人健康权的一项基本人格利益，劳动能力权存在于健康权之中，不具有独立人格利益的地位。自然人享有劳动能力权意味着：（1）有权保有这种利益；（2）有权利用这种劳动能力以满足自己及社会的需要；（3）有权发展这种利益；（4）当这种利益受到损害时，有权要求加害人作出损害赔偿。

（三）健康支配权

人格权是对人格利益的支配权，健康权也具有支配权的性质，其主要表现是锻炼身体，增进健康，提高生活质量。此外，自然人在健康权受到侵害时对法律保护的请求、对健康权的维护以及对劳动能力的行使，也是对健康权加以支配的体现。

（四）自然和工作环境健康权

环境污染和对自然资源的破坏，导致人类健康生活的恶化。根据各国环境法的相关内容，改善环境质量是保护民众健康生活不可缺少的措施。工作环境对个人健康的影响在现代社会越来越重要，特别是职业病成为个人健康的主要"杀手"之一。所以，应当改善工作环境，降低对劳动者的健康损害，加强工作环境安全措施，特别是加强高危行业的安全防护，促进个人身心健康。现代社会工作压力的增加，导致人们心理负担加重，心理疾病蔓延。因此，人性化的工作安排需要注意劳逸结合，将维护劳动者的心理健康作为工作环境健康权的重要内容。

（五）平等医疗权

医疗权是宪法上的应然权利，包括获得公正、必需和费用适当的医疗服务权利，在诊治过程中对病情和治疗情况的知情权，以及发生医疗事故后要求赔偿的权利，还应包括无力支付费用时获得基本医疗的权利。随着社会的发展，医疗保障成为衡量一个国家发展水平的重要标志，平等医疗权被多数国家确定为公民应有的健康权利。

三、作为基本人权的健康权保障模式

健康权的宪法保障是指通过宪法规定的方式，将健康权纳入基本权利体系。

国家担负宪法义务,不得侵犯并要保护、促进基本权利的实现。健康权作为基本人权,其保障模式可以概括为立宪保障模式、司宪保障模式和制度保障模式。

(一)健康权的立宪保障模式

1. 健康权目标型立宪模式

目标型模式是指宪法在公民健康方面设定目标,规定其应该达到的可能程度。在这种模式下,国家通常会采取普通立法的方式对健康权的相关内容加以明确。例如,荷兰宪法规定,政府应采取措施促进人民之健康。韩国宪法规定,国民都有权利享受健康与美好环境。

2. 健康权权利义务型立宪模式

权利义务型模式是指宪法规定健康权主客体的权利和义务。它又可分为两种模式:第一,权利型模式,是指宪法规定公民享有健康的权利,如健康权、健康照护权、公共健康服务权等。俄罗斯宪法、印度宪法、菲律宾宪法等是这一模式的典型代表。第二,义务型模式,是指宪法对国家课以提供健康照护、公共健康服务等义务。这一模式的典型代表有墨西哥宪法、西班牙宪法等。

3. 健康权方针型立宪模式

方针型模式是指宪法规定健康照护、公共健康服务等的提供、经费及规范等方面的具体方式。它可分为两种情况:一是在宪法明确规定健康权的国家,宪法通常要求立法机关制定相关法律予以实施;二是在宪法没有规定健康权的国家,普通立法是保障健康权的重要途径。

4. 健康权转换型立宪模式

转换型模式是指本国宪法虽然没有直接规定健康权,但是采用适用国际或区域性人权公约、宪法解释、普通立法等方法间接规定健康权。据此,它可分为以下三个类型:第一,将国际或区域性人权公约纳入内国法。在国家层面,赋予国际人权法中的健康权直接效力,使相关规定在国内直接适用,是最直接有效的途径。第二,通过宪法解释间接规定健康权。第三,在宪法指导下,通过普通立法保障健康权。

(二)健康权的司宪保障模式

1. 将健康权作为宪法基本权利的直接司法保障模式

很多国家将健康权规定为宪法基本权利。由于宪法直接规定了健康权,并且受司法至上原则的制约,当公权力侵害公民的健康权时,公民可以起诉到宪法法院或其他法院,直接依据宪法条款对权利进行救济。宪法保护健康权最直接有效的方式就是建立违宪审查制度。公民通过诉讼方式救济被侵害的宪法权利,就是将健康权作为宪法基本权利的直接司法保障模式。法国、德国、巴西、日本、南非和俄罗斯等国采用这种模式,其中最突出的是南非和德国。

2. 通过适用和解释宪法性规范中的自由权的间接司法保障模式

很多国家的宪法并没有明确规定健康权,或者宪法所规定的健康权内容只是作为国家政策和政府目标,仅具有指导意义,而不具有司法意义。大多数国家宪法中的健康权条款属于这一类型。在国际和区域层面上,对于自由权的司法保障是相当完善的,那么能否将自由权的司法救济适用于健康权?国内法院特别是宪法法院可以通过适用或解释自由权间接保障健康权。一些国内法院试图利用平等保护、迁徙自由、正当程序、生命权等条款推导出健康权。

3. 通过适用或引用国际法保障健康权的司法保障模式

在当今国际实践中,国际条约在国内的适用主要有"一元论"和"二元论"。"一元论"是指国内宪法或其他部门法作出原则性规定,承认并允许国际条约在国内直接适用,荷兰是典型代表。"二元论"是指只有国内的立法机关将国际条约的内容转化为国内立法,国际条约才能予以运用,印度是典型代表。

(三)健康权的制度保障模式

1. 英国的全民医疗保障模式

全民医疗保障模式是指政府以税收或缴费的方式筹集资金,并经由专项基金或国家财政预算拨款的形式向医疗机构提供资金,医疗机构向公民提供基本医疗服务,如预防保健、疾病诊治以及康复护理等,一般为免费或低收费。英国历来就有救济贫困和扶弱助残的社会共识,并逐渐形成了悠久的历史传统。英国是世界上第一个建立起全民医疗保障制度的国家。英国的全民医疗保障体系主要由国家卫生保健体系、社会医疗救助体系和私人医疗保险制度构成。

2. 德国的社会医疗保障模式

社会医疗保障模式是指国家基于社会互助原则以及大数法则等风险分摊机制建立的保险模式,旨在将少数人随机产生的各种疾病风险分摊给全体社会成员。社会医疗保障模式采用国家、雇主、个人三方分担的方式实现医疗保障,将社会设定为人与人之间互相照顾的模式,保险人、医疗服务提供商以及患者之间实行连带主义的筹资方式。德国的医疗保障体系主要由法定医疗保险制度、法定护理保险制度、私人医疗保险制度和针对特定人群的医疗福利制度构成,其中法定医疗保险制度的覆盖率最高,是整个体系的主导部分。

3. 美国的商业医疗保障模式

商业医疗保障模式是指以合同的形式将被保险人遭遇的疾病风险造成的经济

损失转移给保险人,在对疾病发生概率进行数理预测和精算的基础上,通过对投保人缴费建立的医疗保险基金的调剂使用以达到补偿被保险人医疗费用的目的。商业医疗保障制度包括商业医疗保险和私人医疗保险。美国是典型的以商业医疗保障模式为主的国家。当代美国的医疗保障系统纷繁复杂,堪称世界之最。在奥巴马政府进行医疗改革之前,美国是西方发达国家中唯一没有实现全民医保的国家,没有一个覆盖全民的医疗保障项目。归纳起来,美国的商业医疗保障体系大体可分为公共提供和私人提供两大类与三个层次,即私营医疗保障体系,联邦政府针对特殊人群的公共医疗保障体系,以及地方政府提供给低收入、失业、无保险者的医疗服务体系。

热点讨论

健康权关系到每一个人的生活,除了食品卫生安全和环境污染,我们身边还有什么现实状况威胁到大家的健康权?在健康权保障层面,国家还需要作出什么样的努力?

▶ 小结

生存权是公民最重要的基本权利之一,属于广义社会权的范畴。一般认为,生存权主要包括社会保障权、适当生活水准权和健康权。生命权主要要求国家尊重人的生命,一般以消极不作为为主,因此应将之从生存权范畴中分立。另外,生存权并不是只要求国家保障公民维持自己生命的最起码权利,即这种要求只是生存权的最低限度要求。实质上,生存权的目的在于保障人能过像人那样的生活,其主要内涵包括两个层面:一是维持人的基本物质需要,二是让人们有尊严地享有这些基本需要。因此,所谓"最低限度合于人性尊严的生活"不仅要求必须有维持最低限度生活必需的基本物品,也包括让人们有尊严地享有这些基本物品,而这些物品并不仅限于衣、食、住、行等物质层面,还包括精神层面。可见,生存权的保障离不开国家义务的履行,它的最终实现还需要国家履行相应的尊重、保护和给付义务。

社会保障权是生存权的重要组成部分,主要是指社会成员(或公民)在面临威胁其生存的社会风险时,从国家和社会获得物质保障和社会服务,以维持生存并达到相当水准的生活的权利。因此,社会保障权具有基本权利与普通法律权利两个层面的属性,具有积极自由与消极自由双重属性,在适用上具有普遍性与特殊性相结合的特点,在权利类型上兼有社会权利与经济权利的色彩。从我国的具体实践来看,社会保障权主要包括社会保险权、社会救助权、社会福利权和社会优抚权。

适当生活水准权作为一项基本人权,主要渊源于《世界人权宣言》和《经济、社会、文化权利国际公约》。适当生活水准权是指人在生存和交往活动中,为了满足自身生存、尊严与发展的需要,从国家和社会获得物质帮助和其他服务的权利。一方面,公民能够平等地享有适当生活水准权,而不因民族、种族、性别等有所差异;另一方面,当出现上述难以满足基本生存需要的情况时,公民有向国家或者其他法定组织要求给予相应物质帮助和社会服务的权利。适当生活水准权的具体形态包括食物权、衣着权、住房权等。

作为生存权重要组成部分的健康权是国际人权公约认定的基本人权,主要是指人人享有可能达到最高健康标准所必需的各种设施、商品、服务和条件,能够维持躯体生理机能正常和精神状态完满的权利。健康权的外延主要包括:健康维护权、劳动能力权、健康支配权、自然和工作环境健康权以及平等医疗权等。健康权的宪法保障是指通过宪法规定的方式,将健康权纳入基本权利体系。国家担负宪法义务,不得侵犯并要保护、促进基本权利的实现。健康权作为基本人权,其保障模式可以概括为立宪保障模式、司宪保障模式和制度保障模式。

▷ 课外材料

案例(CASES)

1. 刘广梅、刘小盟与韶关市民政局行政救助申诉案
2. 三鹿奶粉系列案
3. 山东非法疫苗案

法条链接(RULES)

1. 《世界人权宣言》第22—23条、第25条
2. 《经济、社会、文化权利国际公约》第9条、第11—12条
3. 国际劳工组织《社会保障最低标准公约》
4. 联合国经济、社会、文化权利委员会第19号"一般性意见"
5. 《儿童权利公约》第24条、第26条
6. 《中华人民共和国宪法》第14条、第43—45条

阅读(READINGS)

1. 〔日〕大须贺明:《生存权论》,林浩译,法律出版社2001年版。
2. 李步云主编:《人权法学》,高等教育出版社2005年版。
3. 黄金荣主编:《〈经济、社会、文化权利国际公约〉国内实施读本》,北京大学出

版社 2011 年版。

4. 薛小建:《论社会保障权》,中国法制出版社 2007 年版。

5. 郑智航:《适当生活水准权研究》,中国政法大学出版社 2016 年版。

6. 林志强:《健康权研究》,中国法制出版社 2010 年版。

7. 龚向和:《生存权概念的批判与重建》,载《学习与探索》2011 年第 1 期。

8. 徐显明:《生存权论》,载《中国社会科学》1992 年第 5 期。

9. 郭曰君:《论社会保障权的价值》,载《中国社会科学院研究生院学报》2008 年第 3 期。

10. 焦洪昌:《论作为基本权利的健康权》,载《中国政法大学学报》2010 年第 1 期。

11. 钟秉正:《社会保险法论》,台湾三民书局 2005 年版。

第七章 受教育权

> 学习目的

- 了解受教育权对个人、社会、国家的意义。
- 理解受教育权的基本含义,熟悉受教育权的基本内容体系。
- 能够运用受教育权知识和法律规定评价、分析社会生活中出现的相关受教育权案例或事例。

> 知识要点

- 受教育权是公民的基本人权,是指公民依法享有的,要求国家积极提供均等的受教育条件和机会,通过学习发展其个性、才智和身心能力,以获得平等的生存和发展机会的基本权利。
- 根据受教育权产生、发展的时间顺序,可以将受教育权划分为三个阶段的"子权利",即开始阶段的学习机会权、过程阶段的学习条件权和结束阶段的学习成功权。

> 案例导入

【案例 7-1】 高考生诉教育部案

2001年8月22日,山东青岛应届高中毕业生姜某、栾某、张某某因当年全国普通高校高等教育招生计划造成青岛录取分数线远远高于北京等地区的分数线,在律师的陪同下来到北京,向最高人民法院递交行政诉讼状,起诉教育部侵犯了公民的平等受教育权。

诉讼理由:教育部作出的发布《关于2001年全国普通高等院校教育招生计划》的行政行为,"根据不同地域范围对招生人数作了不同的限定,这种限定使得不同地域的考生被划分成了高低不同的等级,并在这不同的等级中参加高考。等级之间分数标准差异巨大,从而直接侵犯了包括原告在内的广大考生的平等受教育权"。

【案例 7-2】 齐玉苓诉陈晓琪等侵犯受教育权案

齐玉苓与陈晓琪均系滕州八中1990届应届初中毕业生。陈晓琪在1990年中专预选考试时成绩不合格,失去了参加统考以及报考委培生的资格。齐玉苓则通过了预选考试,取得了参加统考以及报考委培生的资格。当年,济宁商校发出了录取"齐玉玲"为该校1990级财会专业委培生的通知书。陈晓琪从滕州八中领取该通知后即以"齐玉玲"的名义入济宁商校就读。就读期间,学生档案仍是齐玉苓初中阶段及中考期间形成的考生资料。1993年,陈晓琪毕业时,其父陈克政伪造体格检查表和学期评语表,与原档案中两表调换。当时,陈晓琪在工作单位人事档案和工资单上的名字仍是"齐玉玲"。1999年,得知真相的齐玉苓以侵害其姓名权和受教育权为由,将陈晓琪、陈克政、济宁商校、滕州八中、滕州市教委告上法庭,要求被告停止侵害,并赔偿经济损失和精神损失。

【案例 7-3】 大学生诉母校案

2004年5月,成都某高校一对学生情侣在教室里拥抱、接吻的亲昵举动被学校发现。学校依据学生违纪处分规定,给予两人开除学籍处分,两名学生将学校告上法庭。2005年1月,起诉被驳回。

第一节 受教育权的概念

"受教育权"[①]一词作为法律术语由来已久。那么,受教育权到底是一种什么样的权利?受教育是否同时也是义务?应当怎样看待受教育权?其权利主体与义务相对人是谁?其客体是什么?其内容体系是怎样的?这些问题是研究受教育权首先必须弄清楚的。

一、受教育是权利而不是义务

我国现行《宪法》第46条第1款规定:"中华人民共和国公民有受教育的权利和义务。"越南《1992年宪法》第59条第1款也规定:"教育是公民的权利和义务。"这

---

① 对受教育权的全面深入探讨,参见龚向和:《受教育权论》,中国人民公安大学出版社2004年版。

种受教育权利义务一体化的立法模式,引起了人们对受教育的权利义务性质的模糊认识,导致了宪法理论上与司法实践中的诸多困惑:受教育到底是权利还是义务?对既是权利又是义务的受教育应如何理解和实施?我国学界的主流观点与宪法的规定一致,即受教育于公民而言既是权利又是义务。但是,我们认为,受教育是公民应享有的基本权利而非义务。①

受教育的权利义务观作为主流理论,由于其本身难以解决权利义务理论的困惑以及产生的混乱,因而越来越受到质疑甚至批判。② 二战后,国际社会从践踏人权的两次人类大灾难中吸取教训,把人的尊严和权利奉为国家法律的最终追求目标。在国际、国内法律与政治辩论中,人权之声压倒一切,使权利观念得到进一步弘扬,人类逐渐走向一个权利的时代。很多先前的义务转变为权利,受教育的义务也逐渐从过去的束缚中解脱出来,成为可以向国家、社会、家长主张的权利。

接受义务教育在当代民主社会中应该被定性为儿童的权利,而不是义务。首先,随着二战后教育理念的转变,受教育已成为人人平等享有而由各国政府保障的基本人权。1948年《世界人权宣言》、1959年《儿童权利宣言》、1960年《取缔教育歧视公约》、1966年《经济、社会、文化权利国际公约》、1989年《儿童权利公约》等一系列有关教育的国际文件,无一不在宣告受教育者不可剥夺的受教育权和各国政府不可推卸的积极义务。其次,受教育既是权利又是义务的观念已引起权利理论的困惑和混乱,并逐渐被否定。把受教育权视为公民权利,与国家、社会、学校和家长创立、实施、保障教育的义务相对应,使教育关系中的权利义务明确,权责分明,既有利于保障公民的受教育权,又有利于国家义务教育的实施。再次,把受教育视为义务,除了受国家教育理念的影响外,还与对受教育本身内容的错误认识有关,把根本不属于受教育范围的事项,特别是学生行使受教育权时须履行的随附义务或其他的学生义务置于受教育的范畴之中。最后,处于义务教育年龄阶段的是未成年人,年龄一般为16周岁以下,他们没有完全的承担法律义务和责任的能力,法律也不应使他们负担力不能及的义务。事实上,送儿童接受法定义务教育已被法律规定为父母等监护人的法律义务。要说义务教育的"义务",只能是父母送其未成年子女上学的义务,而不是其未成年子女应承担的义务。

综上,公共教育发展到今天,受教育,包括受义务教育和非义务教育,是公民应该享有而由国家、社会、学校和家长予以保障的基本权利,绝不是同时应承担的义

---

① 参见龚向和:《受教育的权利义务性质论辩》,载《湖南社会科学》2003年第4期。
② 例如,张庆福教授认为,我国宪法把受教育权既规定为公民的权利,又规定为公民的义务,"实际上是不妥当的","混淆了权利主体与义务主体的关系"。参见张庆福主编:《宪政论丛》(第1卷),法律出版社1998年版,第31页。

务,教育的工具理性和教育理念的国家本位已不合时宜。①

二、受教育权的主体是所有公民

从理论上看,受教育权是不可剥夺的基本人权,其权利主体应该同属于人类家庭的每一成员。然而,在人权法律实践中,并非如此。"联合国宣布的人权实际上是作为某个社会特定成员的权利,因为只有这样才能解释为什么相关的义务落在自己的政府之上。"②因此,受教育权的主体必须明确。作为宪法基本权利,受教育权规定的是公民与其所属国家的权利义务关系,享有受教育权的主体只能是一国的公民。我国《宪法》第 46 条规定了受教育权的主体是"中华人民共和国公民",即主体资格的唯一要求是具有中国国籍。《宪法》第 33 条"公民在法律面前一律平等"的总括性原则规定,加上《教育法》第 9 条"公民不分民族、种族、性别、职业、财产状况、宗教信仰等,依法享有平等的受教育机会"的具体化规定,更进一步确认和巩固了《宪法》第 46 条的规定。也就是说,外国人不在宪法的保障范围之内,不享有我国公民享有的受教育权。当然,在所有公民中,学生是最典型的受教育权的主体。不过,随着社会教育制度的完善和终身教育制度的建立,学生以外的其他公民作为受教育权的主体将会越来越受到重视。

三、受教育权的义务相对人是国家

首先,权利是一个关系范畴,它与义务相对,而与权利人相对的则是义务人。权利人的权利就是相对人的义务。有学者对"权利义务的逻辑相关性学说"存有疑问,进而提出"没有相应于权利的义务或没有相应于义务的权利"这一所谓的"棘手问题",特别是在要求重大利益和服务的权利方面。"所谓重大利益,指诸如房屋、衣着、食物、健康、教育和清洁的居住环境这些在联合国宣言中列举的'人类权利',然而有谁有相应的义务?"③但是,与教育、健康、食物等社会权利相对应的义务人已由《经济、社会、文化权利国际公约》第 2 条明确规定为每一个缔约国,第 13、14 条则具体规定了缔约国具体的行为义务和结果义务。作为法律问题,"《经济、社会、文化权利国际公约》使用义务的语言,并不仅仅是一种愿望或希望。采取某些步骤以

---

① 有人认为我国历来持教育工具理性观念和国家本位思想,因而认定义务教育为受教育者的义务更为协调一致。这种迁就现状的保守观点值得深思。参见温辉:《义务教育性质刍议》,载《法制与社会发展》2001 年第 2 期。
② Carl Wellman, *An Approach to Rights: Studies in the Philosophy of Law and Morals*, Kluwer Academic Publishers, 1997, p.22.
③ 〔美〕汤姆·L.彼彻姆:《哲学的伦理学》,雷克勤等译,中国社会科学出版社 1990 年版,第 301 页。

达到'尽最大能力''逐步地'实现,这些规定设立了明确而坚实的法律义务。"①

其次,受教育权是宪法权利,其义务承担者应该是国家。根据宪法学理论,宪法的产生、发展及实际运行的原动力和核心价值是公民基本权利。作为政府与人民之间的契约,国家权力来自人民权利,其目的是保障包括宪法列举的公民权利在内的所有基本人权。因此,受教育权的义务承担者必定是国家。在国家教育权的形成过程中,在受教育权逐渐成为明确的公民权利的同时,教育也逐渐成为国家的积极义务。20世纪下半叶,资本主义国家普遍通过宪法和法律规定国家实施义务教育的义务,"正是由于把普及义务教育视为国家的积极义务,使得这些国家重新确立了国家的教育权力"②。当然,国家作为受教育权的义务承担者,是从根本、最终意义上说的。也就是说,除了国家这一义务人之外,家长、教师等也承担一定的义务。然而,各个义务人实质上承担的不是同一法律层次上的义务,国家承担的是作为根本法的宪法义务,其他义务人承担的是教育法等普通法义务。同时,国家教育权因其对于实现公民受教育权所能提供的保障程度而成为现代社会教育权的主体,其他教育权因其实现公民受教育权的局限性而只能成为国家教育权的补充。③因此,国家是受教育这一基本权利的义务承担者,对公民受教育权的实现承担着最终的法定义务。

四、受教育权的客体是国家的积极行为

受教育权实现的主要途径是国家积极提供均等的受教育条件和机会。受教育权主要是一种社会权利,其实现需要国家通过积极作为予以保障,即向所有公民提供均等的受教育条件和机会。这是社会主义国家、福利国家的基本理念。然而,受教育权作为宪法规定的"母体性"权利,包括一系列的子权利,其中有些权利明显属于自由权利的范围,如受教育选择权(学校、教师、教育种类和方式等)、学生人格自由发展权等,从而使受教育权同时具有自由权利的特征。国家的保障义务包括积极作为和消极不作为的行为义务,还包括必须达到某种程度的结果义务。④ 在对与受教育权等社会权利相对应的国家义务的务实理解方面,挪威著名人权学家埃德的观点全面而中肯。他认为,国家至少负有三种义务,即尊重、保护和实现的义务。

---

① 〔美〕路易斯·亨金:《权利的时代》,信春鹰、吴玉章、李林译,知识出版社1997年版,第42页。
② 秦惠民:《走入教育法制的深处——论教育权的演变》,中国人民公安大学出版社1998年版,第30页。
③ 同上书,第181—196页。
④ 参见联合国经济、社会、文化权利委员会通过的一般性意见:《一般性意见3缔约国义务的性质》,载于E/1991/23号文件。

尊重的义务要求政府不得对受教育权等社会权利的享有进行干涉；保护的义务要求政府防止第三方对这些权利的侵犯；实现的义务要求政府采取适当的立法、行政、预算、司法和其他措施，以确保这些权利的充分实现。① 因此，"国家不仅有义务不以任何方式干涉个人的自治性并通过法律、警察以及司法机构的裁决来保护个人的权利，而且还有义务以提供工作、援助和教育的方式为公民履行积极的义务。"② 对于受教育权来说，这个积极的义务就是提供均等的受教育条件和机会。

五、受教育权的内容体系

受教育权的内容体系是指对组成受教育权的各项内容及其表现形式进行分类，由划分出的各类权利所构成的有机联系的统一整体。作为宪法基本权利，受教育权具有母体性，可以派生出各种受教育权的"子权利"。根据受教育权产生、发展的时间顺序，可以将受教育权划分为三个阶段的"子权利"，即开始阶段的学习机会权、过程阶段的学习条件权和结束阶段的学习成功权。三者之间的关系在于，前者是后者的前提和基础，后者是前者的体现和自然的发展结果，共同构成受教育权完整、严密的体系。三种"子权利"又可派生出更多的"孙权利"：学习机会权包括入学升学机会权、受教育选择权和学生身份权，学习条件权包括教育条件建设请求权、教育条件利用权和获得教育资助权，学习成功权包括获得公正评价权和获得学业证书学位证书权，由此形成受教育权"家族"完整的权利体系。

通过以上分析可以看出，所谓受教育权，是指公民依法享有的，要求国家积极提供均等的受教育条件和机会，通过学习发展其个性、才智和身心能力，以获得平等的生存和发展机会的基本权利。

第二节 学习机会权

学习机会是指受教育者有权通过学习获得生存与发展能力的可能性空间和余地，是接受任何等级教育的起点、资格或身份。没有这个起点、资格或身份，就没有受教育的可能性，整座"权利大厦"就不可能存在。因此，学习机会权是一种重要的社会资源，是受教育权存在与发展的前提性和基础性权利。作为第一层次的"子权

---

① 参见〔挪威〕A.埃德：《人权对社会和经济发展的要求》和《国际人权法中的充足生活水准权》，载刘海年主编：《〈经济、社会和文化权利国际公约〉研究》，中国法制出版社2000年版，第15—16、226页。
② 〔法〕莱昂·狄骥：《公法的变迁——法律与国家》，郑戈、冷静译，辽海出版社、春风文艺出版社1999年版，第234页。

利",学习机会权根据其表现形式又可以派生出三种"孙权利":入学升学机会权、受教育选择权和学生身份权。

一、入学升学机会权

入学升学机会权是学习机会权的重要表现形式或实现方式。从字面上理解,入学的外延包括进入各级各类教育机构,升学的外延是从低一级的教育机构升入高一级的教育机构。也就是说,入学包括升学的范围。对即将从低一级的教育机构毕业的在校学生来说,前一阶段的学习结束后,进入更高一级的教育机构,实质上就是升入更高一级的教育机构学习。入学和升学只是对同一过程的不同表述罢了,对于前一阶段而言是升学,对于后一阶段而言则是入学。因此,本书将入学和升学两种学习机会权合在一起进行论述,以避免不必要的重复。同时,考虑到义务教育和非义务教育两个阶段对入学升学机会权规定的差异,下文将从义务教育和非义务教育两个角度探讨入学升学机会权。

义务教育阶段的入学升学机会权是指适龄儿童进入小学,小学毕业后升入初级中学学习的权利。入学升学机会权是一种通过国家积极作为予以保障的社会权利,对所有公民一律平等。凡达到法律规定年龄的儿童、少年,不分性别、种族、民族、宗教信仰、地域、社会经济地位、能力及其他条件,都依法享有进入或升入国家设立的义务教育学校学习的同等机会。因此,入学升学机会权的平等不是法律形式上的平等,而是每个主体都能实际享有的实质平等。为此,国家有责任建立免费、公共的学校教育制度,采取全面实施义务教育和奖励、援助入学升学的措施。为了提高入学水平,有些国家还通过立法规定为小学生提供三餐膳食。同时,社会有禁止雇用学龄童工的义务;学校有提供学习环境,接受学生入学的义务;家长有送其适龄子女上学的义务。违反这些义务的,会受到严厉的制裁。例如,韩国《教育法》第164条和第165条规定,家长如不送其6—12周岁的子女上学,经督促仍不履行者,以及对雇用学龄儿童而妨碍其接受义务教育者,处以10万韩元以下的罚金。当然,受教育权作为宪法权利,主要是针对国家的,社会、学校和家长的义务只是国家义务的补充,国家对保障儿童、少年的入学升学机会权负有最终的实现义务。

我国作为发展中的人口大国,将保障公民学习机会权的重点放在义务教育阶段的入学升学机会权上。《宪法》《义务教育法》《教育法》《未成年人保护法》对儿童、少年接受义务教育的权利与国家、社会和家长的义务作出了明确规定。特别是《义务教育法》及其实施细则,从权利宣告、各类义务教育学校的设立、免收学费、设立助学金和补助金、教育财政拨款、教育费附加、惩治违反《义务教育法》的行为等方面,给每个适龄儿童提供平等的入学升学机会,使进入义务教育学校学习的机会能为每个适龄儿童实际平等地享有,而不受任何外在条件的限制。义务教育阶段的入学升学机会权是每个学龄儿童应该平等享有的基本权利,不存在互相竞争的问题,入学率应达到100%。走在教育现代化前列的许多国家,如日本、瑞士、德国、西班牙等,小学净入学率都达到100%。实际上,侵犯儿童、少年入学升学机会权的现象在我国仍然存在。例如,少数家长不送其学龄子女报到入学(特别是初中阶段),某些义务教育学校以各种借口拒收学龄儿童入学(如对外地学生收取建校费、赞助费)等。为保证公民获得平等的生存和发展机会,政府应更进一步承担起义务教育的责任,使人人平等享有的入学升学机会权从应有人权、法定人权尽快转变为实有人权。

非义务教育阶段的入学升学机会权包括义务教育以下和义务教育以上教育阶段的权利,即幼儿进入学前教育机构、初中生毕业后升入高中(包括普通高中、职业高中、技工学校、招收应届初中毕业生的普通中专和成人中专)、高中生毕业后升入高等教育机构(包括普通高校、成人高校、军事院校、学历或非学历高等教育机构、电大、高等教育自学考试教育机构等)以及大学生毕业后接受研究生教育的机会权利。世界各国义务教育的发展水平不一,有些国家把义务教育的下限延伸到幼儿园高班,还有些国家把义务教育的上限延伸到高中(特别是职业教育)。对这些国家而言,进入幼儿园高班学习和升入高中学习的机会是由国家平等提供而无须交学费和竞争的。非义务教育阶段的学习机会权的平等性虽不及义务教育阶段,但具有更大的自由度。具体而言,后者虽对所有公民完全平等、实质上平等,但自由选择的空间较小;前者虽只是给予所有公民平等竞争的机会,是法律形式上的平等,但受教育者有相当大的自由选择权。与此一致,国家保障入学升学权的义务主要是尊重、保护和促成。实际享有该权利的只是竞争中的获胜者,即通过客观公正的考试选拔制度,按成绩和实际能力选拔享受入学升学权的人。世界上所有的国家,即便是最发达国家,都不可能也没有必要实行全部教育的普及义务制度,不可能给所有人提供完全平等的实际学习机会。

我国宪法与教育法明确规定的公民平等的入学升学机会权,在义务教育阶段基本上得到了保障,在小学入学率、升学率和初中入学率三个基本指标方面接近国际教育现代化的水平。但是,在非义务教育阶段,特别是在义务教育以上阶段,由法律确认的形式上的机会平等权利还没有完全的制度保障,更不用说实际机会的平等享有了。当前,在高中及高中以上阶段招生制度方面存在的具有较大争议的问题有:高考招生的"城市取向"和"地区歧视"、重点学校的较高收费、花钱买分数的"缴费生"、保送生制度等。这些无疑侵犯了"分数面前人人平等"这一形式平等的公正原则,并对应该得到补偿的处境不利者形成歧视,从而加剧和扩大了原本就已存在的受教育机会的不平等。

二、受教育选择权

受教育选择权是指对接受教育的种类、学校、教师等自由选择的权利。国际人权法及受其约束或影响的各国宪法和教育法对公民的受教育选择权作出了明确具体的规定,主要集中在学校选择权和教育种类选择权两个方面。

由于受教育者年龄和智力的限制,未成年人的受教育选择权通常由其监护人代为行使,不少国际人权法都对此作出了明确规定。1948年《世界人权宣言》第26条第3款规定:"父母对其子女所应受的教育的种类,有优先选择的权利。"该权利所依据的原则后来发展为1959年《儿童权利宣言》第七项原则第2款,即"儿童的最大利益应成为对儿童的教育和指导负有责任的人的指导原则",并在1989年《儿童权利公约》第3条第1款中被进一步强调。1960年《取缔教育歧视公约》第5条第1款乙项呼吁各国尊重父母和法定监护人的自由,"为他们的孩子选择非公立的但系符合主管当局所可能规定或批准的最低教育标准的学校,保证他们的孩子能按照他们自己的信仰接受宗教和道德教育";同时,在丙项规定少数民族成员建立自己的语言学校的权利,任何人都可以随意选择是否进入这种学校学习。1966年《经济、社会、文化权利国际公约》第13条第3款同样规定,缔约国"尊重父母和(如适用时)法定监护人的下列自由:为他们的孩子选择非公立的但系符合于国家所可能规定或批准的最低教育标准的学校,并保证他们的孩子能按照他们自己的信仰接受宗教和道德教育"。以上国际人权文件确认了每个人选择教育种类和学校的自由权利,并可由其父母和其他监护人代为行使。这两种权利在原则上虽然差异较大,但是在实践中未必有多大区别。对受教育选择权的一个限制是,所选学校必须符合公共当局所可能规定或批准的最低教育标准。

各国国内法同样对受教育选择权作出了相应的规定。根据1937年《爱尔兰宪法》第42条第2款的规定,父母有在家庭、私立学校或国家承认或建立的学校中,供子女接受宗教和德、智、体以及社会等方面教育的自由;而第3款则从反面规定,国家不得强迫父母违背其良心和合法选择,而将其子女送进公立学校,或强迫其将子女送进国家指定的任何特殊类型的学校。1944年《英国教育法》也规定了父母的学校选择权。1949年《德国基本法》第7条规定:"对儿童负有抚养责任者,有权决定儿童是否应接受宗教教育。"1978年《西班牙宪法》第27条第3款规定:"公共权力保障协助父母使其子女根据其信念所给予的宗教和道德教育的权利。"1985年《苏联和各加盟共和国国民教育立法纲要》第20条规定:"家长有权为孩子自由选择用适当语言进行教学的学校。"美国近年来出现了一种选择性学校,学习者有自由选择某种学校、某种教育甚至某个教师的权利。

根据上述国际人权法、外国宪法与教育法的规定,结合我国宪法与相关法律有关教育条款的规定,可以明显地看出,受教育选择权存在于教育的全阶段,包括教育种类的选择权、学校等教育机构的选择权以及教育形式的选择权等。教育种类的选择权包括家庭教育、学校教育、宗教教育、道德教育、政治教育等的选择权;学校等教育机构的选择权包括公立和私立学校、世俗和宗教学校的选择权;教育形式的选择权包括全日制和非全日制、学历教育和非学历教育、广播、电视、函授及其他远程教育方式等的选择权。但是,在义务教育阶段和非义务教育阶段,受教育选择权的内容和自由程度有很大差异。义务教育阶段的选择空间较小,适龄儿童、少年一般应选择全日制公立学校或符合国家规定标准的私立学校,并由国家强制保证。同时,义务教育阶段的公立学校必须坚持就近入学的原则,不准招收"择校生"。我国《义务教育法》第12条对此规定得相当明确。非义务教育阶段的选择空间要大得多,包括所有教育种类、教育形式和教育机构的自由选择,而且可以放弃。但是,这个阶段受教育选择权的行使伴随着机会平等的自由竞争,因而只是一种法律形式上的平等,最后的结果取决于个人的成绩、能力等条件。我国《宪法》第19条规定了国家通过举办各种学校,普及初等教育,发展中等教育、职业教育和高等教育,并且发展学前教育,为学校选择权的实现提供了广泛的选择对象。《教育法》《高等教育法》《职业教育法》以及有关招生方面的行政法规和规章具体规定了受教育选择权的各种表现形式,成为受教育选择权实现的全面保障。在实践中,出现了一些侵犯受教育选择权的案件。1995年武汉大学附中学生程某诉母校一案就是典型。武昌区人民法院对该案经审查后认定:被告违背原告志愿,擅自将其报考档案归入普通高中类,侵害了原告的受教育选择权,因此应承担侵权责任。[①]

三、学生身份权(学籍权)

"学生,一般是指各级各类学校及其他教育机构中的受教育者。在法律上,这一范畴应包括所有在校或其他教育机构中登记注册并有教育档案或个人材料的

---

① 参见褚宏启编著:《学校法律问题分析》,法律出版社1998年版,第105—107页。

人,但不包括未曾进入这种教育机构的人。"① 受教育者的身份权也就是学生身份权或学籍权。学生身份权是指作为受教育者的学生在其所在教育机构拥有学籍进行学习、生活并取得学习成功的权利。任何人一旦有权进入某一教育机构学习,经登记注册后就成为该教育机构的学生,也就获得了相应的学生身份,享有学生的一切权利;一旦丧失学生身份权,其他形式的受教育权也一同丧失。由于学生身份权对受教育权的存在至关重要,因而剥夺学生身份权是极其严重的行为,法律对其保障也极为严密。在义务教育阶段,学生身份权无论以何种理由都不得被剥夺;即使是在非义务教育阶段,非法定理由并经法定程序,学生身份权也不得被剥夺。对于学生身份权的剥夺,法律应赋予学生各种救济手段乃至诉讼途径。

对学生身份权的剥夺,主要是由于学生所在教育机构较严厉的纪律处分所致。这类处分的特征在于,具有强制性和使学生丧失学籍,即改变了原有的学生与教育机构之间的教育法律关系,双方的权利义务关系也归于消灭。我国《教育法》第29条规定了学校及其他教育机构对受教育者进行学籍管理和实施处分的权利,但是未明确规定处分的种类。《未成年人保护法》第18条规定,学校应当尊重未成年学生的受教育权,不得随意开除未成年学生,也只是提到了"开除"这一处分方式。有关对学生具体处分方式的规定,主要是在教育部颁布的一些规章,特别是有关学籍管理的规范性文件中。② 从这些文件来看,我国法律对学生的处分方式分为警告、严重警告、记过、留校察看和开除学籍五种。其中,剥夺学生身份权的处分是开除学籍。但是,对于义务教育阶段的学生来说,开除学籍不得适用。例如,1996年《小学管理规程》第15条规定:"小学对品学兼优的学生应予表彰,对犯有错误的学生应予批评教育,对极少数错误较严重的学生可分别给予警告、严重警告和记过处分。小学不得开除学生。"对非义务教育阶段的学生给予开除学籍的处分须符合法律、规章规定的条件,并且学校要报主管部门批准。2005年《普通高等学校学生管理规定》取消了"勒令退学"的处分,后于2017年修改,并规定了学校可以给予学生开除学籍处分的八种情形。

至于实践中对学生退学处理的决定,虽然不是一种处分,但是它导致的法律后果与开除学籍在本质上没有区别,都是使学生丧失学籍,失去受教育权。正是由于退学处理的决定与开除学籍的处分对学生身份权的影响相同,因此被视为剥夺学生身份权的情形或学校"退学权"③的表现形式,从而应受到法律同样的规范和制

---

① 张维平主编:《平衡与制约——20世纪的教育法》,山东教育出版社1995年版,第32页。
② 这类文件有1996年《小学管理规程》、2017年《普通高等学校学生管理规定》等。
③ 有人认为,所谓的"退学权",是指学校根据法定事由和法定程序,使学生丧失学习权或受教育权的权力,是学校对学生受教育权的一种强制性处分。从表现形式来看,它既包括学籍管理中的退学处理(不包括学生本人自愿退学的情况),又包括学生处分中的勒令退学和开除学籍。参见程雁雷:《高校退学权若干问题的法理探讨——对我国首例大学生因受学校退学处理导致文凭纠纷案的法理评析》,载《法学》2000年第4期。

约。在一些受教育权纠纷中,因退学处理决定、开除学籍处分引发的要求维护学生身份权的诉讼案件越来越多,引起了社会的广泛关注。例如,1998年田永诉北京科技大学拒绝颁发毕业证、学位证一案,其关键就是由退学处理决定引发学生身份权的有无及合法性问题。[①] 这些案件的出现,一方面表明我国的社会进步和法治进程已日益深入学校领域,作为被管理者的学生的权利意识日益增强;另一方面也表明我国现行教育法制仍不成熟,以及学生身份权在受教育权体系中至关重要。

第三节 学习条件权

学习机会权是受教育权在产生和发展起点阶段的基本权利,也是学生继续享有受教育权中的学习条件权和学习成功权的前提性权利。学习条件权承前启后,既是前一阶段学习机会权自然的发展结果,又是后一阶段学习成功权能否实现的关键。学生在学期间行使受教育权的主要内容就是这一阶段的学习条件权。根据宪法和教育法的有关规定,学习条件权主要包括教育条件建设请求权、教育条件利用权和获得教育资助权三种表现形式。

一、教育条件建设请求权

作为社会权性质侧面的受教育权,是一种受教育者请求国家积极作为以提供旨在保障其学习权得以实现的诸教育条件的基本权利。宪法对受教育权的保障,正如大须贺明分析《日本国宪法》第26条时所言:"一方面,该条款对作为教育权者的国民,保障了他们具有请求国家采取措施以完善各种教育外部条件的具体权利,即为教育提供必要的财政支出、设立和管理有关设施、制定有关制度等等;另一方面,为了确保教育内容能够得以实现,它又对国家课赋了这样的具体义务,即规定国家必须履行上述积极性作为。"[②]受教育权在很大程度上依赖于国家,没有国家相应教育条件的配备,受教育权就不可能完全实现。教育条件建设请求权正是受教育者请求国家创设保障其学习权的诸教育条件的具体权利,主要包括教育设施建设请求权和教育财政措施请求权。

学生接受教育的主要场所是学校,教育设施首先是指供学生学习的学校。除此以外,图书馆、博物馆、科技馆、文化馆、美术馆、体育馆等公共文化体育设施,以

[①] 参见《中华人民共和国最高人民法院公报》1999年第4期;《因考试作弊,被学校勒令退学,引起一场行政诉讼官司》,载《中国劳动保障报》2000年8月24日第2版。
[②] 〔日〕大须贺明:《生存权论》,林浩译,法律出版社2001年版,第137—138页。

及历史文化古迹和革命纪念馆,也是人的全面发展所不可缺少的接受教育的场所,均应被列入教育设施的范围。教育设施建设请求权是受教育者享有的请求国家设立保持保证学习正常进行的各种设施的权利。如果没有教育设施或教育设施不足,受教育者可以向国家行使教育设施建设请求权。特别是在义务教育阶段,"当现有教育设施额满之时,国家并不能拒绝儿童或青少年,对其适合之教育的供给予以请求","国家有必要创设此等教育设施"。① 同时,对于身心伤残、学习能力较差、自我人格发展较慢的学生,基于受教育基本权的效力,国家在财政能力许可的情况下,应提供必要的教育设施(如设立特殊学校或班级、在同年级中设立具有可选择性的辅导班级),以使自身条件各异的学生有均等的学习条件,自由发展其人格。

我国宪法和教育法都对此作出了相应的规定。《宪法》第19条第2款规定:"国家举办各种学校,普及初等义务教育,发展中等教育、职业教育和高等教育,并且发展学前教育。"这就明确规定了国家创建学校等各种教育设施的宪法义务。同时,为弥补国家财政之不足,使受教育者享有充足的学习设施,该条第4款还规定:"国家鼓励集体经济组织、国家企业事业组织和其他社会力量依照法律规定举办各种教育事业。"为保证平等的教育条件,保护社会弱势群体的受教育权益,《宪法》第45条第3款作了特别规定:"国家和社会有义务帮助盲、聋、哑和其他有残疾的公民的劳动、生活和教育。"《教育法》第26条既是对《宪法》第19条的具体化,又是对其进一步的发展。该条首先将《宪法》规定的"学校"扩大到包括"其他教育机构",其次将举办教育事业的主体明确发展为不分所有制的所有社会组织及公民个人。《教育法》第50条还将除学校以外的各种教育设施予以具体化。当然,教育设施建设请求权的实现程度取决于国家现有可支配资源的总量,"权利决不能超出社会的经济结构以及由经济结构制约的社会的文化发展"②,国家的义务只是"尽最大能力"逐步促进受教育权的充分实现。但是,最低限度的权利是不可剥夺的,这就是义务教育阶段教育设施建设请求权。《义务教育法》及其实施细则对这一最低限度的权利从义务主体、学校种类、设施保障等多方面进行了详细规定。

教育设施建设需要充足的国家财政投入,国家举办学校教育必须有稳定的财政拨款来源,以保证受教育者的学习条件权;否则,受教育者有权向国家提出教育财政措施请求权。

我国宪法规定了国家创建、维持学校等各种教育设施的义务,该义务的履行主

---

① 参见许育典:《面向二十一世纪教育法制的根本问题及其检讨》,载《政大法律评论》第63期,第154—155页。
② 《马克思恩格斯选集》(第3卷),人民出版社1995年版,第305页。

要通过国家的财政拨款制度予以保障。为此,我国《教育法》专辟"教育投入与条件保障"一章对教育财政措施请求权的具体内容作了详细界定。其中,第 54 条规定了国家建立以财政拨款为主、其他多种渠道筹措教育经费为辅的教育经费筹措体制;第 55 条规定了教育投入比例逐步提高的制度;第 56 条规定了各级人民政府教育经费预算制度,并要求"各级人民政府教育财政拨款的增长应当高于财政经常性收入的增长,并使按在校学生人数平均的教育费用逐步增长,保证教师工资和学生人均公用费用逐步增长"。其他条款还对教育费附加的征收和使用、集资办学、捐资助学、捐赠、金融信贷制度、教育经费的监督管理以及针对教育设施的优惠政策等作出了具体规范,以教育基本法的权威性保障受教育者的教育财政措施请求权。

二、教育条件利用权

当教育条件不具备或不充分时,受教育者可以向国家主张教育条件建设请求权;对于已有的教育条件,受教育者享有平等的利用权。这类权利依其具体内容的不同,可大致分为参加教育教学活动权和使用教育教学设施权。我国《教育法》第 43 条第 1 项规定,受教育者享有"参加教育教学计划安排的各种活动,使用教育教学设施、设备、图书资料"的权利。这是教育条件利用权的主要法律依据。

参加教育教学活动权首先是指学校计划安排的正规授课时间内的上课权,其次是指在正规授课时间以外参加课外活动的权利。

上课是学生学习科学文化知识、培养与发展各种能力最主要、最直接的途径。上课权是指学生享有的按照教育教学计划安排,在指定时间、地点,听取事先安排的教师讲授规定教学内容的权利。上课权的保障程度直接影响到学生受教育权的质量以及学校教学秩序的建立与优劣。在实践中,有些学校任意停课,有些教师随便禁止个别"调皮生"到课堂听课,甚至责令学生回家反省,这些都是侵犯学生上课权的典型事例。例如,某镇一所中心小学为搞创收,在教学计划安排的时间内,把 100 名五年级学生"出租"给一家家具城,参与该家具城的开业庆典,使学生们耽误了一个上午的课,事后也未给学生补课,而且把 500 元收入平均分给了学校的 26 名教师。[1] 在 2001 年 7 月河南省南阳市社旗县社旗镇初级中学学生赵某状告母校一案中,原告赵某在诉状中称,"班主任在我学习期间几次责令不准到校上课",经家长交涉同意继续上课后又"再次责令我停学",强行剥夺其上课权,严重侵害其接受义务教育的权利。[2]

---

[1] 参见褚宏启编著:《学校法律问题分析》,法律出版社 1998 年版,第 110 页。
[2] 参见《南阳学童状告母校侵害受教育权胜诉》,载《法制日报》2001 年 7 月 27 日。

课外活动一般是指在校方管理下学生自愿参加的非补课活动,包括体育活动、文娱活动、辩论、社会调查等活动。学校的教育活动是一个广泛的综合性概念,它不局限于课堂活动,还包括学校组织和管理的课外活动。这些活动为学生个性、兴趣爱好和身心能力的全面发展提供了健康有益的氛围。因此,参加课外活动自然成为接受教育的学生应该享有的一种重要的学习条件权。

使用教育教学设施权是对国家现有的教育教学设施合理使用的权利。对于在校学生来说,可以无偿使用学校的教育教学设施、设备、图书资料,还可以合理使用图书馆、科技馆、文化馆、美术馆、体育馆等社会公共文体设施,以及历史文化古迹和革命纪念馆。教育教学设施的所有者和管理者有义务为受教育者使用教育教学设施提供方便和帮助。这主要是由于宪法所保障的受教育权的基本性质是社会权,它促使国家积极采取措施以使受教育者能够实际享有现有的教育条件。有些国家甚至规定国家应该给接受义务教育的学生无偿提供教科书、学习用品等。[①]

三、获得教育资助权

我国《宪法》第45条第1款规定:"中华人民共和国公民在年老、疾病或者丧失劳动能力的情况下,有从国家和社会获得物质帮助的权利。……"教育条件建设请求权和利用权的享有保证了受教育者学习所需基本教育教学设施等物质条件。尽管如此,对于经济困难的学生来说,即使完全享有这两种权利,也难以完全享受作为社会基本权的受教育权。因为教育特别是非义务教育并不是全部免费的,诸如学费、生活费、书籍费、住宿费等必不可少的费用往往让某些贫困学生望而却步。经济上的无力承受把许多优秀的学生阻隔在学校的大门之外。特别是在市场经济条件下,义务教育以上阶段学费制的推行,使一些受教育者因经济困难而被迫辍学、放弃升学,也使一些优秀人才难以发展其个性和才智,对国家和社会是不可估量的损失。国际人权法一次又一次地对世人宣告,受教育权是人人平等享有的基本人权,国家对公民享有平等受教育权负有促成和提供的法律义务。在公民个人无法交付教育费用时,国家有义务给予经济资助。也就是说,按成绩和能力有资格接受教育却无力负担教育费用的学生,应该享有从国家获得教育资助的权利。国家对那些品学兼优的学生,应该在经济上予以支持,给予奖学金等资助。世界上许多国家的宪法及教育法都确认了公民的获得教育资助权。

1945年《西班牙王国基本法》第5条规定:"国家对缺乏财力进修的奇才异能,

[①] 1977年《苏联宪法》第45条规定了以"免费中小学教科书"作为受教育权的保证。另参见〔日〕大须贺明:《生存权论》,林浩译,法律出版社2001年版,第九章"教科书无偿论与教育内容"。

应给予资助。"1947年《意大利宪法》第34条规定:"天资聪明,即使无力就学,亦有权升入高级学校。国家为实现此项权利而规定有奖学金、家庭补助金和按有奖比赛而给予之他种资助(如奖金)。"1975年《希腊宪法》第16条第4款规定:"一切希腊人均有在各级国立教育机构享受免费教育的权利。国家为才华出众者以及需资助或特别保护的学生,按他们的才能分别提供财政资助。"《马耳他共和国宪法》第二章专辟一节"教育资助",规定了公民的获得教育资助权,如"成绩优秀的学生即使没有经济来源,也有资格接受最高级的教育";"国家通过竞争性考试决定提供奖学金、资助学生家庭等措施实现这一原则"。这些宪法条款明确规定了经济困难的公民有向国家请求教育资助的权利。这一权利通过接受国家提供的资助的方式实现,资助包括奖学金、助学金、家庭补助金、奖金等多种形式。

我国的教育法律法规也对公民的获得教育资助权作出了相应的规定。《教育法》第38条规定:"国家、社会对符合入学条件、家庭经济困难的儿童、少年、青年,提供各种形式的资助。"第43条第2项又具体规定了受教育者的这一权利,即"按照国家有关规定获得奖学金、贷学金、助学金"。《义务教育法实施细则》第17条第2款规定:"对家庭经济困难的学生,应当酌情减免杂费。"这些规定保障了品学兼优的学生以及经济困难的学生获得教育资助的权利,从而实现其平等的受教育权。

第四节 学习成功权

学习成功权是受教育过程结束时的结果权利,即获得学习成功的权利。学习成功是每个受教育者追求的目标,社会对人才的评价、使用在很大程度上依据个人在学业上成就的有无和大小。学业完成之后,能否获得以资证明学习成功的评价及证明,对于受教育者来说是至关重要的,甚至是决定个人前途和命运的关键。因此,按照国家教学大纲的要求,修完规定的课程并达到德、体合格,受教育者就应享有学习成功权,有权要求国家颁发学习成功的相应证明或证书。我国《教育法》第43条第3项规定了受教育者的学习成功权,即"在学业成绩和品行上获得公正评价,完成规定的学业后获得相应的学业证书、学位证书"。可以看出,学习成功权包括两种:获得公正评价权和获得学业证书学位证书权。

一、获得公正评价权

获得公正评价权是指受教育者在德、智、体各方面获得按照国家统一标准一视同仁的客观评价的权利。对受教育者的评价主要表现在学业成绩和品行上,这种评价应当对所有人公正对待。对学业成绩的评价一般有考试和考查两种形式。考试是评价学生学业成绩和教师教学效果最具权威性的方法,也是最能体现公正的方法。它既是非义务教育阶段学生竞争入学升学机会权的重要途径,又是对学生学习成果进行检验和对学生学习是否成功进行评价的主要方式,包括期中考试、学期考试、学年考试和毕业考试。考查不如考试正规、严格,包括日常考查和总结性考查,主要通过口头提问、检查书面作业、书面测验、实践性作业和学期或学年结束时的全面考查。不管采取哪种形式,对学业成绩的评价必须客观公正。这就必须事先确立评价的公正标准,评价标准应该尽量客观且具有可操作性。当代世界各国普遍采用"标准测验"或"客观测验",以尽可能客观公正地评价学业成绩。[①] 当然,分数和等级只是衡量学生掌握知识程度和学习能力的一种简单的数量化和质量化的表示形式,它们并不能完全反映学生的学习情况。因此,评价学业成绩要注意学生的智力发展,不仅要看答案的对与错,而且要注意答案的思维过程,鼓励学生进行独立思考和探索。要在综合学生的考试、考查结果以及其他方面表现的基础上,对学业成绩作出恰如其分的公正评价。如有评价失实或歧视的情况,学生有权请求重新评价,直至获得公正合理的评价结果。

对学生品行的公正评价是按照学生行为准则对学生的思想品德、言行举止等表现进行的公平考核。考核结果以评语方式记录在学生的档案之中,作为高一级学校录取新生或用人单位录用人才的根据之一。品行与学业成绩作为学生在学期间多年学习的最终成就,同样受到社会的关注和重视。品行的好坏直接关系到学生能否继续升学及升入什么样的学校,也关系到毕业生能否获得工作及获得什么样的工作。因此,作为一种法律权利,学校和教师应该对学生作出出于公心、实事求是、公正合理的评价,不能有亲有疏,也不能敷衍了事。学校和教师要根据规定的要求,从学生实际出发,用全面和发展的眼光看待学生,恰如其分地分析学生的优缺点,实行民主评定,防止片面性;否则,受到不公正待遇的学生有权主张权利。

二、获得学业证书学位证书权

由国家承认的学业证书和学位证书是对受教育者学习经历、学习能力、学术水平等的对外证明,具有非常大的公信度。不管是继续升入高一级的学校还是就业,学业证书和学位证书都是极为关键的,甚至是决定性的。特别是接受高等教育获得的证书,由于高等教育与社会直接连接,社会往往根据个人的学习成果进行分层,让他们从事相应的工作。因此,受教育者在完成规定的学业之后,应享有证明

---

① 参见郭齐家主编:《中华人民共和国教育法全书》,北京广播学院出版社1995年版,第530页。

其完成相应学业的证书,使学习成果得到社会公认,并为继续深造或成功就业提供前提条件。为规范和保障受教育者获得学业证书学位证书权,我国建立了教育考试制度、学业证书制度和学位制度,凡通过规定的考试并符合规定的条件,任何人都有权获得相应的学业证书和学位证书。

我国《教育法》第22条规定:"国家实行学业证书制度。经国家批准设立或者认可的学校及其他教育机构依照国家有关规定,颁发学历证书或者其他学业证书。"公民获得学业证书的权利由教育基本法予以确认和保障,其他教育法律法规则对此作出更具体的规定。《高等教育法》第20条规定,接受高等学历教育的学生,由所在教育机构根据其修业年限、学业成绩等,按照国家有关规定,发给相应的学历证书或其他学业证书。接受非学历高等教育的学生,获得相应的学业证书。第21条规定:"国家实行高等教育自学考试制度,经考试合格的,发给相应的学历证书或者其他学业证书。"《高等教育自学考试暂行条例》第25条规定,考完专业考试计划规定的全部课程并取得合格成绩、完成规定的毕业论文、思想品德鉴定合格的应考者,可以获得专科或本科毕业证书,国家承认其学历。《职业教育法》第25条规定:"接受职业学校教育的学生,经学校考核合格,按照国家有关规定,发给学历证书。接受职业培训的学生,经培训的职业学校或者职业培训机构考核合格,按照国家有关规定,发给培训证书。"

同样,获得学位证书权也得到教育基本法的明确保障,并在其他教育法律法规中作出了具体规定。我国《教育法》第23条规定:"国家实行学位制度。学位授予单位依法对达到一定学术水平或者专业技术水平的人员授予相应的学位,颁发学位证书。"《高等教育法》第22条规定:"国家实行学位制度。学位分为学士、硕士和博士。公民通过接受高等教育或者自学,其学业水平达到国家规定的学位标准,可以向学位授予单位申请授予相应的学位。"《高等教育自学考试暂行条例》第26条也规定,符合相应条件的高等教育自学考试本科毕业人员,可以获得相应的学位。《学位条例》及其暂行实施办法对获得学位证书的实体条件和程序作出了较详细的规定,是我国学位制度的基本法。根据《学位条例》的规定,所有"拥护中国共产党的领导、拥护社会主义制度,具有一定学术水平的公民",都有权依照规定的条件获得相应的学位。

然而,我国一些部门和机构对公民的获得学业证书学位证书权并没有予以充分重视和保护。特别是在高等教育方面,一些高等教育机构侵犯了毕业生获得毕业证书和学位证书的权利。引起法学界和教育学界高度关注的大学生诉母校拒发毕业证书和学位证书案件就是明证。其中,尤以1998年田永诉北京科技大学拒绝颁发毕业证、学位证案和1999年刘燕文诉北京大学及学位评定委员会案的影响最大、争论最激烈。这两个引起社会轰动的案件的审理过程以及原告胜诉的结果表明,法治和权利观念正在逐步走向教育领域,学生的受教育权越来越受到实体法律的保障,并进一步走进审判之中。同时,这些典型案件的审理也暴露出我国学业证书制度和学位制度存在的一些缺陷。因此,必须尽快通过立法完善相关制度,以保障学生的获得学业证书学位证书权。

➢ 小结

受教育权是公民依法享有的,要求国家积极提供均等的受教育条件和机会,通过学习发展其个性、才智和身心能力,以获得平等的生存和发展机会的基本权利。根据受教育权产生、发展的时间顺序,可以将受教育权划分为三个阶段的"子权利",即开始阶段的学习机会权、过程阶段的学习条件权和结束阶段的学习成功权。

学习机会权是一种重要的社会资源,是受教育权存在与发展的前提性和基础性权利。作为第一层次的"子权利",学习机会权根据表现形式又可以派生出三种"孙权利":入学升学机会权、受教育选择权和学生身份权。学习机会权是受教育权在产生和发展起点阶段的基本权利,也是学生继续享有受教育权中的学习条件权和学习成功权的前提性权利。学习条件权承前启后,既是前一阶段学习机会权自然的发展结果,又是后一阶段学习成功权能否实现的关键。学习条件权主要包括教育条件建设请求权、教育条件利用权和获得教育资助权三种表现形式。学习成功权是受教育过程结束时的结果权利,即获得学习成功的权利。学习成功是每个受教育者追求的目标,社会对人才的评价、使用在很大程度上依据个人在学业上成就的有无和大小。学业完成之后,能否获得以资证明学习成功的评价及证明,对于受教育者来说是至关重要的,甚至是决定个人前途和命运的关键。学习成功权包括两种:获得公正评价权和获得学业证书学位证书权。

➢ 课外材料

案例(CASES)

1. 田永诉北京科技大学拒绝颁发毕业证、学位证案
2. 刘燕文诉北京大学及学位评定委员会案
3. 河南省南阳市社旗县社旗镇初级中学学生赵某状告母校案
4. 李某某等状告母校襄樊学院勒令退学案
5. 学生及家长诉平顶山煤矿技术学校开除学籍案

6. 武汉大学附中学生程某诉母校案

法条链接（RULES）

1.《中华人民共和国宪法》第 19 条、第 46 条

2.《中华人民共和国教育法》第 21—22 条、第 25 条、第 37 条、第 42 条、第 53—55 条

3.《中华人民共和国高等教育法》第 20—22 条

4.《中华人民共和国义务教育法》第 9—10 条

5.《世界人权宣言》第 26 条

6.《经济、社会、文化权利国际公约》第 13—14 条

阅读（READINGS）

1. Carl Wellman, *An Approach to Rights: Studies in the Philosophy of Law and Morals*, Kluwer Academic Publishers, 1997.

2.〔美〕汤姆·L.彼彻姆：《哲学的伦理学》，雷克勤等译，中国社会科学出版社 1990 年版。

3.〔美〕路易斯·亨金：《权利的时代》，信春鹰、吴玉章、李林译，知识出版社 1997 年版。

4.〔法〕莱昂·狄骥：《公法的变迁——法律与国家》，郑戈、冷静译，辽海出版社、春风文艺出版社 1999 年版。

5.〔日〕大须贺明：《生存权论》，法律出版社 2001 年版。

6. 龚向和：《受教育权论》，中国人民公安大学出版社 2004 年版。

7. 秦惠民：《走入教育法制的深处——论教育权的演变》，中国人民公安大学出版社 1998 年版。

8. 刘海年主编：《〈经济、社会和文化权利国际公约〉研究》，中国法制出版社 2000 年版。

9. 张庆福主编：《宪政论丛》（第 1 卷），法律出版社 1998 年版。

10. 褚宏启编著：《学校法律问题分析》，法律出版社 1998 年版。

11. 张维平：《平衡与制约——20 世纪的教育法》，山东教育出版社 1995 年版。

12. 郭齐家主编：《中华人民共和国教育法全书》，北京广播学院出版社 1995 年版。

第八章 特殊人权

> 学习目的

- 通过对妇女权利保障的学习,明确将妇女作为特定主体进行权利保障的原因,妇女权利保障的法理依据和规范依据,妇女权利保障的主要内容,以及现实中妇女权利保障的不足和困难。
- 通过对儿童、老人权利保障的学习,理解将儿童、老人作为特殊主体进行权利保障的基础和正当性,掌握儿童、老人权利保障的国际和国内立法,了解我国儿童、老人权利保障的不足和困难。
- 通过对残疾人权利和华侨、归侨以及侨眷权利保障的学习,理解残疾人权利保障的基础和法理依据,掌握残疾人权利保障的国际和国内立法,了解我国对华侨、归侨以及侨眷进行权利保障的内容。

> 知识要点

- 妇女权利保障的依据、主要内容与不足。
- 儿童、老年人权利保障的依据、主要内容与存在的问题。
- 残疾人权利保障的内容和范围。
- 我国境内外国人权利保障的国际立法标准。

> 案例导入

【案例 8-1】 因家庭纠纷杀害亲生女儿

陈孔佺因多次向前妻钟某某催讨欠款无果,心生不满,扬言要杀死由其抚养的亲生女儿陈某某(被害人,时年 5 岁)以威胁钟某某。2013 年 8 月,陈孔佺带陈某某骑摩托车外出,途中再次向钟某某催讨欠款未果,遂将陈某某手脚拎起,头部朝下,连续往柏油路面撞击数下。陈某某当场口吐白沫,不省人事。陈孔佺见状顿感后悔,抱起陈某某,骑摩托车来到福建省霞浦县公安局水门派出所求救并投案。陈某某构成重伤,经抢救后脱离生命危险。"陈孔佺因家庭纠纷杀害自己的未成年女儿,致其重伤,该案属于典型的涉家庭暴力刑事案件。"有关专家分析说,根据当前的刑事政策,对于因恋爱、婚姻、家庭纠纷等民间矛盾激化引发的犯罪,一般酌情从宽处罚。在涉及家庭暴力的刑事案件中,虽然有的也属于"因恋爱、婚姻、家庭纠纷"引发的犯罪,但是在量刑时并非一概从宽,必须区分不同情形进行不同处理。

【案例8-2】 未尽法定抚养义务致两女童饿死

2011年1月,乐燕生育一女李梦某后,与李文某同居。2012年3月,乐燕再育一女李某。在李文某于2013年2月因犯罪被羁押后,乐燕依靠社区发放的救助金和亲友、邻居的帮扶,抚养两个女儿。乐燕因沉溺于毒品,疏于照料女儿。2013年4月,乐燕将两幼女置于其住所的主卧室内,留下少量食物、饮水,用布条反复缠裹窗户锁扣并用尿不湿夹紧主卧室房门以防止小孩跑出,之后即离家不归。6月21日,社区民警至乐燕家探望时,通过锁匠打开房门后发现李梦某、李某已死于主卧室内。经法医鉴定,两被害人无机械性损伤和常见毒物中毒致死的依据,不排除其因脱水、饥饿、疾病等因素衰竭死亡。

本案即2013年媒体广泛报道的"南京饿死两名女童案"。被告人乐燕提出自幼未受到父母的关爱,未接受良好的教育,归案后认罪态度较好,请求法庭对其从轻处罚。本案的审理向社会昭示,抚育未成年子女不但是人类社会得以繁衍发展所必须遵循的最基本的人伦准则,更是每一位父母应尽的法定义务与责任,个人的文化、受教育程度、经济条件乃至境遇的不同均不能成为逃避义务的理由。乐燕的成长经历固然值得同情,但是不能成为其不履行法定义务、漠视生命的借口,而本案的审理也反映出我们的社会应当进一步加强对儿童、老人等弱势群体的保护与救助。

【案例8-3】 未婚少女产子后遗弃新生婴儿

廖某某(时年18岁)与其男朋友交往期间怀孕,后两人分手。2012年2月,廖某某到广东省东莞市某厂打工。7月8日1时许,廖某某在该厂员工宿舍三楼冲凉房2号房内自然分娩,产下一名男婴。后廖某某将该男婴遗弃在冲凉房地板上,未采取任何保护措施,独自回宿舍拿毛巾到冲凉房4号房将身上的血迹洗掉,然后回到宿舍睡觉。当日15时许,该男婴在冲凉房2号房被发现已死亡。公安人员接到报案后,赶到员工宿舍将廖某某抓获。

廖某某的经历虽有值得同情的一面,但婴儿是无辜的,生命权利神圣不可侵犯。作为一名成年人,不论因何种原因生育子女,对新生婴儿均负有妥善照料的法定义务;否则,漠视生命,应当作为而不作为,必将受到法律应有的制裁。

【案例8-4】 继母对未成年子女长期施暴

王玉贵系被害人张某的继母。2009年5月19日晚,王玉贵在家中用筷子将张某咽部捅伤,致张某轻伤。王玉贵自2005年开始与张某共同生活,其间经常趁张某生父张建某不在家时,多次对张某实施打骂、用铅笔扎等虐待行为。2005年春季的一天,王玉贵用吹风机将张某的头皮和耳朵烫伤。2008年12月的一天,王玉贵在家中将张某的嘴唇撕裂。次日上午,张某被送至医院缝了三针并留下疤痕。有专家指出,本案是一起典型的继母对未成年子女实施家庭暴力构成犯罪的案件。施暴人实施家庭暴力,往往是一个长期、反复的过程。在这一过程中,大部分家庭暴力行为,依照刑法的规定构成虐待罪;同时,其中又有一次或几次家庭暴力行为已经符合刑法规定的故意伤害罪的构成要件,依法构成故意伤害罪。

在我国基本权利体系中,存在着特定主体应享有的权利,在通行的一些教材中,习惯于将此称作"特殊主体的权利"[①]、"特定主体权利的保护"[②]。特定主体的权利是指法律法规明示的受到特别保护群体的权利。从我国《宪法》的规定来看,特定主体主要包括妇女、儿童、老人、残疾人与华侨。《宪法》第48—50条对上述四类主体的合法权益进行了规定。第48条规定:"中华人民共和国妇女在政治的、经济的、文化的、社会的和家庭的生活等各方面享有同男子平等的权利。国家保护妇女的权利和利益,实行男女同工同酬,培养和选拔妇女干部。"第49条规定:"婚姻、家庭、母亲和儿童受国家的保护。夫妻双方有实行计划生育的义务。父母有抚养教育未成年子女的义务,成年子女有赡养扶助父母的义务。禁止破坏婚姻自由,禁止虐待老人、妇女和儿童。"第50条规定:"中华人民共和国保护华侨的正当的权利和利益,保护归侨和侨眷的合法的权利和利益。"

第一节 妇女权利保障

一、妇女权利保障的依据

(一)妇女权利保障的法理依据

1. 人权保障理念

人权的概念源于古希腊、罗马,是个十分复杂的范畴。从比较宽泛的角度讲,它指人享有的生命、自由、人格以及其他经济和政治的权利,是自然人作为人在社

[①] 胡锦光、韩大元:《中国宪法》,法律出版社2004年版,第299页。
[②] 焦洪昌主编:《宪法学》(第四版),北京大学出版社2014年版,第403页。

会中享有的不可剥夺、不可转让、不可侵犯的权利。没有人权概念的产生,就不会有妇女权利问题的提出。人权观念是妇女权利问题提出的重要思想来源和前提条件。

妇女人权概念的产生,是世界妇女运动和世界人权运动发展的必然结果。当代人权运动的发展是妇女人权概念产生的现实条件,而妇女人权概念的产生反映了人权运动的时代特征。正如人权概念最先产生于近代欧洲,妇女权利问题最先也是由近代欧洲妇女明确提出的。近代欧洲妇女会提出自己的权利问题,并发起争取妇女权利运动的原因在于:一方面,资本主义生产方式为妇女重返社会生产和政治生活提供了物质基础。另一方面,作为一种自由平等的理想,人权观念的提出,为妇女权利问题的提出提供了理论武器。首先,妇女人权是普遍人权中不可剥夺、不可分割的一个组成部分,所有的人权内容普遍地适用于妇女。其次,由于妇女的特殊生理条件和承担人类再生产的任务,妇女人权又有自己的特殊内容。例如,妇女在孕期、产期、哺乳期内应当享有一定的特殊权利,这些特殊权利是维护妇女作为人的尊严和价值所必需的。

2. 平等权理论

形式平等原则与实质平等原则共同构筑了平等权内涵的各项规则,也成为平等权保障的核心内容。形式平等是指所有人在法律上一律平等,在法律权利和义务上获得相同的对待,禁止差别待遇的歧视对待。它要求社会为每个成员追求自己的利益、自我发展和自我完善提供平等的机会和条件。实质平等在承认形式平等的前提下,加入对现实中不平等事实的考虑,关注不同群体的需要,主张根据具体情况和实际需要,给予特殊人群特别待遇,实现平等的目标。因此,实质平等更近似于法律实现的目标或价值,是理想状态的平等。很长一段时间以来,争取与男性享有同等的法定权利,是自由主义妇女奋斗的目标。

妇女权利保障应当结合形式平等和实质平等原则,对妇女切实享有的权利和真实的生存状态之考量应适用合理差别原则。差别待遇的适用应当:第一,符合实质公正。妇女权利的提出排除了男女无差别的形式平等,转而实行有差别的对待,在一定程度上纠正了男女在事实上的不平等,其目的是进行实质公正意义上的平等保障。因此,妇女权利相对正当性的第一个表现或要求就是以实质公正为目标和归宿。第二,合乎比例。符合实质公正的要求太过抽象,确定妇女权利是否正当、特殊待遇是否可行,都需要一些"量"的标准予以控制。如果特殊待遇超过必要限度,就有可能对相对团体或人群构成"反歧视"。某个对妇女权利进行特殊保障的条款出台后,判断它是否是一项正当权利,需要依立法事项所涉及的实体权利之性质、立法目的及手段进行"比例"审查。

(二) 妇女权利保障的规范依据

1. 国际人权法中对妇女权利的保障

普遍性国际公约确立了男女平等的基本原则,在规定全社会人人都应享有的尊严和权利的同时,强调妇女也平等地享有同样的尊严和权利。首先,《联合国宪章》序言指出,"重申基本人权、人格尊严与价值以及男女与大小各国平等权利之信念"。第1条规定:"……不分种族、性别、语言或宗教,增进并激励对于全体人类之人权及基本自由之尊重"。第8、13、55、56、62、72条等还在具体问题上阐述了男女平等原则。[①] 其次,1948年通过的《世界人权宣言》作为国际人权领域的重要文件,重申了人人固有尊严和男女平等权利之信念,提出了世界各地的男性和女性有权毫无区别地享受各项基本权利和自由。最后,联合国于1966年通过的《经济、社会、文化权利国际公约》和《公民权利和政治权利国际公约》规定的关于妇女的权利主要有:工作和获得报酬的权利,受教育的权利,参加文化生活的权利,选举权和被选举权,禁止奴役和施加酷刑,禁止破坏私生活、家庭、住宅或通信等。

除了普遍性人权公约以外,专门国际公约针对"专属性领域",对妇女权利提供了专门的特别保障措施,主要包括:第一,《妇女政治权利公约》。这是联合国成立以来制定的第一个专门关于妇女权利的国际公约,其主要内容有:妇女有参加选举的权利,妇女有资格当选并任职于国家机关,妇女有权担任国家公职及执行国家公务,其条件都应与男子平等,不得有任何歧视。第二,《已婚妇女国籍公约》。这是联大为保证妇女在国籍问题上的独立性,于1957年1月29日通过的公约。该公约的目的是结束过去妇女因处于从属地位,其国籍受丈夫的影响而出现的双重国籍或无国籍的不正常现象。其核心内容为:本国人与外国人结婚或离婚,以及在婚姻关系存续期间丈夫改变国籍时,均不应自动影响妻子的国籍;缔约国同意外国女子与本国男子结婚,应依特殊优待之归化手续,申请取得丈夫所在国的国籍。第三,《关于婚姻自愿、结婚最低年龄和结婚登记公约》。该公约于1962年由联大通过,其主要内容为:不经双方当事人完全自由同意,不得结婚;婚姻应经合法成立的主管当局登记;缔约国以立法规定最低婚龄。该公约的目的是保证婚姻自由和禁止童婚。第四,《消除对妇女歧视宣言》。它重申了男女权利平等的原则,阐述了"对妇女歧视"的实质和危害以及为消除这一歧视应采取的措施;规定了妇女在政治、经济、社会、家庭等方面应享有的平等权利和应采取的措施,为其后相关公约的制

---

① 参见王铁崖、田如萱编:《国际法资料选编》,法律出版社1986年版,第862页。

定奠定了理论基础。第五,《消除对妇女一切形式歧视公约》(以下简称《妇女公约》)。《妇女公约》以具有法律拘束力的形式载明了国际公认的适用于所有领域妇女的权利原则,是目前联合国在维护妇女权益方面最重要的法律文件,被视为"国际妇女权利法案"。中国是《妇女公约》最早的缔约国之一。1981年9月3日,《妇女公约》对中国生效。《妇女公约》的主要内容有:缔约国在国内立法和公共政策方面应采取的措施;妇女在本国和国际上参加政治和公共生活中的平等;妇女在国籍法上的平等;妇女在教育、就业、社会保障等经济和社会生活方面的平等;妇女在法律、婚姻、家庭方面的平等和禁止童婚等。《妇女公约》不仅包括过去各种有关妇女地位的公约之内容,而且增加了男女在家庭生活、教育子女方面的平等和肃清男尊女卑的偏见等新内容,是一个集保护、纠正和预防功能于一体的综合性公约,为妇女权益的保护提供了必要、充分的法律基础,是女权保护运动史上一个新的高度、新的起点。第六,《消除对妇女的暴力宣言》。它界定了"对妇女的暴力行为",列举了其范围,并指出这妨碍了妇女对人权和基本自由的享受,要求各国政府承担义务,谴责对妇女的暴力行为。第七,《妇女公约》的任择议定书。该议定书由联大在1999年10月6日通过,已发放给签署、批准或加入《妇女公约》的国家签字,包括1个序言和21个条文。议定书主要规定了按照《妇女公约》设立的"消除对妇女歧视委员会"的职权,即通过申诉程序和调查程序督促缔约国消除对妇女一切形式的歧视。

此外,联合国专门机构还制定了有关保障妇女权利的公约,如国际劳工组织1919年制定、1948年修订的《关于在企业中妇女不得从事夜班工作公约》,1935年制定、1946年修订的《禁止妇女从事各类矿井下工作公约》,1919年制定、1952年修订的《保护母性公约》;联合国教科文组织1960年制定的《取缔教育歧视公约》等。

2. 国内立法对妇女权利的保护

中华人民共和国成立以来,十分重视对妇女权利的保护,制定了大量的法律法规。首先,《宪法》规定了男女享有平等的政治权利和劳动权等。《劳动法》针对妇女的生理特点,保障妇女劳动权利的实现。《婚姻法》主要对婚姻家庭中的离婚妇女予以特殊保护,保障妇女的身心健康。《刑法》《刑事诉讼法》着重于消除对妇女的一切暴力行为,保障妇女的人身权利不受侵犯。《母婴保健法》不仅是一部保障母亲和婴儿健康的法律,也是一部保护妇女生育权利的法律。其次,《妇女权益保障法》作为一部最为全面的、综合的保障妇女权益的法律,确立了男女平等,保护妇女特殊权益,逐步完善对妇女的社会保障制度,禁止歧视、虐待、遗弃残害妇女等原则;规定了妇女的政治权利、文化教育权益、劳动和社会保障权益、财产权益、人身权利和婚姻家庭权益等,并对侵犯妇女权益应负的法律责任作了规定。总之,我国已形成以《宪法》为基础,以《妇女权益保障法》为主体,包括各种单行法律、法规、地方性法规和政府各部门行政法规在内的一整套保护妇女合法权益和促进男女平等的法律体系。

二、妇女权利保障的主要内容

妇女权利保障的主要内容包括:(1)妇女同男子平等参加各项政治活动,具有同等的政治权利;(2)妇女在经济上享有同男子平等的权利;(3)妇女在文化上享有同男子平等的权利;(4)夫妻平等;(5)女方在怀孕期间和分娩后一年内,男方不得提出离婚;(6)离婚时,夫妻的共同财产由双方协商处理,协商不成时,人民法院按照照顾女方利益的原则进行判决;(7)禁止虐待妇女。①

我国宪法明确规定,妇女在政治地位、法律地位、经济地位、社会地位和家庭地位上与男子平等。

(一)政治权利

妇女应享有同男子平等的政治权利和基本自由,同男子之间不应存在法律上和事实上的差别。②

国家对妇女政治权利的保障表现为:妇女有权参加一切选举,担任依国家法律设置的公职,以及参与依国家法律规定的一切公务,其条件与男子平等,不得有任何歧视。国家应努力地消除那些妨碍妇女获得平等地位的障碍,并保障妇女享有参与发展的平等机会。③

(二)受教育权

有学者分析了妇女受教育权的落后性和不平等性:(1)在经济落后国家,女性文盲的比例居高不下;(2)女童入学率低于男童,失学率却高于男童;(3)在高层次教育中,女性所占比例仍小于男性。④

在受教育权的享有方面,国家对妇女的保障主要表现为,在以下几方面要求做到男女平等:学习的机会,文凭取得的条件,课程的选择,考试的要求,校舍、设备的质量,领受奖学金和其他研究补助金的机会。⑤

---

① 参见王世勋、江必新编著:《宪法小百科》,光明日报出版社1987年版,第328页。
② 参见朱国斌:《中国宪法与政治制度》,法律出版社1997年版,第272页。
③ 参见王广辉:《比较宪法学》,武汉水利电力大学出版社1998年版,第359页。
④ 参见孙萌:《妇女人权实现障碍研究》,载徐显明主编:《人权研究》(第一卷),山东人民出版社2001年版,第485—486页。
⑤ 参见王广辉:《比较宪法学》,武汉水利电力大学出版社1998年版,第359—360页。

（三）经济权利

妇女在广泛的经济生活中享有与男子同工同酬权、平等就业权、特殊劳动保护权以及生育权等。其中，生育权是妇女人权的重要组成部分，集中反映了妇女人权的特殊要求。妇女的经济权利还表现为，能够平等地参与经济生活，自主地参与社会竞争，并在同等条件下享有与男子在职业上的平等发展权。

（四）婚姻家庭权利

在家庭生活中，妇女享有与男子平等的权利，主要表现为：具有相同的缔婚权利；具有相同的自由选择配偶的权利；在婚姻存续期间以及解除婚姻关系时有相同的权利和义务；有相同的权利和自由决定生育子女的数量和间隔；有相同的个人权利，包括选择姓氏、专业和职业的权利。在婚姻关系上，禁止童婚，国家应规定结婚的最低年龄和有关登记的程序。[①]

热点讨论

讨论我国妇女权利保障取得的成绩与存在的不足。

阅读材料

1. 我国政府积极参与国际妇女人权领域的活动，承担起促进妇女人权的责任

我国于1980年签署了《消除对妇女一切形式歧视公约》，并定期向联大提交执行公约情况的报告。在1985年第三次世界妇女大会上，我国参与制定了《内罗毕战略》。1990年，我国批准了《男女工人同工同酬公约》。我国妇女代表团积极参加世界妇女大会。尤其是1995年在北京召开的第四次世界妇女大会，更是我国妇女权利保障史上的一件盛事。大会通过了两个重要文件：

（1）《北京宣言》。宣言指出，赋予妇女权力和能力以及她们在平等基础上充分参加社会所有领域，包括参加决策进程和掌握权力的机会，是实现平等、发展与和平的基础；妇女的权利是人权；持续的经济增长、社会发展和消灭贫穷，与妇女的积极参与是分不开的；妇女是促进冲突解决和实现和平的持久力量。宣言指出了各国政府一步一步的努力方向：在20世纪末前实现《内罗毕战略》的目标；确保妇女和女童充分享有一切人权和基本自由，并使其不受侵犯；防止和消除对妇女和女童的一切形式歧视；促进妇女经济独立；通过向妇女和女童提供各种教育，促进以人

---

① 参见胡锦光、韩大元：《当代人权保障制度》，中国政法大学出版社1993年版，第215页。

为中心的可持续发展;促进和保护妇女和女童的所有人权;确保尊重国际法,包括人道主义法,以保护妇女尤其是女童;确保妇女有平等机会取得经济资源等。

(2)《行动纲领》。其目的在于,通过使妇女充分而平等地参加经济、社会、文化和政治决策,加速执行《内罗毕战略》,消除妇女在所有生活领域的障碍。《行动纲领》指出,以下领域是各级行动者应予以特别重视的:妇女与贫困、妇女的教育与培训、妇女与保健、对妇女的暴力行为、妇女与武装冲突、妇女与经济、妇女参与权力和决策、提高妇女地位的机制、妇女人权、妇女与媒体、妇女与环境、女童等。《行动纲领》对以上问题存在的原因逐个进行分析,指出了体制上对妇女的一贯歧视,并具体提出了解决问题的战略目标,对各级行动者提出了需要采取的措施。

《北京宣言》和《行动纲领》明确指出,不应将提高妇女地位和实现男女平等孤立地看待,而应把它们视为人权问题和实现社会正义的条件;同时,提出了"妇女权利是人权"的命题和"让性别意识进入决策主流"的观点。

2. 李克强在第六次全国妇女儿童工作会议上强调:全面有效保护妇女儿童合法权益,奋力开创妇女儿童事业新局面①

李克强说,尊重妇女、保护儿童是社会文明进步的重要标志。党和政府历来高度重视妇女儿童工作。新中国成立特别是改革开放以来,先后制定实施了三轮妇女儿童发展纲要,有力推动了妇女儿童事业与经济社会协调发展。党的十八大以来,以习近平同志为核心的党中央把促进妇女儿童事业发展放在更加突出的位置,不断完善法律法规政策,实施一系列重大举措,妇女儿童健康状况显著改善,受教育、受保护权利得到有效保障,亿万妇女在经济社会发展中创造了光辉业绩,展现了"半边天"的别样风采。新形势下,要继续贯彻男女平等基本国策和儿童优先原则,以更有力举措推动解决妇女儿童发展中存在的不平衡等问题,在更高水平上促进妇女儿童事业与经济社会协调发展。

李克强指出,要促进妇女在共建共享中实现全面发展。消除性别歧视,实行同工同酬,加强对女职工特殊劳动保护,加大技能培训、税费减免、法律援助等支持,帮助妇女就业创业,进一步为妇女参与"双创"搭建平台,最大限度发挥广大妇女的聪明才智,使她们在创造财富中实现精彩人生。加大妇女人才培养、女干部选拔力度,提高参与经济社会事务管理的机会和能力。发挥妇女在家庭生活中的独特作用,培育和弘扬良好家风。提升妇幼保健服务能力。更加关爱贫困、病残、老年妇女和单亲母亲等特殊困难群体,让她们拥有更多生活幸福感。

---

① 资料来源:http://cpc.people.com.cn/n1/2016/1119/c64094-28880668.html,2018 年 8 月 18 日访问。

李克强说,儿童是一个民族、一个国家发展的未来和希望。要坚持儿童教育优先发展。发展普惠性学前教育,围绕促进教育公平、提升教育质量两大重点,推进义务教育均衡发展,加大对中西部和边疆、民族、贫困地区教育投入,继续扩大重点大学面向贫困地区招生规模,努力为所有家庭的孩子们创造公平受教育条件。坚持儿童健康服务优先供给。完善儿童医疗卫生服务网络,增加儿科医务人员,加快解决儿科资源、儿童用药短缺问题。围绕威胁儿童健康的出生缺陷、营养性疾病等突出问题,拿出更有针对性的解决办法,多措并举预防和控制儿童伤害。坚持儿童福利优先保障,促进由补缺型向适度普惠型转变。扩大儿童福利覆盖面,鼓励社会力量参与,加大社会救助。特别关爱和帮助孤儿、病残、流浪、留守等困难儿童,努力让每个孩子身心健康、快乐成长。

李克强指出,各级党委和政府要高举中国特色社会主义伟大旗帜,深入贯彻习近平总书记系列重要讲话精神,落实党中央、国务院决策部署,进一步强化责任,加大政策支持和资金保障,补齐妇女儿童发展民生短板,在为妇女儿童解难事办实事上不断取得新成效。深入实施妇女儿童权益保护法律法规,坚持政府、社会和家庭协调配合,依法保障妇女儿童权益,严厉打击暴力、拐卖等违法犯罪行为。充分发挥群团组织桥梁纽带作用,聚合社会力量中的人才优势、技术优势、资源优势,共同促进妇女儿童事业发展。加强舆论引导,让尊重和关爱妇女儿童成为国家意志、公民素养和社会风尚。

第二节 儿童、老年人权利保障

一、儿童权利保障的法理和规范依据

(一)儿童权利存在的法理基础

儿童具有特殊的本性,是自启蒙时代才开始渐渐为人们所谈论的。启蒙思想家们在强调教育儿童的同时,反对一切从成人的角度出发去设计儿童的未来,开始站在人本主义的立场上,将目光转向儿童的感觉和需要。卢梭有句名言:"大自然希望儿童在成人以前就要像儿童的样子。"他认为,对儿童的教育必须从儿童的天性出发,从儿童的实际出发,处处考虑到儿童的独有特征。现代生理学和心理学对儿童年龄特征的研究,更是深入地揭示了儿童独立于成人的诸多方面。生理年龄的划分决定了儿童的心理与成人的显著差异,"这种独特性是决定性的、本质上的区别,儿童与成人不是在年龄、身高、体重方面存在量的区别,而是在量的区别基础

上所存在的本质区别"①。

人的生物存在很大程度上决定着人的社会存在形式。儿童的社会生活与成人的社会生活处于完全不同的层面上,这种相对独立的系统体现在社会文化层次上,表现为儿童独特的精神追求。直率、时尚、英雄崇拜、标新立异、叛逆等,是由生物存在决定的儿童年龄特征,因而是其正当性的基础。如果对这些特性不加约束,则有可能滑入破坏的边缘。但是,规范与引导并不是压制与取消的理由。因此,我们认为,儿童权利保障的正当性基础并不在于儿童作为成人的保护对象的客体性地位,而在于儿童与成人之间形同泾渭的区别,以及对儿童阶段独立特点的承认。对儿童权利的基础之正确认识,决定了儿童权利的社会定位与性质。儿童权利作为一种独立的权利,建立在儿童独立性的基础之上。随着社会的发展,儿童作为独立主体的特征越来越为人类所认识,这就为儿童权利的独立存在,进而为儿童权利的完善与保护奠定了坚实的基础。

(二)儿童权利保障的规范依据

国际法对儿童权利的保护经历了一个不断发展演变的过程。一般认为,国际社会对儿童权利的真正保护起始于二战之后,主要标志是1948年《世界人权宣言》、1959年《儿童权利宣言》、1966年《公民权利和政治权利国际公约》与《经济、社会、文化权利国际公约》、1989年《儿童权利公约》等。其中,最为重要的标志是《儿童权利公约》,因为该公约是第一个专门对儿童权利进行保护的国际公约。1992年3月2日,中国常驻联合国大使向联合国递交了中国的批准书,从而使中国成为该公约的第110个批准国。该公约于当年4月2日对中国生效。

1948年通过的《世界人权宣言》是人权保护的重要国际文件。与先前有关人权保护的国际文件相比,该宣言所确认的人权不仅包含儿童权利,还有儿童权利保护的专门条款。第25、26条明确规定儿童也是权利的主体。第25条规定:"(一)人人有权享受为维持他本人和家属的健康和福利所需的生活水准,包括食物、衣着、住房、医疗和必要的社会服务;在遭到失业、疾病、残废、守寡、衰老或其他不能控制的情况下丧失谋生能力时,有权享受保障。(二)母亲和儿童有权享受特别照顾和协助。一切儿童,无论婚生或非婚生,都应享受同样的社会保护。"第26条是涉及教育权的规定,具体内容为:"(一)人人都有受教育的权利,教育应当免费,至少在初级和基本阶段应如此。初级教育应属义务性质。技术和职业教育应普遍设立。高等教育应根据成绩而对一切人平等开放。(二)教育的目的在于充分发展人的个

---

① 皮艺军:《儿童权利的文化解释》,载《山东社会科学》2005年第8期。

性并加强对人权和基本自由的尊重。教育应促进各国、各种族或各宗教集团间的了解、容忍和友谊,并应促进联合国维护和平的各项活动。(三)父母对其子女所应受的教育的种类,有优先选择的权利。"

《经济、社会、文化权利国际公约》不仅概括地规定了每个人都可享有的经济、社会、文化权利,还专门规定了对儿童权利的特殊保护,主要涉及第10、12、13、14条。第10条是关于儿童家庭保护与防止剥削的规定,具体内容为:"本公约缔约各国承认:一、对作为社会的自然和基本的单元的家庭,特别是对于它的建立和当它负责照顾和教育未独立的儿童时,应给予尽可能广泛的保护和协助。缔婚必须经男女双方自由同意。二、对母亲,在产前和产后的合理期间,应给予特别保护。在此期间,对有工作的母亲应给予给薪休假或有适当社会保障福利金的休假。三、应为一切儿童和少年采取特殊的保护和协助措施,不得因出身或其他条件而有任何歧视。儿童和少年应予保护免受经济和社会的剥削。雇用他们做对他们的道德或健康有害或对生命有危险的工作或做足以妨害他们正常发育的工作,依法应受惩罚。各国亦应规定限定的年龄,凡雇用这个年龄以下的童工,应予禁止和依法应受惩罚。"

1989年《儿童权利公约》确立了儿童权利保障的主要原则:第一,无歧视原则。每一儿童都平等地享有公约所规定的全部权利,不因其本人或其父母的种族、肤色、性别、语言、宗教、政治观点、民族、财产状况和身体状况等而受到任何歧视,所享有的权利也不应因其父母、监护人和家庭成员的身份、活动、信仰和观点而受到影响。第二,儿童最大利益原则。这是指涉及儿童的一切事务和行为,都应首先考虑以儿童的最大利益为出发点。该公约第3条规定:"1. 关于儿童的一切行动,不论是由公私社会福利机构、法院、行政当局或立法机构执行,均应以儿童的最大利益为一种首要考虑。2. 缔约国承担确保儿童享有其幸福所必需的保护和照料,考虑到其父母、法定监护人或任何对其负有法律责任的个人的权利和义务,并为此采取一切适当的立法和行政措施。3. 缔约国应确保负责照料或保护儿童的机构、服务部门及设施符合主管当局规定的标准,尤其是安全、卫生、工作人员数目和资格以及有效监督等方面的标准。"第三,尊重儿童基本权利原则。这是指所有儿童都享有生存和发展的权利,应最大限度地确保儿童的生存和发展。该公约第6条规定:"1. 缔约国确认每个儿童均有固有的生命权。2. 缔约国应最大限度地确保儿童的存活与发展。"第四,尊重儿童观点原则。该公约第12条规定:"1. 缔约国应确保有主见能力的儿童有权对影响到其本人的一切事项自由发表自己的意见,对儿童的意见应按照其年龄和成熟程度给以适当的看待。2. 为此目的,儿童特别应有机会在影响到儿童的任何司法和政策诉讼中,以符合国家法律的诉讼规则的方式,直接或通过代表或适当机构陈述意见。"

根据《儿童权利公约》,儿童最基本的权利可概括为四种:第一,生存权,即所有儿童都有存活的权利,并有权接受可行的、最高标准的医疗保健服务。第二,受保护权,即保护儿童免受歧视,免受身体剥削和虐待,免受战乱、遗弃、照料疏忽;当儿童需要时,随时提供适当的照料或康复服务。第三,发展权,包括接受一切形式的教育(正规的和非正规的),向儿童提供良好的道德和社会环境,以满足儿童成长过程中的身体、心理、精神需要。第四,参与权,即儿童参与家庭、文化和社会生活的权利,包括有主见能力的儿童有权对影响他的任何事情发表意见。

在国内立法层面,我国对儿童权利保障的一般性立法主要体现在作为立法基础的《宪法》,《收养法》《婚姻法》《继承法》等民事法律,《刑法》《刑事诉讼法》《民事诉讼法》等司法保护类法律,以及《义务教育法》《教师法》《人口与计划生育法》等相关法律之中。在专门性立法中,《未成年人保护法》《预防未成年人犯罪法》《义务教育法》具有重要意义。虽然近年来我国非常重视儿童权利保障的法治工作,但是儿童权利保障立法在一定程度上仍然表现出立法体系模糊、专门立法缺失以及可操作性差等问题。

二、儿童权利保障的主要内容

(一)儿童的权利

儿童的权利主要包括:(1)享受社会安全的权利;(2)享有特殊保护的权利;(3)受教育权;(4)独立的人格权。[①]

(二)对儿童的保护

对儿童的保护主要表现为:(1)规定父母抚养、教育子女的义务;(2)针对不满14周岁的幼女实施犯罪者,从严处罚;(3)赋予儿童受教育的权利等。[②]

三、老年人权利保障的基础和依据

老年人的弱势特征主要表现为:首先,老年人的社会地位较低。一些老年人脱离了原工作岗位,失去了原有的职业,一时又很难调整状态去开始新生活。一些人把老年人排除在政治生活、经济生产乃至社会生活领域之外。其次,老年人的行为

---

① 参见俞子清主编:《宪法学》,中国政法大学出版社1999年版,第249页。
② 参见刘茂林:《宪法学》,中国人民公安大学出版社、人民法院出版社2003年版,第258页。

能力弱化。老年人因年龄的增大,身体各项机能呈现弱化态势,在行为上力不从心,逐步丧失劳动能力甚至是自理能力,必须得到社会和家庭成员的照顾。最后,老年人缺失应有的财产能力,包括财产收入能力和财产支配能力。为了维持必要的生存,一些老年人不得不寻求家庭成员的赡养或者依赖社会的资助,缺乏财产方面的独立能力。

基于此,不论是在国际立法还是国内立法上,都对老年人的权利规定了特别保障措施。从国内立法来看,我国老年人权利保障涉及宪法、专门立法、各部门法、地方性法规等诸多方面。首先,将老年人权利确定为宪法权利。在我国《宪法》第二章"公民的基本权利和义务"中,第44条明确规定:"国家依照法律规定实行企业事业组织的职工和国家机关工作人员的退休制度。退休人员的生活受到国家和社会的保障。"同时,第45条明确了公民在年老的情况下,有从国家和社会获得物质帮助的权利。国家发展为公民享受这些权利所需的社会保险、社会救济和医疗卫生事业。另外,第49条第3、4款规定:"父母有抚养教育未成年子女的义务,成年子女有赡养扶助父母的义务。禁止破坏婚姻自由,禁止虐待老人、妇女和儿童。"这些规定显然将老年人权利上升到公民基本权利的高度,对保障老年人权利具有积极意义。其次,在专门立法方面,1996年8月29日,我国颁布了《老年人权益保障法》。2009年、2015年,全国人大常委会对该法进行了两次修正。该法以总则、分则的形式确定了老年人权益保障的基本原则、家庭赡养与扶养、社会保障、社会服务、社会优待、宜居环境、参与社会发展以及法律责任等方面的内容,专门规定了老年人的具体权利,如明确规定老年人有权参与社会发展、有权及时获得应有的养老金以及其他一些福利保障、有权享受再教育、有权获得医疗保障等,较为全面地明确了国家和社会对老年人应承担的责任。

四、老年人权利保障的主要内容

老年人的合法权利包括:(1)退休人员的生活保障权;(2)孤寡老人享受国家和社会的物质帮助权;(3)成年子女对父母有赡养扶助的义务;(4)严禁虐待老年人。[1] 老年人享有如下特权:(1)要求赡养权;(2)基本生活保障权;(3)获得医疗保险优待和照顾的权利;(4)就医优先权。[2]

对老年人权利的保障主要表现为:(1)实行退休制度,保证老年人生活保障权的实现;(2)规定成年子女有赡养父母的义务;(3)老年人有获得物质帮助的权利;

---

[1] 参见王世勋、江必新编著:《宪法小百科》,光明日报出版社1987年版,第326页。
[2] 参见谢鹏程:《公民的基本权利》,中国社会科学出版社1999年版,第139—140页。

(4) 严禁虐待老年人,构成犯罪的,要依法追究刑事责任。①

阅读材料

【案例 8-5】 老人诉子女"常回家看看"案②

2013 年 12 月,北京首起老人诉子女"常回家看看"案宣判。昌平法院判决两个女儿每月到八旬老父家看望一次,且每人每月需支付老人养老费、生活费等上千元。

尹某和老伴祖籍河北,共有 4 子 2 女。20 世纪 90 年代初,一大家子来到北京谋生。2012 年,老伴因病去世。老人称,来京近 20 年,一大家子除两个女儿外,都租住在昌平区的一个大杂院。以前孩子们还经常看看他,老伴去世后,4 个儿子尚且有所表示,如二儿子经常给他钱,四儿子管他一日三餐。但是,19 年来,两闺女却从未给过他赡养费用。于是,老人要求法院判决两闺女支付他 19 年来的赡养费以及将来的养老费,还要两人每人每星期看望他一次。

尹某的两个女儿,一个 1955 年出生,一个 1961 年出生,她们称给赡养费没问题,但是"常回家看看"确实难。大女儿说,如果老人在京生活,她愿意去看他。但是,如果老人回河北老家,她就不能保证一星期看望一次了,因为自己都指望儿子养老了。二女儿则表示,如果老父亲打电话给她,她会去看望,但是自己的孙子才一周岁,需要帮儿女照顾孩子,经常去看望老人的确有点远。

法院经过审理,对于老人要求支付 19 年来的赡养费,认为赡养费是保障被赡养人目前及今后生活的费用,除非有协议约定,否则不存在拖欠问题,因此不予支持。但是,老人要求两女儿负担养老费和医疗费,理由充分,法院予以支持。对于老人要求两个女儿每人每星期看望他一次的请求,法院认为,因两人现居住地距离原告居住地远近不同,可由两人每月自行安排时间到原告住处看望一次。因此,昌平法院一审判决老人的两个女儿每月支付老人养老费、医药费、生活费等上千元,两人每人每月看望老人一次。

我国现行《老年人权益保障法》规定,家庭成员应当关心老年人的精神需求,不得忽视、冷落老年人。与老年人分开居住的家庭成员,应当经常看望或者问候老年人。从养儿防老式的"子女赡养",到给医保、养老金式的"货币赡养",再到法律上要求从精神上关怀老人的"心灵赡养",无疑是我国在养老制度上的进步。

---

① 参见刘茂林:《宪法学》,中国人民公安大学出版社、人民法院出版社 2003 年版,第 258 页。
② 参见刘洋、卢漫:《首例"常回家看看"案:父亲胜诉》,载《新京报》2013 年 12 月 20 日 A23 版。

据统计,我国老年人中有一半过着"空巢"生活。"空巢老人"一般指子女离家后独自生活的老年夫妇。当子女因工作、学习、结婚等原因离家后,独守"空巢"的老年夫妇往往缺乏照料,权益得不到应有的保障。"常回家看看"无疑是"空巢老人"们对子女的希望。将"常回家看看"写入法律是一种法律层面上的道德劝化,目的是让子女更加感恩、尽孝,而并非让父母去告子女。将孝敬父母写入法律,将对维护家庭关系起到较好的促进作用,并有助于回归传统道德,振兴传统伦理。

也有另一种声音:"常回家看看?那工作咋办?"2013年修订后的《老年人权益保障法》一公布,许多网友直呼"有难度",而更多的质疑者则担心以法律约束道德只会成为"善意的谎言"。

子女不能"常回家看看"的原因一般有两种:一是客观原因,如子女常年奔波在外、假期少、车票难买等;二是主观原因,如子女本身与父母关系不好而不想回家,或者被自家的家庭琐事缠住了脚。第一种情况是社会原因,需要社会制度予以改善,立法没有意义。针对第二种情况,用强制手段要求子女"常回家看看"或许不能增进感情。同时,法律上对什么频率算"常回家看看"并无明确规定,因此很难量化。《老年人权益保障法》属于社会类立法,具体细节不可能规定得很清楚。当子女不经常回家看望老人时,老人可以诉诸法律,这就是其中的进步意义。

第三节 其他特殊主体的权利保障

一、残疾人权利保障的特殊性和规范依据

(一)残疾人权利保障的特殊性

残疾是一种伴随人类发展始终的客观现象,而且在一定程度上呈增长趋势。主要原因在于:第一,战争、营养不良和慢性病等主要出现在健康医疗服务条件较差的发展中国家,这些国家本身人口增长就很快,所以残疾人的数量也持续增加。第二,全球快速发展的工业化、城市化和老龄化趋势,伴随着环境污染、工伤交通事故和老年人口的增加,造成了残疾人数量的增加。第三,自然灾害造成的残疾始终不断。例如,汶川地震约造成5万人残疾。[①] 因病致残和外界致残之间的复杂关系使残疾不仅成为人类社会不可避免和无法消除的现象,而且残疾人口还会越来

---

① 参见《汶川大地震可能造成5万人残疾》,http://news.163.com/08/0523/19/4CLBT2070001124J.html,2017年10月25日访问。

多。残疾人在社会生活中处于特别明显的不利地位,受到的歧视来自各行各业。残疾人受到的不仅是教育、就业领域存在的歧视,还面临着经济、政治、社会和文化诸领域的歧视。此外,残疾人在视力、听力、行动能力、智力和精神方面有单一或者多重缺陷,造成其在权利受到侵害时,无法像非残疾人那样积极自主地主张权利,缺乏相应的救济能力。

对残疾人的歧视是一种根深蒂固的"社会负面情绪",即残疾人受到的歧视不是某个国家、某一时期和某些社会主体的态度,而是人类有史以来就存在的偏见。这些偏见在人类历史上的大部分时期并没有因时间、空间和文化因素而有什么根本性的差异。这种特别的弱势和不利地位,表明了残疾人在社会中处境的极端不利和保障残疾人权利的急迫性。

社会弱势群体享有的人权的核心内容和要求国家承担的主要义务与一般的人权有所不同。一般的人权强调人权的相互依赖、相互联系和不可分割,没有特别突出某一种人权的作用。但是,对于群体权利来说,更为重视平等和不歧视权利的实现。歧视是残疾人实现权利的巨大障碍。对于残疾人权利保障来说,更需要国家采取适当的措施保障和实现他们的人权。一方面,残疾人权利保障更为强调平等和不歧视的原则,以防止这些社会弱势群体在享受人权方面受到歧视;另一方面,这些社会弱势群体的实际情况造成他们无法切实享有人权,因而需要国家提供一些特别的措施,采取一些差别待遇以帮助他们享有人权。这种社会弱势群体权利与人权的普遍性和不歧视原则之间并不冲突。

(二)残疾人权利保障的规范依据

1. 国际法规范

《世界人权宣言》第 2 条的不歧视原则、第 7 条的平等权对于残疾人和非残疾人所享有的平等权利进行了宣示。第 25 条第 1 款进一步明确规定:"人人有权享有为维持他本人和家属的健康和福利所需生活水准,包括食物、住房、医疗和必要的社会服务,在遭到失业、疾病、残疾、守寡、衰老或在其他不能控制的情况下丧失谋生能力时,有权享受保障。"该宣言在国际上第一次明确提出了残疾人的健康权、社会保障权和享受适当生活水准的权利,为国际社会和各国在残疾人权利保障方面的立法奠定了基础。

1969 年 12 月 11 日联大通过的《社会进步和发展宣言》(第 2542 号决议)第 11 条甲项规定,提供全面的社会保障计划和社会福利事业,为所有因疾病、残疾或年老而暂时或永久不能谋生的人,制定和改进社会保障和保险方案,以保证这些人和他们的家庭与家属维持适当的生活水准。丙项规定,保护儿童、老年人和残疾人的权利并保证他们的福利;对在身体或精神方面处于不利状态的人提供保护。第19条丁项规定,制定适当措施,使精神或身体残疾的人特别是儿童和少年恢复正常生活,以便他们能在最大可能的程度上成为有用的社会成员——这些措施应包括提供治疗和专门用具、教育、职业指导和社会指导、训练和有选择地安置工作以及其他必需的帮助——并创造社会条件,使有缺陷的人不因其丧失劳动能力而受到歧视。

1971年《智力迟钝者权利宣言》是第一个对特定残疾人权利进行全面宣示的国际人权文书。该宣言共有7条,从实体和程序两个方面对智力迟钝者的权利进行了规定,具体内容包括:(1)智力迟钝的人所享有的权利,在最大可能范围内,与其他的人相同。(2)智力迟钝的人有权享有适当的医药照顾和物理治疗,并受到可以发展其能力和最大潜能的教育、训练、康复及指导。(3)智力迟钝的人有权享有经济的安全和适当的生活水平,并有权充分发挥其能力,进行生产工作或从事任何其他有意义的职业。(4)智力迟钝的人可能时应与其亲属或养父母同住,并参加各种社区生活。同住的家庭准予领受协助。如须由机关照顾时,应尽可能在接近正常生活的环境和其他情况下供给这种照顾。(5)智力迟钝的人于必要时有权获得合格监护人,以保护其个人福利和利益。(6)智力迟钝的人不得遭受剥削、虐待和侮辱。如因犯罪而被起诉时,应充分顾及其在智力上所能负责的程度,按照适当法律程序处理。(7)智力迟钝的人因有严重残缺而不能明确行使各项权利或必须将其一部分或全部权利加以限制或剥夺时,用以限制或剥夺权利的程序务须含有适当的法律保障,以免发生任何流弊。这种程序必须以合格专家对智力迟钝的人有具社会能力的评价为根据,并应定期加以检查,还可向高级当局诉请复核。

1975年《残疾人权利宣言》是国际社会第一个全面宣示残疾人享有的各项人权的国际文书。该宣言共有13条,内容涉及残疾人权利的平等和不歧视原则、残疾人的权利、残疾人的法律援助、残疾人组织的地位等。残疾人的权利包括以下几方面:第一,残疾人享有人格尊严受到尊重的基本权利。残疾人,不论其缺陷或残疾的起因、性质和严重性,应与其他同龄公民享有同样的基本权利,其中最主要的是享有适当的、尽可能正常而充实的生活。第二,残疾人享有的公民权利和政治权利。对于智力缺陷者的这些权利的任何可能限制或压制,应适用《智力迟钝者权利宣言》第7条的规定。第三,残疾人有权获得种种旨在尽可能使他们自立的措施。第四,残疾人有权接受医药、心理和机能治疗,包括安装义肢和假体在内,接受医疗和社会康复、教育、职业培训和复健、各种帮助、指导、就业和其他服务,以充分发展他们的能力和技能并加速他们参与社会生活或重新参与社会生活的过程。第五,残疾人有权享有经济和社会保障,并过着像样的生活。他们有权按照其能力获得并保有职业,或担任有用处的、生产的、有报酬的工作,并加入工会。第六,残疾人有权与其亲属或养父母同住,并参加一切社会活动、创作活动或娱乐活动。除非残疾人的病况确有必要或为减轻病况确有必要,不得在居住方面使他们受到异于他人的待遇。如残疾人不得不居住在特别疗养所时,当地的环境和生活条件应尽可能接近同龄人的正常生活环境和条件。第七,残疾人应受保护,以免受到任何剥削、任何管制或任何歧视性、虐待性或侮辱性的待遇。

1983年《残疾人职业康复和就业公约》是国际劳工组织适应联合国推动的残疾人享有平等就业权利的要求,针对"城市和农村地区的各类残疾人在就业与参与社会方面的平等机会和待遇的需要"而制定的。该公约共有17条,其中第2—4条的规定较为重要,第4条规定的残疾人就业权利应当受到平等保护尤其是核心条款。该公约开创了国际残疾人权利保护中的两个"第一":首先,该公约是世界上第一个专门针对残疾人的公约。尽管由于所涉及的范围仅仅是残疾人的康复和就业权利,而且是由国际劳工组织而不是联合国通过的法律文件,但是它反映了国际社会对于残疾人平等权利的深入认识。其次,该公约强调,为落实残疾人享有和其他工人一样的平等待遇和条件而采取的特殊保护措施不构成歧视。这是有关残疾人保护的"积极措施"在国际人权法律文书中第一次出现,对之后各国的立法起到了一定的示范作用。

联大2006年通过、2008年生效的《残疾人权利公约》,集中体现了各国和国际社会以人权为基础,应对残疾问题,确认和保护残疾人权利的共识。该公约是对残疾人享有的人权内容、法律适用原则和国际保护机制规定最为全面的一个国际条约,也是最重要的核心国际人权文书之一。2007年,中国政府正式签署了该公约。2008年,十一届全国人大常委会第三次会议批准了该公约。

《残疾人权利公约》首先体现了最先进的人权保障理念,认为人权是相互联系的一个整体,彼此依赖。该公约序言第3项规定,"重申一切人权和基本自由都是普遍、不可分割、相互依存和相互关联的,必须保障残疾人不受歧视地充分享有这些权利和自由"。这是国际核心人权公约第一次对残疾人享有的人权与基本自由的正式宣示,无疑具有重要意义。其次,该公约强调,要以人权为基础促进发展。残疾人"以贡献者和受益者的身份进行的参与可通过发展增强人权,又可通过人权加强发展",这在该公约中有具体的体现。该公约序言第7项强调,"必须使残疾问题成为相关可持续发展战略的重要组成部分";第13项指出,对残疾人权利的保护将"大大推进整个社会的人的发展和社会经济发展以及除贫工作"。联合国社会发展委员会对《残疾人权利公约》给予了高度评价,认为该公约"旨在作为一项具备明显社会发展观点的人权文书,它既是一项人权条约,也是一种发展工具"。

《残疾人权利公约》规定了八个一般原则,分别是:(1) 尊重固有尊严和个人自主,包括自由作出自己的选择,以及个人的自立;(2) 不歧视;(3) 充分和切实地参与和融入社会;(4) 尊重差异,接受残疾人是人的多样性的一部分和人类的一分子;(5) 机会均等;(6) 无障碍;(7) 男女平等;(8) 尊重残疾儿童逐渐发展的能力并尊重残疾儿童保持其身份特性的权利。这八个原则贯穿于整个残疾人权利保护的所有方面,彼此之间是一种不可分割、相互影响和相互依赖的关系。

《残疾人权利公约》有关残疾人权利的规定有 12 项,分别为:第 10 条生命权,第 13 条获得司法保护的权利,第 14 条自由和人身安全权,第 15 条免于酷刑或残忍、不人道或有辱人格的待遇或处罚,第 16 条免于剥削、暴力和欺凌,第 17 条保护人身完整性,第 18 条迁徙自由和国籍,第 19 条独立生活和融入社区,第 21 条表达意见的自由和获得信息的机会,第 22 条尊重隐私,第 23 条尊重家居和家庭,第 29 条参与政治和公共生活。

在经济、社会和文化权利方面,《残疾人权利公约》规定了六项权利,分别为:第 23 条受教育权,第 25 条健康权,第 26 条适应训练和康复的权利,第 27 条工作和就业的权利,第 28 条获得适足的生活水平和社会保障的权利,第 30 条参与文化生活、娱乐、休闲和体育活动的权利。

2. 残疾人权利的国内立法保障

我国除《残疾人保障法》作为保障残疾人权利的主要立法外,相关的行政法规包括国务院制定通过的《残疾人教育条例》《残疾人就业条例》《无障碍环境建设条例》,地方性法规包括省、自治区、直辖市和有立法权的地级市人大常委会制定通过的《残疾人保障法》实施办法和残疾人保障条例。

2015 年修订后的《残疾人保障法》共 9 章 68 条,基本结构如下:第一章"总则",包括第 1 条至第 14 条,主要规定了立法依据、残疾人的定义、残疾人的基本权利和保障措施、残疾人的义务等内容。第二章"康复",包括第 15 条至第 20 条,主要规定了残疾人享有康复服务的权利和保障措施。第三章"教育",包括第 21 条至第 29 条,主要规定了残疾人享有平等接受教育的权利和保障措施。第四章"劳动就业",包括第 30 条至第 40 条,主要规定了残疾人劳动的权利和保障措施。第五章"文化生活",包括第 41 条至第 45 条,主要规定了残疾人享有平等参与文化生活的权利和保障措施。第六章"社会保障",包括第 46 条至第 51 条,主要规定了残疾人享有各项社会保障的权利和保障措施。第七章"无障碍环境",包括第 52 条至第 58 条,主要规定了国家和社会为残疾人平等参与社会创造无障碍环境的责任和相应措施。第八章"法律责任",包括第59条至第67条,主要规定了残疾人权益受侵害后的救济途径和侵犯残疾人权益的法律责任。第九章"附则",即第68条。

(三)残疾人权利的主要内容

根据联合国《残疾人权利公约》和我国《残疾人保障法》,残疾人权利的主要内容包括残疾人在政治、经济、文化、社会和家庭生活等方面享有同其他公民平等的权利。残疾人的公民权利和人格尊严受法律保护。禁止歧视、侮辱、侵害残疾人。根据我国《宪法》第34条至第47条的规定,残疾人应平等地享有以下基本权利:(1)政治权利和自由;(2)宗教信仰自由;(3)人身自由;(4)监督权;(5)社会经济权利;(6)文化教育权利;(7)康复权。

二、归侨、侨眷权益保护

(一)归侨、侨眷的定义

华侨是指定居在国外的中国公民。由于华侨的身份比较特殊,因此华侨所受法律的限制与普通公民有所区别。归侨是指已经回到祖国定居的华侨。归侨长期旅居国外,生活习惯与国内居民有所不同。侨眷是华侨在国内的亲属,包括华侨、归侨的配偶、血亲和其他亲属。归侨、侨眷直接同华侨权益一起被写入宪法,予以保护。这充分证明,国家对广大归侨、侨眷一视同仁,高度关怀。

(二)归侨、侨眷的保护制度

我国《宪法》第50条规定:"中华人民共和国保护华侨的正当的权利和利益,保护归侨和侨眷的合法的权利和利益。"

《归侨侨眷权益保护法》针对归侨、侨眷的权益保护制度作出了具体规定,主要内容如下:

(1)归侨、侨眷有权依法申请成立社会团体,进行适合归侨、侨眷需要的合法的社会活动。归侨、侨眷依法成立的社会团体的财产受法律保护,任何组织或者个人不得侵犯。

(2)国家对安置归侨的农场、林场等企业给予扶持,任何组织或者个人不得侵占其合法使用的土地,不得侵犯其合法权益。在安置归侨的农场、林场等企业所在的地方,可以根据需要合理设置学校和医疗保健机构,国家在人员、设备、经费等方面给予扶助。

(3)各级人民政府应当对归侨、侨眷依法投资兴办产业,特别是兴办高新技术企业,以及兴办公益事业给予支持。

(4) 归侨、侨眷申请出境，有关主管部门应当在规定期限内办理手续。归侨、侨眷确因境外直系亲属病危、死亡或者限期处理境外财产等特殊情况急需出境的，有关主管部门应当根据申请人提供的有效证明优先办理手续。归侨、侨眷申请自费出境学习、讲学的，或者因经商出境的，其所在单位和有关部门应当提供便利。

（三）归侨、侨眷合法权益受到侵害时的救济

归侨、侨眷合法权益受到侵害时，被侵害人有权要求有关主管部门依法处理，或者向人民法院提起诉讼。归国华侨联合会应当给予支持和帮助。

推荐阅读

1. 中共中央总书记、国家主席、中央军委主席习近平会见第五次全国自强模范暨助残先进集体和个人表彰大会受表彰代表，并发表重要讲话

习近平指出，残疾人是社会大家庭的平等成员，也是人类文明发展的一支重要力量。古今中外，残疾人身残志不残、自尊自立、奉献社会的奋斗事迹不胜枚举。残疾人完全有志向、有能力为人类社会做出重大贡献。在当代中国，在改革开放进程中，我国残疾人中涌现出一大批像张海迪那样的自强模范，他们是改革开放大潮的弄潮儿，他们的事迹感人至深、催人泪下，激励了全社会的奋发自立精神。他们身上的精神就是自强不息精神，就是我们的民族精神、时代精神，也是社会主义核心价值观的应有之义。

2. 最高人民法院公布10起残疾人权益保障典型案例（节选）

【案例8-6】 阿某某与南昌市某服务有限公司人身损害赔偿纠纷案

原告阿某某因乘坐被告江西省南昌市某服务有限公司的客车发生交通事故，造成腰椎骨严重受伤、双下肢完全瘫痪，司法鉴定为二级伤残。在案件审理过程中，人民法院了解到阿某某经济困难且身在四川省马边彝族自治县，阿某某家属无力到江西开庭的情况后，积极与被告方沟通，并连夜长途跋涉前往阿某某住地，就地开庭，促成双方当事人调解，被告方当场支付给阿某某28万元赔偿款。

评议：事故致残往往会导致受害人致贫的后果，这种情况下，受害人人身损害的及时救济就显得尤为重要。本案中，阿某某因交通事故导致严重残疾且生活困难，人民法院根据案件实际情况，坚持能动司法，不辞劳苦跋涉两千余里上门调解，促成被告当场赔付，及时救济了受害人的损失，实实在在为少数民族残疾人农民工做了一件好事，在当地群众中引起了强烈反响，取得了良好的法律效果和社会效果。

【案例 8-7】 孔某与北京某物业管理公司劳动争议纠纷案

孔某系一级智力残疾人。2011年12月,孔某与北京某物业管理公司签订劳动合同,合同期限为2年,至2013年11月30日终止。2013年7月,孔某在不理解签署的文件性质的情况下签署了离职申请。孔某起诉至人民法院,要求北京某物业管理公司支付解除劳动合同经济补偿金。人民法院认为,因孔某不具备对签订劳动合同、签署离职申请等涉及个人重大利益的行为的判断能力和理解能力,且不能预见其行为后果,重大民事行为应由其法定代理人代理或者征得法定代理人的同意。孔某代理人对孔某签署离职申请的行为不予认可,孔某签署离职申请的行为应属无效,双方的劳动合同应继续履行至合同期限终止。北京某物业管理公司应当依照《劳动合同法》对孔某支付终止劳动合同经济补偿金。

评议:《残疾人保障法》第30条规定,国家保障残疾人劳动的权利。第38条规定,在职工的招用、转正、晋级、职称评定、劳动报酬、生活福利、休息休假、社会保险等方面,不得歧视残疾人。残疾人群体自强不息、自尊自立,参加适合其自身能力的劳动,应当予以支持。本案判决表明,司法审判必须依法切实保障残疾人劳动的权利,让其能通过自身劳动创造幸福生活,切实维护残疾人合法权益。

【案例 8-8】 王某甲诉王某乙履行调解协议纠纷案

残疾人王某某(案外人)的两位监护人王某甲与王某乙出于一己私利签订调解协议,约定出卖残疾人个人所有的房产并将所得部分房款归两位监护人所有。人民法院认为,两位监护人这种私自签订调解协议处分被监护人王某某(残疾人)的财产并侵占房款的做法有违亲人的监护职责,更是对残疾人财产权的侵害。依照法律规定,除为被监护人的利益外,不得处理被监护人的财产。故人民法院驳回监护人王某甲要求履行调解协议,分得出售残疾人王某某房屋价款的诉讼请求。判决后,双方服判息诉,取得了良好的社会效果。

评议:确保残疾人的财产安全,保障其财产利益不受到损害,关乎残疾人的生存状态和生活质量。如何维护智力残疾人的财产权利是社会的一个难题。大部分智力残疾人缺乏相应的民事行为能力,对于个人财产的重大变动往往缺乏足够的理解能力和认知能力。法律规定由残疾人的监护人履行监护职责,保护残疾人的财产权益。残疾人的监护人往往是其亲属,若监护人没有履行监护职责,侵犯了被监护人的合法权益而私自处分残疾人的财产,从财产交易行为本身不容易判断。法院对于监护人侵犯残疾人作为被监护人的财产权利的做法不予支持,以保障残疾人财产权。

➢ 小结

在我国基本权利体系中，存在着特定主体应享有的权利，主要包括妇女、儿童、老人、残疾人权利，以及归侨、侨眷权利。

妇女的权利保障主要包括妇女的政治权利和自由、受教育权、经济文化权利等。《联合国宪章》《世界人权宣言》《经济、社会、文化权利国际公约》《公民权利和政治权利国际公约》等以普遍性国际公约的形式确立了男女平等的基本原则。《妇女政治权利公约》《已婚妇女国籍公约》《关于婚姻自愿、结婚最低年龄和结婚登记公约》《消除对妇女歧视宣言》《消除对妇女一切形式歧视公约》《消除对妇女的暴力宣言》等针对"专属性领域"，以专门国际公约的形式对妇女权利提供了专门的特别保障措施。此外，联合国专门机构制定了有关保障妇女权利的公约，如《保护母性公约》《取缔教育歧视公约》等。我国已形成以《宪法》为基础，以《妇女权益保障法》为主体，包括各种单行法律、法规、地方性法规和政府各部门行政法规在内的一整套保护妇女合法权益和促进男女平等的法律体系，为妇女权利的保护提供了必要、充分的法律基础。

儿童权利作为一种独立的权利，建立在儿童独立性的基础之上。国际社会对儿童权利的真正保护起始于二战之后，其最为重要的标志是《儿童权利公约》，该公约是第一个专门对儿童权利进行保护的国际公约。在国内立法层面，对儿童权利的保护在一般性立法与专门性立法中均有所体现，但是仍然存在一些问题。

不论是国际立法还是国内立法，都对老年人权利规定了特别保障措施。从国内立法来看，宪法、法律、地方性法规等均涉及老年人权利保护问题，较为全面地明确了国家和社会对老年人所应承担的责任。

歧视是残疾人实现权利的巨大障碍。残疾人权利需要国家法律和国际人权条约给予特殊保护。在国际立法层面，《世界人权宣言》《社会进步和发展宣言》《残疾人权利宣言》《残疾人职业康复和就业公约》《残疾人权利公约》对残疾人权利有较为全面的保护，其中尤以《残疾人权利公约》为重。在国内立法层面，除《残疾人保障法》作为保障残疾人权利的专门性法律外，刑事、民事、行政等领域的多部法律中都有保障残疾人权利的内容。

我国将归侨、侨眷权益写入宪法，予以保护。《归侨侨眷权益保护法》针对归侨、侨眷权益保护作出了具体规定，并对他们提出了一些优惠政策。归侨、侨眷合法权益受到侵害时，被侵害人有权要求有关主管部门依法处理，或者向人民法院提起诉讼。归国华侨联合会应当给予支持和帮助。

➤ 课外材料

案例(CASES)

    1. 蓝树山拐卖妇女、儿童案

    2. 霍霖祯强奸案

    3. 邵长胜拐卖妇女案

    4. 武亚军、关倩倩拐卖儿童案

    5. 董小勇拐卖儿童案

    6. 罗某某、谢某某诉陈某监护权纠纷案

    7. 曾福林强奸、猥亵儿童案

    8. 蔡明占、杨秀花拐卖儿童案

    9. 王辉、文兴州等组织卖淫、协助组织卖淫案

    10. 张某诉郭某某探望权纠纷案

    11. 台湾地区热锅烫婴案

    12. 董某诉刘某婚姻家庭纠纷案

    13. 张某诉镇江市姚桥镇迎北村村民委员会撤销监护人资格纠纷案

    14. 欧某某等聚众斗殴案

法条链接(RULES)

    1.《世界人权宣言》第25条

    2.《经济、社会、文化权利国际公约》第3条、第10条

    3.《公民权利和政治权利国际公约》第3条、第24条

    4.《消除对妇女一切形式歧视公约》第5—6条、第8—9条、第11条、第16条

    5.《儿童权利公约》第6条、第14条、第19条、第23条、第33条、第35条

    6.《俄罗斯联邦宪法》第38条

    7. 德国《魏玛宪法》第122条、第161条

    8.《美洲人权公约》第19条

    9.《中华人民共和国妇女儿童权益保障法》第3条第1款、第22条、第26条、第29条、第36—37条

    10.《中华人民共和国老年人权益保障法》第4条第1款、第11条、第13条、第15条、第19条、第26条、第31条、第43条

    11.《中华人民共和国宪法》第48—50条

12.《德国基本法》第3条第2款、第6条第5款

13.《日本国宪法》第24条第1款、第27条第3款

14. 英国《自由大宪章》第7—8条、第54条

15.《欧洲社会宪章》第8条、第17条

16.《中华人民共和国劳动法》第13条、第15条、第29条、第58—65条

17.《美洲人权公约补充议定书》第2条、第18—20条

阅读（READINGS）

1. 李步云主编:《人权法学》,高等教育出版社2005年版。

2.〔日〕阿部照哉等编著:《宪法——基本人权篇》（下册），周宗宪译,中国政法大学出版社2006年版。

3. 陈慈阳:《基本权核心理论之实证化及其难题》,台湾翰芦图书出版有限公司2007年版。

4. 龚向和等:《从民生改善到经济发展——社会权法律保障新视角研究》,法律出版社2013年版。

5.〔挪威〕A. 艾德等:《经济、社会和文化的权利》,黄列译,中国社会科学出版社2003年版。

6. 钟秉正:《社会法与基本权利保障》,台湾元照出版有限公司2010年版。

7. 胡敏洁:《福利权研究》,法律出版社2008年版。

8. 夏正林:《社会权规范研究》,山东人民出版社2007年版。

9. 邓达奇:《妇女权益保障的法治逻辑》,中国社会科学出版社2017年版。

10. 丁勇、陈韶峰主编:《残疾儿童权利与保障》,南京师范大学出版社2015年版。

第九章 人权保护机制

➢ 学习目的

- 了解保护人权对于国家的重要意义：从法理角度而言，代表国家的政府存在的合法性在于人权保护；从道德角度而言，保护人权已成为国际社会主流价值观。因此，不论个人还是政府，侵犯人权行为都是不道德的。
- 理解人权保护的国内与国际的三个层级及其法律渊源。人权保护的三个层级相互联系、相互补充、相互配合，三者不可分割，共同构成了人权保护的有机整体。
- 把握人权保护的国家义务理论，掌握国家尊重义务、国家保护义务、国家实现义务、国家非歧视义务的概念与范围，掌握人权国际保护的具体机制及其机构。
- 培养尊重与保护人权的意识和习惯，树立"保护人权，从我做起"的思维。
- 思考目前国内与国际人权保护的不足之处、原因及其所产生的社会问题。

➢ 知识要点

- 人权保护的第一层级是国内保护，主要通过国家机构实施具体的国家义务以及与国内公法、私法相关的具体的人权保护机制，实现对人权的保护。人权的国内保护是人权保护的基础。也就是说，国家承担了人权保护的首要任务。
- 人权保护的第二层级是联合国人权保护，主要通过以《联合国宪章》为基础的人权保护机制与以联合国条约为基础的条约保护体系，实现对人权保护。联合国人权保护体现了人权保护的普遍性，同时反映了当前国际社会的主流价值观。
- 人权保护的第三层级是区域性人权保护。目前，区域性人权保护机制主要有欧洲、美洲与非洲三大体系，体现了人权保护的普遍性与地域性相结合的特点。

案例导入

【案例 9-1】 国际人权保障实践:人权干预的客观存在,"主权大于人权"吗?

联合国及有关机构对 1990 年 8 月 2 日至 1991 年 2 月 26 日伊拉克武装侵占科威特的不同措施,体现了联合国旨在实施国际人道法①所采取行动的现实性及其有限性。

1990 年 11 月 29 日,根据安理会第 678 号决议,安理会把 1991 年 1 月 15 日作为伊拉克履行联合国决议的最后期限,并授权成员国同科威特合作,采取《联合国宪章》第七章允许的"一切必要手段",履行安理会的决议,恢复该地区的国际和平与安全。1991 年 1 月 16 日,旨在恢复科威特主权的多国部队组建并进攻伊拉克。多国部队的行动虽得到了联合国的授权,但并不处在联合国的直接控制之下。随着伊拉克军队 2 月份的撤退,敌对状态结束。

联合国前人权委员会依据国际人道法,在 1991 年 3 月 6 日通过的第 1991/67 号决议中谴责伊拉克虐待战俘和拘禁平民,要求伊拉克不得对上述人员进行虐待、严刑拷问、即刻处决。委员会接着要求伊拉克立即释放所有被关押人员。此后,委员会谴责伊拉克虐待平民,要求伊拉克允许红十字国际委员会进入相关地区并提供人道救援。

1991 年,安理会组建了联合国赔偿委员会进行索赔活动。伊拉克从石油收益中拿出部分资金,向在其入侵期间受到伤害的科威特各级政府机构、各民族和各团体赔偿损失。

第一节 人权保护的第一层级:国内人权保护

一、国内人权保护:国家义务主体及国家义务

公民权利的保护是当前公众与社会关注的焦点问题。从法学角度而言,权利持有方的权利离不开相对方的义务。毫无疑问,对国家义务的研究有利于对公民

---

① 人道法可以被定义为战争法中人权法的组成部分。基于这种定义,人道法适用于国际武装冲突,并在某些情况下适用于国内武装冲突。人道法的主要渊源是《日内瓦公约》及其附加议定书。

权利的保护。有学者指出:"国家义务是公民权利的根本保障。"①公民与国家的关系决定了国家是人权保护的义务主体,人权保障离不开国家义务。总体而言,国家的人权保护义务主要是国家尊重义务、国家保护义务、国家实现义务,同时国家有禁止歧视义务。从实现角度而言,国家机构有遵守并实施国际人权法的义务。

(一)国家的尊重、保护、实现义务与禁止歧视义务

1. 国家义务的分类与范围

国家义务的分类与范围虽然只是技术上的,但是为国家义务的研究与实现提供了便利和方向。有关国家义务的体系、性质、结构与类型,国内外学者进行了多种概括与归类。从英美法系有关人权与宪法著作、论文与文献来看,国家义务的分类一般有三种:

(1)国家消极义务与国家积极义务("两分法")

权利在传统意义上的含义是,规定国家不得任意限制或妨碍公民权利的享有,②也称"国家消极义务"。表达自由被认为是现代民主国家与民主政治的基本特征之一。《欧洲人权公约》第10条第1款规定,公约成员国每个公民享有自由表达权。该条款同时规定了成员国不得任意限制或妨碍公民享有自由表达权的"国家消极义务"。

国家积极义务是指国家采取适当的方法与步骤确保权利实现的责任。对于国家义务的相关原理,欧盟人权判例法认为,法庭并没有规定普遍意义上的国家义务理论。因此,对于每个特定权利的相关国家义务,有必要进行具体的分析。③ 对于公民基本权利的享有,国家有不得妨碍的消极义务。国家采取适当的方法与步骤的积极义务,通过判例法进行概括,在范围上至少包括以下三个相互联系的问题:国家有义务采取措施保证权利享有是有效的,国家有义务采取措施保障个人享有的权利不被他人妨碍,国家有义务采取措施确保个人不妨碍他人权利的享有。

(2)国家尊重、保护、实现与促进义务("四分法")

为了实现权利保护目的,国家尊重义务是第一位的,也是最先开始的。换言之,权利得到尊重,这是国家保障权利第一层次的义务。只要国家不予妨碍或限制,所有的权利都能在一定程度上得到保护。从这种意义上说,国家有可能成为权利最大的侵害者。基于此,国家有消极义务,即不得采取任何有损法定权利的活

---

① 龚向和:《国家义务是公民权利的根本保障——国家与公民关系新视角》,载《法律科学》2010 第 4 期。

② See Harris, O'Boyle, and Warbirck, *Law of the European Convention on Human Rights* (2nd ed.), Oxford University Press, 2009, p. 342.

③ Vgt verein gegen Tierfabriken v. Switzerland, 2001-Ⅵ.

动。国家不能有意识、有目的地通过国家机关（如国会或议会、行政机关）或国家机构（如警察机关、监狱或军队）侵害公民的权利。也就是说，国家有义务提防公权力对私权利的侵害。因此，国家尊重义务以国家消极义务为基本特征，是与国家机构、国家机关相联系的。

国家保护义务是指国家有保障权利人的权利免于被侵害的义务，这是国家保障权利第二层次的义务。这意味着国家需要承担前摄性或后援性义务，以确保司法管辖范围内的权利人免受第三方的侵害。与此同时，国家有义务创造条件，确保权利人享有权利。当然，国家并不对所有由个人行为所引起的侵权行为承担国家义务。但是，在国际人权法领域，"若能证明权利人受其他方侵害，国家对存在过错的情况负有责任。例如，因为国家实施导致侵害可能发生的法律，或者因为国家没有实施本可以阻止发生侵害行为的措施"。"这就是众所周知的人权间接横向效应。"①由此可见，国家保护义务是积极义务。国家有义务确保权利及其利益免受他方侵害，特别是来自第三方的，包括来自自然界或人为的威胁。国家保护义务是国家意识或者应当意识到要采取足够的预防措施，以阻止侵害的发生。国家保护义务可以是预防性义务，也可以是补救性义务，即国家在侵害发生后给予权利受损人援助。国家保护义务具有直接性与现实性。

国家实现义务可以理解为，国家有义务采取行动，从而使权利得到充分实现。例如，国家如果不对兑现选举承诺做出积极行为，选举权将变得毫无意义。从国际人权法角度分析，实现义务涉及国家有义务采取适当的法律措施以实现作为条约国的国际承诺，这包括将国际人权公约保护的人权吸收进或包含于国内法之中。国家实现义务是国家保障权利第三层次的义务。国家应当确保公民权利在实际上尽可能最大限度地实现。这要求国家采取立法、行政、教育等方面的措施，建立法律、机构与程序方面的基础，全面实现所涉及的权利。对有些权利的享有，只要国家提供一定量的具体利益，如钱、物（如食物）或者服务（如医护），权利人就会实现。因此，权利持有人有权获得国家在其能力许可范围内提供的诸如此类的具体利益。

国家促进义务主要是指国家有实施促进人权保护政策的义务，包括国内的（如人权教育）和国际的（如有借鉴意义的有关人权保护的政策）两个方面。国家促进义务往往被并入国家实现义务。

---

① Daniel Moeckli, Sangeeta Shah, and Sandesh Sivakumaran, *International Human Rights Law*, Oxford University Press, 2010, p. 131.

(3) 国家消极义务、积极义务与国家尊重、保护与实现义务的内在关联

国家尊重、保护与实现义务看似是不同的几个方面,其实并没有非常明了的界限。"四分法"之下的国家实现与促进义务往往被合并为国家实现义务,即"四分法"可以转化为"三分法"。在实际运用过程中,"两分法"与"三分法"比较常见,甚至交叉运用,现以下表说明:

表 9-1

消极义务	尊重		
积极义务	保护	预防(事前)	现时性与直接性(如警察机关)
			通过立法方式(如立法禁止)
		补救(事后)	现时性与直接性(如恢复原状)
			通过立法方式(如法律援助)
	实现	通过立法、制度与程序上的便利充分保障权利的实现(如立法、行政、人权教育)	
		狭义上的具体利益(如现金、物质与服务)	

2. 国家义务的实现

(1) 国家尊重义务

就内容而言,国家尊重义务主要体现在基本含义与对权利的限制两个方面。"尊重"与"限制"在法哲学上体现了一种对立统一,两者无论是在理论研究层面还是在实际操作层面都不可或缺。

① 基本原理与实践。国家尊重义务是消极义务,是指国家不得限制法律赋予权利人的基本权利的享有。国家义务的本源是人权,权利人自动获得国家对其权利的尊重义务。国家尊重义务不需要国家有任何积极行为,权利人所享有权利的实现是因为国家处于被动而非主动状态。从层次上而言,国家尊重义务是第一层次的,适用于权利人所有的权利。也就是说,国家对权利人所有的权利都有尊重的义务。

《欧洲人权公约》第 2 条规定,每个人的生命权都应当受法律保护。任何人不能被故意剥夺生命,除非是执行法庭依法判定的刑罚判决。① 除限制条件外,国家之于生命权的尊重义务可以被理解为国家有不能剥夺生命的消极义务。当然,国家对生命权有保护的积极义务。② 《欧洲人权公约》第 3 条规定,任何人免受酷刑、

---

① See ECHR Article 2(1).
② See Harris, O'Boyle, and Warbirck, *Law of the European Convention on Human Rights* (2nd ed.), Oxford University Press, 2009, p. 37.

非人道待遇、侮辱性待遇和虐待。① 就此而言,国家尊重义务是指国家机构或机关不得向权利人施行酷刑、非人道待遇、侮辱性待遇和虐待的消极义务。《欧洲人权公约》第4条第1款规定,不得将任何人蓄为奴隶或者是使其受到奴役;第2款规定,不得使任何人从事强制或者是强迫劳动。② 于此,除限制条件外,国家尊重义务是指国家有不能蓄奴或奴役任何人、不能强制或强迫任何人劳动的消极义务。

② 对权利的限制。国家必须履行公共职能,完成宪法或法律赋予的保护公共利益的任务,并尊重第三方的权利。这就决定了有必要对相关权利的实现规定条件,进行一定程度的限制。除了少数几个例外的权利,权利的保障不是绝对的,而是受到特定程度的限制。从相关研究结果来看,权利受何种程度的限制难以用一般的术语去概括,只能对具体权利作单独界定。限制技术或方法如下:

第一,完全不限制。相对而言,只有少数几种权利不受限制,国家承担无条件的义务,或称为"国家绝对义务"。例如,禁止种族灭绝,③任何人免受酷刑、非人道待遇、侮辱性待遇和虐待。④ 具有国家无条件义务性质的权利人的权利,在任何情况下都不受克减与贬损。

第二,排除性限制。在理论上,对部分权利的保护,国家负有无条件的义务。但是,在一些特别情形下,对该权利进行限制并没有违反国家义务。例如,在理论上,禁止国家剥夺人的生命。但是,在战争时期,武装部队又被允许杀人。在这种情况下,通常的做法是:在人权保护条例中,先完整地规定权利的内容,紧接着附加一个合法、合目的、合乎社会需要的限制清单。例如,《欧洲人权公约》第2条第1款规定,每个人的生命权都应当受法律保护。任何人不能被故意剥夺生命,除非是执行法庭依法判定的刑罚判决。第2款规定,以下情况使用武力且不超过必要的限度,剥夺生命不应当视为违反了第1款的规定:防卫他人的不法侵害;为了实现合法逮捕或阻止被拘捕人逃跑;为了镇压骚乱或暴动采取的合法行动。⑤ 该第2款用列举方式对剥夺生命权进行了限制,限制范围是比较小的。

第三,原则性限制。在一些传统的与公民权有关的社会自治领域,免于国家干预的保护。如个人生活与家庭、自由表达权、宗教信仰自由等,人权保护条例常常规定国家在一定条件下的限制是允许的。例如,《欧洲人权公约》第9条第1款规定每个人都有思想自由与信仰自由,接着第2款规定对这两种自由的限制必须基于

---

① See ECHR Article 3.
② See ECHR Article 4(1),4(2).
③ 参见《防止及惩治灭绝种族罪公约》第1条、第4条。
④ 参见《禁止酷刑和其他残忍、不人道或有辱人格的待遇或处罚公约》"前言"第1—2条。
⑤ See ECHR Article 2(1),2(2).

法律规定,为了公众利益,在民主社会是必要的。① 其他方面的权利也有诸如此类的限制。如前所述,对权利的限制可以概括为遵从合法原则、合目的性原则与社会必要原则。

第四,禁止任意限制。《公民权利和政治权利国际公约》第 12 条第 4 款规定:"任何人进入其本国的权利,不得任意加以剥夺。"第 17 条第 1 款规定:"任何人的私生活、家庭、住宅或通信不得加以任意或非法干涉,他的荣誉和名誉不得加以非法攻击。"该公约通过对"任意限制"的"禁止",避免权利限制的滥用,从而规范了国家义务,实现了对权利的保护。

(2) 国家保护义务

国家保护义务的实现,首先应当明确各类可能侵害权利的行为,这样才能确定国家保护措施的实施。相关权利的不同禀性,决定了国家保护义务的复杂性。此外,实现国家保护义务的另一个重要方面是其内容与程度。

① 基本原理。对权利保护构成威胁的可能是国家,也可能是个人行为,还可能是其他特殊情形,如自然灾害。单凭国家尊重义务不能确保权利人的权利享有,国家必须防止他方行为侵犯个人的权利。普遍意义上的国家义务是尊重与保障其领土内和受其管辖的所有人的权利。② 离开国家的保护,个人权利的享有可能因第三方的侵害而落空,这正是国家保护义务产生和存在的意义。

国家对权利的保护义务不仅仅是针对个人的危害行为。对下列侵害行为,国家同样承担国家义务:

第一,国家机构超越职权的事实或将要发生的侵犯他人权利的行为;③

第二,国家领土内的外国机构侵犯人权的事实或将要发生的侵犯他人权利的行为;④

第三,国家司法管辖区内的国际机构有约束力的决定引发的事实或将要发生的直接或间接侵犯他人权利的行为;

第四,因为自然灾害或技术设施问题引发的事实或将要发生的侵犯他人权利的情况。⑤

以上概括性地对侵害权利行为进行了归类,同时也为国家义务与权利请求保

---

① See ECHR Article 9(1),9(2).
② See ICCPR Article 2(1),ECHR Article 1.
③ See IACtHR, Escue-Zapata v. Colombia, Series C, No.165,2007.
④ See ECtHR, Grand Chamber, Llascu and Other v. Moldova and Russia, Reports 2004-Ⅶ.
⑤ See ECtHR, Budayeva and Others v. Russia, Applications Nos.15339/02,20058/02,11673/02,15343/02,2008.

护提供了导向。

② 国家义务的复杂性。请求保护的权利与权利保护的程度问题仍然没有得到完全的解决。显然，有些权利由他人提请国家保护以对抗第三方的侵害更具适当性。例如，获取法律补偿权、禁止刑法追溯与大部分程序权利直接指向国家。相较而言，国家义务更倾向于身体健康、有形物质方面的保护。例如，《公民权利和政治权利国际公约》与一些地区性人权条约都对酷刑、非人道待遇、侮辱性待遇和虐待作出了禁止规定。许多非常重要的公民权利，如集会自由、宗教自由之保护又相当脆弱，很容易为国家或个人所侵害。

一些国际人权公约与地区性人权公约对国家保护义务进行了明确规定。例如，《公民权利和政治权利国际公约》第6条第1款规定："人人有固有的生命权。这个权利应受法律保护。不得任意剥夺任何人的生命。"类似的规定可见于《欧洲人权公约》第2条第1款。但是，这方面的国家保护义务实际上常常难以落实。例如，法律有时难以对某种类型的杀人行为进行处罚，国家有时难以对已经遭受生命威胁的个人提供警力保护。又如，未出生的胎儿是否包括在"每个人"中，以及自愿与不自愿流产等问题。

总之，国家所承受的保护义务的程度由于其本身的复杂性、相关权利理论的争论性以及实际操作中的困扰，要进行十分明确的界定是很困难的。这是由每个权利的不同禀性所决定的。因此，笼而统之，论"国家义务的边界"既无可能也无必要。

③ 国家保护义务的内容与程度。国家保护义务在内容上有预防性质的，也有补救性质的。[①] 预防性质的国家义务的目的是阻止第三方、自然灾害与技术设施问题所引发的危害对权利的侵害。补救性质的国家义务是对受损权利的矫正或恢复，在矫正或恢复不能实现的情况下，权利受损者有权获得补偿或请求处罚侵权者。预防性质的国家义务和补救性质的国家义务都可以通过制定适当的法律，适用相关法律，制定具体的、可操作的措施（如警察保护、从自然灾害危险区域撤离等）予以实现。各个层次的措施都是为了保护个人相关权利免受第三方侵害。

国家保护义务的程度是一个复杂的问题，使个人权利免受第三方侵犯的国家义务不是绝对的。这是因为：一方面，国家不可能拥有随时随地提供预防性质的措施所需要的无限资源；另一方面，提供过于广泛的国家保护义务将会造成国家没有限制地控制私人领域。显然，国家保护义务不能以保护权利的名义渗入私人领域，不能扩大到整个人权保护理念都有可能被破坏的界点。

---

① IACtHR, Velasquez-Rodriguez v. Hondurda, Series S, No.4, 1988, para.166.

(3) 国家实现义务

实现权利保护的国家积极义务不仅仅是为了避免个人行为或自然灾害侵害权利。从更广泛的意义上说,国家积极义务要求国家为了权利的实现和享有,提供法律、制度与程序上的条件。这要求国家采取多层次的行动。国家实现义务主要通过以下几种方式:

① 立法、机构与政策相关层面。没有事先制定的详细法律与创立的相关国家机关,很多权利难以实现。例如,婚姻法的存在、登记机构的设立是婚姻权得以实现的先决条件。只有私有财产的概念体现在国内法之中,财产权才有意义。在社会权领域,社会保障体系的建立与相关程序的便利是社会安全权得以实现的前提条件。除了立法,警察力量的运用、人权保护政策与行动方案也能起到重要作用。同理,反歧视、基本教育、工会、新闻监督的缺失,也会造成相关权利不能全面实现。

② 行政、制度与程序相关层面。有效救济条款与行政机关、提供法律保护的法庭具有同等重要的地位。根据《公民权利和政治权利国际公约》,国家有责任"保证任何一个被侵犯了本公约所承认的权利或自由的人,能得到有效的补救"[①]。这是国家实现人权保障的义务之一。同时,国家只有建立和完善能够提供法律保护的、规范的机构框架与程序,才能实现权利保护。

③ 狭义上的具体利益层面。国家提供具体物质利益,如钱、物与服务,对相关权利的保护具有非常重要的意义。例如,权利人在刑事诉讼过程中的法律援助权利[②]、义务教育权利[③]或其他因缺乏物质利益而导致无法实现的权利等,都离不开国家提供的物质利益。这一义务特别适用于有迫切需要群体的食品权、住房权与基本卫生保健权。国家实现义务对于国家尊重义务的实现也有着重要作用。例如,如果国家直截了当地拒绝提供公共街道或广场的警察服务(维护交通、维持秩序等),自由表达权与自由集会权就会难以实现。

真实的权利与权利可实现的程度依赖于权利的保障问题。国家义务的一个基本原则是,国家义务的范围与程度依赖于国家能力。

(4) 国家非歧视义务

平等与非歧视是人的基本权利,为整个国际人权法体系与权利保护体系提供了基本理念与具体表述:所有人,不论他们的社会地位如何,或为某群体成员,具有相同的权利。平等是人权保护的基础,不仅是权利,而且是原则。平等的重要价值

---

① ICCPR Article 2(3)(a).
② See ICCPR Article 14(3)(d), ECHR, Article 6(3)(c).
③ See ICESCR Article 13(2)(a).

在现实中得到了充分体现和运用。《世界人权宣言》规定,人人生而自由,在尊严和权利上一律平等。在权利保护中,平等与非歧视是同一原理的正面与反面定义。因此,要实现平等,必须反歧视。

国家非歧视义务是指国家进行许可范围内的权利限制,拒绝为权利受损者提供保护有合法理由,不能违背法定义务,克减权利人的基本权益。国家进行权利限制或拒绝提供保护,不是因为权利人的"种族、肤色、性别、语言、宗教、政治或其他见解、国籍或社会出身、财产、出生或其他身份等任何区别"[1]。国家对权利的限制遵循非歧视原则。禁止歧视构成了国家基本义务的完整内容。[2] 国家非歧视义务一方面要求国家不得有任何歧视,确保国家法律或实践与平等、非歧视保持一致;另一方面要求国家采取措施阻止或消除非政府方的歧视。国家应采取措施消除个人平等参与的障碍,帮助处于不利地位的群体等,包括禁止歧视、采取积极步骤改变社会不平等现实、改变特殊群体受排斥或处于不利地位的社会运行方式等各种措施。[3]

国家非歧视义务的国际法来源:《联合国宪章》第1条第3款明确规定,联合国的宗旨是促进所有人的权利没有差别地得到平等保护。同时,平等与非歧视在以下条款中得到了体现:《世界人权宣言》第1条、第2条第1款、第7条,《公民权利和政治权利国际公约》第2条、第3条与第26条,《经济、社会、文化权利国际公约》第2条第2款、第3条。此外,有多个特别的关于反歧视的人权条约:《消除一切形式种族歧视国际公约》《残疾人权利公约》《消除对妇女一切形式歧视公约》《儿童权利公约》《外来务工及家庭成员权利保护公约》等。上述公约明确包含平等与非歧视条款。

同时,国家的非歧视义务得到了世界上主要地区性人权公约的确认:《非洲人权和民族权宪章》第2条、第3条、第18条第3款与第4款、第28条,《美洲人权公约》第1条、第24条,《阿拉伯人权宪章》第2条、第9条、第35条,《欧洲人权公约》第12条、第14条,《欧盟基本权利宪章》第20条、第21条第1款、第23条。除此之外,还有一些专门性区域公约,如《非洲人权和民族权宪章》关于妇女权利的保护以及《美洲国家关于消除对残疾人的一切形式歧视公约》等。

综上所述,国家义务在总体上可以分为尊重、保护与实现义务,同时国家有禁

---

[1] ECHR Article 14.
[2] See ICESCR Article 2(2), ICCPR, Article 2(1), ACHR Article 1(1), ECHR Article 14.
[3] See C. Bell, A. Hegarty, and S. Livingstone, The Enduring Controversy: Developments in Affirmative Action Law in North American, *International Journal of Discrimination and the Law*, 1996, Vol. 1, No. 3, pp. 233-234.

止歧视的义务,这几个方面共同构成了国家义务的完整内容。国家义务与权利保护存在手段与目的的关系,即权利保护是国家义务的内核与终极目的,国家义务是促进权利保护不可或缺的重要手段。

热点讨论

1. 运用国家义务理论,讨论分析我国的国家扶贫工作计划的功能与效果。
2. 列举社会上目前存在的各种类型的歧视现象,并讨论国家应当如何消除歧视。

(二) 国家机构确保国际人权法得到遵守的义务

自1948年12月10日联大通过《世界人权宣言》以来,"人权"作为起源于西方的概念已成为全球性的法律术语。二战结束后,联合国根据人权保障基本原则,建立了新的国际秩序,人权承诺得到西方国家、拉美国家与第三世界国家的支持。

国际人权法是国际法的重要内容,与国际法具有相同的特征和渊源,同时又具有自身的特点。国际法主要是指国家之间的法律,是对于调整国家之间的关系具有拘束力的原则、规章与制度等的统称。国际条约与国际习惯构成了国际法的主要渊源。"条约的一个重要特征就是对于非缔约国没有约束力。但是,造法条约对于非缔约国也具有约束力,这种约束力不是源于条约义务,而是国际习惯法的要求。"[①]国际法的主体主要是国家。与传统国际法相比,国际人权法的特点在于主体的广泛性,国家、国际组织、民族、种族、团体与个人都可以成为国际人权法的主体。

国际人权法是针对基于保护人类固有的尊严而产生的人权所形成的国际法原则、规则和制度的总和,主要包括各种条约和习惯法以及各种宣言、准则和决议等。国际人权法既包括适用于整个国际社会、主要在联合国框架下形成的普遍性国际法,也包括联合国成立后在欧洲理事会、非洲联盟、美洲国家组织等区域组织框架下形成的只适用于区域范围的区域性国际人权法。

根据国际人权法的性质,所有联合国缔约国都有确保联合国人权条约体系下的国际人权法得到遵守的义务。区域性人权公约的成员国也有遵守区域性国际人权法的义务。

人权保护与实现的义务主体是国家。这里所说的"国家"主要是指政府。广义上的政府包含立法、司法与行政等机构。现代主流观点认为,国家产生与存在的意

---

① 李步云主编:《人权法学》,高等教育出版社2005年版,第299页。

义是为公民谋福利,国家的根本任务是保障公民的权利。因此,国家机构及其工作人员的首要任务是确保相关人权义务的实现。

1. 立法机构

立法机构对人权的尊重与保护主要通过立法,即代表国家,通过制定法律、法规和行政规章的方式,确认和认可公民权的内容、范围以及人权实现和保护的程度、方式等。

(1) 确保人民的立法权

人民的立法权从根本上体现了人民主权的基本原则。"人民主权是指国家中的绝大多数人拥有国家的最高权力。"[1]人民的立法权界定了政府与人民的关系:人民是主人,国家机关及其工作人员是受托人;政府的权力来源于人民,人民有权要求政府为人民服务;政府机关及有关公务人员应当由选举产生。人民通过民主的方式行使立法权以保障人权,不仅秉持多数人裁决原则,保障大多数人的权利,而且关注少数特殊群体的权利。

(2) 确认国际人权公约在国内的法律地位与效力

根据《维也纳条约法公约》的规定,国际人权公约签署国有义务在本国范围内落实相关公约。国际人权公约在国内实施主要有两种方式:第一种是纳入式,国家批准国际人权公约,公约自动成为国内法的一部分,具有国内法效力;第二种是转化式,国际人权公约必须通过立法机关制定法律转换为国内法,才能由国家机关予以适用。

2. 司法机构

(1) 国际人权公约的国内适用

司法是维护社会公平正义的最后一道防线。国内司法机构对国际人权公约的适用直接保障了人权。采用"一元论"的国家对"具体、清楚和明确"的国际人权条约或条款"自动执行"。"尽管绝大多数国家的法院很少直接适用国际人权条约,但国际人权条约所具有的间接效力是毋庸置疑的。许多国家的法院在具体案件中参照人权条约来解释和发展国内法。"[2]

(2) 通过司法审判、司法审查与司法解释保障人权

司法是人权保障的最后救济手段,而人权保障的司法救济主要体现在司法程序的公正上。司法机构应坚持合法审判原则、公开审判原则、平等原则、中立原则、申辩和上诉原则等,以实现对人权的最大保障。司法审查主要通过维护宪法权威、

---

[1] 周叶中主编:《宪法》,高等教育出版社、北京大学出版社2000年版,第94页。
[2] 白桂梅主编:《人权法学》,北京大学出版社2011年版,第266页。

促进立法法治化、监督依法行政的方式保障人权。司法解释是指司法机关对法律所作的具有权威性和约束力的解释和说明。英美法系国家认为司法解释是司法权的必要组成部分,是法官适用法律的一种方式。大陆法系国家注重维护成文法的权威,经历了从否认司法解释到承认司法解释的过程。司法解释成为司法机关保障人权的方式之一。

3. 行政机构

(1) 履行国家义务

从国家与公民关系的发展历史以及现代民主法治国家的发展趋势来看,国家义务与公民权利的关系已经成为主导国家与公民关系的主轴。国家义务与公民权利应成为现代公法体系的核心内容和现代公法学的基本范畴。国家义务直接源自公民权利并决定了国家权力。同时,国家义务以公民权利为目的,是公民权利的根本保障。[①] 因此,代表国家行使权力的行政机构履行国家义务是人权保障的根本。

(2) 通过行政立法保障人权

行政立法必须坚持民主立法原则。具体而言,行政民主立法是指"行政立法的开放性和行政相对人的立法参与,确认公众对法案的讨论权和听证权,并建立对所提意见、建议和要求是否采纳的答复制度"[②]。只有公平与正义的行政法规才能保障具体行政行为的公平与正义,行政机构才能最大限度地保障人权。

(3) 通过依法行政保障人权

依法行政是法治国家与法治政府的基本要求,也是人权保障的基本要求。有学者认为,依法行政包括三项内容:第一,法律创制,法律对行政权的运行产生绝对有效的拘束力,行政权不可超越法律而运行;第二,法律优先,法律位阶高于行政法规、行政规章与行政命令,一切行政法规、行政规章与行政命令不得与法律相抵触;第三,法律保留,宪法规定公民基本权利限制等内容必须由立法机关通过法律规定,行政机关不得代为规定,否则属非法。[③]

[①] 参见龚向和:《国家义务是公民权利的根本保障——国家与公民关系新视角》,载《法律科学》2010年第4期。

[②] 姜明安主编:《行政法与行政诉讼法》(第六版),北京大学出版社、高等教育出版社2015年版,第163页。

[③] 同上书,第67页。

热点讨论

从人权保障角度而言,行政机构应当如何避免"孙志刚案"一类的案件再次发生?

二、国内宪法、行政法与刑法人权保护机制

(一)宪法保护

宪法在世界上绝大多数国家被称为"国家根本法",在国内法体系中具有最高的法律效力。宪法对人权的保护主要体现在两个方面:

1. 施行宪法的目的体现了对人权的保护

大多数国家的宪法主要有三个基本的目标:一是界定国家的司法管辖区与行政管辖区,从而确立国家主权。二是建构国家治理的基本框架。宪法通过对政府的管控,创立了机构框架,从而建立了国家机构。三是调整政府与公民的关系。宪法包含调整政府与公民关系的多个条款,从而规范政府的权力,实现对人权的保护。

2. 宪法是对人权法的实施

宪法确认了人权,并要求政府最大限度地保护这些权利。从内容上讲,宪法没有创立新的人权。当然,宪法对人权的保护并不限于所列举的各项权利。需要强调的是,宪法上没有明确表述某项权利并不意味着该项权利不需要得到保护。

(二)行政法保护

行政法对人权的保护主要体现在两个方面:

1. 行政法治原则的确立,明确了政府行政权力与公民权利的界限

行政法治原则主要包括三个方面的内容:"一是行政主体作出行政行为必须有法律依据;二是行政主体作出的行政行为必须符合法律规定的行政要求;三是行政主体必须以自己的行为保证法律的实施。"[①]可见,行政法治原则为行政机构保护人权奠定了基石。同时,人权保护标准为行政权力的产生、运行与评估提供了依据。

2. 确立正当、公开与公正的行政程序原则

以"正当、公开与公正"为核心价值的行政回避制度、行政听证制度、行政信息公开制度与行政说明理由制度等行政程序制度,有利于保护行政相对人的人权。

---

① 张正钊、胡锦光主编:《行政法与行政诉讼法》(第六版),中国人民大学出版社2015年版,第18页。

(三) 刑法保护

刑法具有保护国家、社会和个人权益免遭犯罪侵害的功能。刑法对人权的保护主要体现在两个方面:

1. 通过惩罚犯罪保护被害人的人权

当人们受到犯罪侵害时,可以依靠国家政权得到防卫和保护,实现对个人自由的保护。这样,刑法通过惩罚犯罪,维护社会稳定,保护人权,实现了社会保护的功能。

2. 为刑事犯罪嫌疑人、被告人、犯罪人提供人权保障

刑法的罪刑法定原则的含义是:"什么样的行为构成犯罪,并给予什么样的处罚,必须事先以成文的法律进行明确规定",简而言之,"法无明文规定不为罪,法无明文规定不处罚"。其核心功能在于,防止公权力滥用,进而实现人权保障。"刑法作为犯罪人的大宪章,是指行为人实施犯罪的情况下,保障罪犯免受刑法规范以外的不正当的刑罚。"[1]因此,从更深层次而言,刑法的人权保障目的在于实现对全体公民的个人权利的保障。也正是在这个意义上,刑法不仅是犯罪人的大宪章,也是公民自由的大宪章。需要指出的是,刑法具有突出的严厉性和强制性,它既可以成为保护人权的盾牌,又可能因被滥用而成为侵犯人权最危险的武器,必须慎重对待和使用刑罚。

三、民商法、专利法等人权保护机制

从权利保障的历史发展进程而言,基本权利的规定,其目的在于保障人民的权利免受国家权力滥用的侵害。因此,基本权利本身是一种消极的权利,也是一种防卫权,用来对抗国家的侵犯。即国家权力的行使必须受到限制,而人民的基本权利原则上是无限制的。在国家权力与人权相互对立的情况下,国家权力由基本权利的规定予以限制,而个人的权利则由契约予以限制。因此,宪法和人权法所称的基本人权都是针对国家而言的。基本权利的条款本身具有针对国家的性质。所以,依据传统理论,基本权利的规定只是为了规范国家权力的行使,对于私人无任何效力可言,其保障主要存在于公法之中。

随着社会结构的改变,特别是全球经济一体化的加深,虽然"保障人民之'基本

---

[1] 〔日〕木村龟二主编:《刑法学词典》,顾肖荣、郑树周译校,上海翻译出版公司1992年版,第9页。

权利'之重心,在于'防止国家权力之侵犯'之上"①,但是社会上拥有优势地位的团体及个人对处于劣势地位的个人可能具有压倒性的实力,从而妨碍基本人权。那么,在这种强势第三方的侵犯使得个人的"人类尊严"被忽视时,依基本权利的规定,对个人尊严有尊重、保护义务的国家权力是否应当介入?正是基于这种需要,人权保障理论产生了针对"第三者"的水平效力。因此,人权保障机制从公法领域的宪法、行政法与刑法等扩展到私法领域的民商法、专利法等。

(一)民商法保护

时任联合国秘书长安南在1995年召开的联合国社会发展问题世界首脑会议上首次提出了"全球契约"等设想,这一计划在2000年得以启动。"全球契约"计划号召全球工商界共同遵守有关人权、劳工标准、环境、反腐败等方面的十项基本原则②。2005年,安南根据全球契约顾问委员会的建议,通过《全球契约诚信措施说明》,其中列出了监督参与成员所实施"全球契约"的措施。

2003年,增进和保护人权小组委员会提交了《跨国公司和其他工商企业在人权方面的责任准则》(以下简称《责任准则》)草案,被称为世界上最全面、最权威的公司准则。《责任准则》首先明确了国家与跨国公司和其他工商企业的一般义务。一方面,《责任准则》明确了"国家负有增进、保证实现、尊重、确保尊重和保护国际法和国内法承认的人权的首要责任",这种责任也包括确保公司和其他工商企业尊重人权。另一方面,跨国公司和其他工商企业"在其各自的活动和影响范围内,有义务增进、保证实现、尊重、确保尊重和保护国际法和国内法承认的人权"。在一般义务之外,《责任准则》为跨国公司和其他工商企业列出了六类具体的人权规范,包括:平等机会和非歧视待遇权、人身安全权、工人的权利、尊重国家主权和人权、保护消费者的义务以及保护环境的义务。由于相关方对该草案的有关内容存在分歧,2011年,联合国人权理事会通过了《工商企业与人权:实施联合国"保护、尊重和补救"框架指导原则》。该指导原则成为各国规范企业活动以及促进企业尊重人权的重要国际文件。

企业承担了尊重人权保障与采取救济措施的责任。政府具有保护的积极义务,应当采取立法等相关措施,修改民法、公司法等有关条款,规范本国公司与跨国

---

① 陈新民:《宪法基本权利之基本理论》(下册),台湾元照出版有限公司1999年版,第65页。
② 十项基本原则:(1)企业界应支持并尊重国际社会公认的人权;(2)保证不与践踏人权者同流合污;(3)企业界应支持结社自由及切实承认集体谈判权;(4)消除一切形式的强迫和强制劳动;(5)切实废除童工;(6)消除就业和职业方面的歧视;(7)企业界应支持采用预防性方法应付环境挑战;(8)采取主动行动促进环境方面更负责任的做法;(9)鼓励开发和推广环境友好型技术;(10)企业界应反对各种形式的贪污。

公司行为,制定企业行为标准。

(二)世界贸易组织与专利法保护

商品贸易、服务贸易与知识产权构成了世界贸易组织(WTO)之国际协议"三基石"。这些国际协议的三个核心原则:一是"最惠国待遇",要求国家给予所有贸易伙伴同等对待;二是"国民待遇",要求国家对进口产品给予不低于本国相似产品的待遇;三是"定量限制",如禁止配额、进口禁令和出口禁令。这些原则的主要目的是确保国家之间贸易竞争机会的公平。然而,国际贸易竞争所引发的争端有相当一部分是因知识产权保护问题而产生的。

WTO创立了有效的贸易争端解决机制。这是一种集各种政治方法、法律方法于一体的综合性争端解决体制,具有外交和司法两种属性。如果一个国家认为另一个国家违反了WTO规则,则会求助于WTO贸易争端解决机构。若双方磋商无效,专家小组将会做出报告。一方可以依据法律条款上诉。说到底,贸易争端解决体系是国家之间的体系。国家将争议提交争端解决机构,目的是保护本国公司的商业利益,包括维护专利权利益。

WTO这种强有力的贸易争端解决机制在促进企业人权责任方面到底能发挥多大效能?在作出决定的过程中,WTO上诉机构要求考虑所有国际法的相关规则。然而,基于人权保障的考虑,贸易争端解决机制远没有发挥应有的作用。事实上,WTO及其争端解决机构有时被认为有损于人权保障。例如,健康权要求政府确保本国公民获得药品的权利,而WTO有关知识产权保护的协定对于有关国家实现健康权保障会产生不利后果,因为WTO协定规定的"最惠国待遇"原则与"国民待遇"原则在人权保障目标上存在内在的冲突。

热点讨论

联系人权保障的国内机制与生活实际,分组讨论"慢粒白血病患者陆勇为上千名病友代购印度仿制药"事件。

第二节 人权保护的第二层级:联合国人权保护

在近代历史中,具有国际影响力的人权保障事件有反对奴隶贸易和奴隶制度的运动、颁布人道主义的战争法、保护少数族裔和女性解放运动等。"一战与二战期间人权的国际关注受到限制,主要是因为国际劳动组织关于工人权利方面的工作与国际联盟保护少数人的某些条款,尽管后者只适用于少数国家。"[1]人权复兴的直接原因是二战期间人们对于纳粹暴行的认识不断加深。

1942年1月1日,26个反法西斯同盟国发表联合声明,宣称实现胜利的关键是"维护人权和正义"。《联合国宪章》《世界人权宣言》《公民权利和政治权利国际公约》和《经济、社会、文化权利国际公约》构成了国际人权法的基本框架,规定了联合国会员国与相关公约缔约国必须尊重、保护与实现的权利清单,从而建立了联合国人权条约保护机制与基于《联合国宪章》的人权监督机制。

一、联合国人权条约体系保护机制

(一) 政府报告机制

根据《公民权利和政治权利国际公约》第40条的规定,提交和审理相关报告是该公约建立的监督程序中唯一的强制性制度。也就是说,人权缔约国家没有选择的余地,必须提交报告并接受人权事务委员会对报告的审理。

政府报告机制要求缔约国必须全面反映它是否以及如何在国内法律制度中履行公约规定的义务。缔约国国内人权条约的执行主要取决于政府在国内履行条约规定的义务情况。所有报告都由人权事务委员会公开审理,一般有相关国家的代表在场。报告审议一直坚持建设性对话原则,现已发展为批评性、评价性工作。

政府报告机制是国际人权条约机构普遍采取的一种监督条约履行情况的制度,虽然在效力方面受到批评,但是其作用不容忽视。

(二) 个人控诉机制

《公民权利和政治权利国际公约第一任择议定书》、《消除种族歧视公约》第14条、《禁止酷刑和其他残忍、不人道或有辱人格的待遇或处罚公约》第22条、《消除对妇女一切形式歧视公约任择议定书》、《移徙工人公约》第77条、《残疾人权利公约任择议定书》和《保护所有人免遭强迫失踪国际公约》第31条都建立了个人控诉机制(或称"个人来文")。根据这些议定书或公约条款的规定,一国可以通过成为有关议定书的缔约国,或者按照有关公约条款的规定,承认条约机构有权接受并审查该国管辖范围内个人认为公约权利受到侵害的来文。

个人来文的受理有比较严格的标准,要求不能是匿名的,不得滥用申诉权或违

---

[1] Jack Donnelly, *Universal Human Rights in Theory and Practice*, Cornell University Press, 1989, p.210.

反任择议定书的规定,并要求用尽当地救济。条约机构在认为来文符合条件的情况下,参照来文者和被指控缔约国提出的一切书面材料,对来文进行不公开审理,并在审理结束后对来文者和被指控国提出意见。

条约机构的建议不具有硬性法律的约束力,不执行也不会有强制措施,这是个人来文控诉机制的弱点。

（三）国家对国家的指控制度

《公民权利和政治权利国际公约》第41条规定,如本公约某缔约国认为另一缔约国未执行公约的规定,它可以用书面通知提请该国注意此事项。收到通知的国家应在收到后三个月内对发出通知的国家提供一项有关澄清此事项的书面解释或任何其他的书面声明,其中应可能地和恰当地引证在此事上已经采取的、即将采取的或现有适用的国内办法和补救措施。《禁止酷刑和其他残忍、不人道或有辱人格的待遇或处罚公约》第21条和《移徙工人公约》第76条分别规定了缔约国通过机构互相监督彼此履行公约规定之义务。这就形成了国家对国家的指控制度。但是,从人权保障的实践角度而言,国家对国家的指控制度很少被启动。

二、基于《联合国宪章》的人权监督机制

当代国际人权法产生的直接背景是二战,其发展的直接原因是德国、日本、意大利三个法西斯国家对人权的严重侵犯。美国总统罗斯福于1941年在国会山发表了支持人权事业的动情演说,指出人的四大基本自由是言论自由、信仰自由、免于匮乏的自由和免于恐惧的自由。《联合国宪章》的人权条款直接体现了罗斯福的愿景,同时为当代国际人权法关于人权保障的发展奠定了法律和概念上的基础。

基于《联合国宪章》的人权监督体系在2006年至2007年经历了极大的变化。依据《联合国宪章》第68条,联合国经济及社会理事会建立了作为政府之间组织的人权委员会,最初由18个成员国组成。考虑到联合国成员国的多样性,人权委员会的会员国在2006年扩大为53个。人权委员会的工作得到了联合国人权保护与促进分会的协助。尽管人权委员会的工作总体上取得了成功,但是被认为过分政治化,缺乏可信度。经济及社会理事会通过决议于2006年6月16日正式解散人权委员会。同年,人权理事会建立并行使职能,成为联合国大会的下属机构。

以下具体分析联合国人权理事会以什么方式与机制促进、保护人权。

（一）普遍定期审议制度

普遍定期审议制度是联合国现存制度中唯一针对所有联合国会员国的审查制度,主要目的是改善各国人权状况并指出人权侵犯现象。在该制度下,所有联合国

会员国每四年都要受到人权理事会的审查。

普遍定期审议制度的法律依据:《联合国宪章》《世界人权宣言》《国际人道法》;会员国缔结的人权公约;国家的自愿承诺。

普遍定期审议制度的原则:普遍审查原则、平等原则、充分参与原则、与其他人权保障机制协调原则、客观透明原则、非对抗与非政治化原则等。

普遍定期审议制度的工作方式:建立工作组,理事会主席担任工作组主席;选派三个报告员,被审查国可以要求其中一个报告员与其来自同一地域;审查结果将在人权理事会大会上审议;专门成立普遍定期审查志愿基金,资助发展中国家,特别是最不发达国家参与审查。

普通定期审议制度的内容:进行客观透明的评价;强调促进和保障人权各方面的合作;在与相关国家商议并取得其同意的前提下,建议提供技术援助和能力建设;被审查国作出相关的资源承诺;在结果通过之前,需要征求各方面的意见,特别是被审查国的意见。

(二) 申诉机制

2007年6月18日,联合国人权理事会建立了新的申诉程序。人权理事会下设来文工作组与情势工作组,体现了更加公正和高效的程序原则。来文工作组由五名成员组成,他们来自五个区域组,由咨询委员会指定,适当考虑成员的性别平衡。来文工作组负责对指控某国一贯严重侵犯人权和基本自由的来文作出是否受理的决定,对侵权案件的实质进行评估并提出建议。

来文受理的标准是:来文由声称自己是被侵犯人权和基本自由的一个或一群受害人提交,或是由对被侵犯人权和基本自由的情况有直接且可靠了解的人或非政府组织提交;无明显的政治意图,并且符合人权条约与文件的宗旨;所述案情显示存在严重侵犯人权和基本自由并已得到可靠证实的情况;目前尚未被一个特别程序、条约机构、联合国其他人权程序或类似的区域申诉程序受理;已用尽一国国内救济办法等。

情势工作组根据来文工作组提供的资料和建议,向人权理事会提出关于被侵犯人权和基本自由并已得到可靠证实的情况之报告,并提出应当采取行动的建议。

(三) 特别程序

特别程序是联合国人权委员会建立的人权保护机制,分为国家特别程序和专题特别程序。联合国人权理事会决定继承保留并接管特别程序。特别程序由联合国人权高级专员办公署选派特别报告员或工作组,并提供后勤和研究方面的支持。专题任务主要包括:适当的住房、任意羁押、拐卖儿童、儿童卖淫或儿童色情制品、教育权、强迫或非自愿失踪、极度贫困、食物权、表达自由权、宗教或信仰自由等。特别程序涉及的国家有布隆迪、柬埔寨、海地、朝鲜等。

热点讨论

运用人权保障原理，分析联合国对朝鲜的多次核试验进行制裁事件中的人权危机以及联合国人权保障机制的运作。

第三节 人权保护的第三层级：区域性人权保护

一、欧洲人权保护机制

就目前而言，欧洲存在三个集中处理人权保护事务的政府间组织：欧洲理事会、欧盟、欧洲安全与合作组织。这三个组织的关系如下图所示：

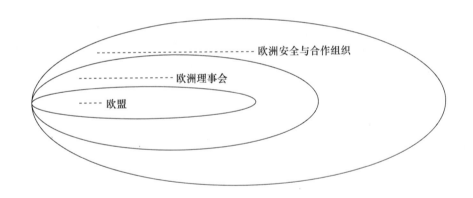

图 9-1

欧洲理事会与欧盟是欧洲一体化发展的产物。欧洲安全与合作组织是东西方冷战的产物，建立于1975年。只有基于法治、民主和人权所形成的具有共同价值的欧洲国家才有资格加入欧洲理事会与欧盟。自1949年成立以来，欧洲理事会一直将审查、监督对这些价值的遵守作为加入的前提条件。欧洲理事会成员国的构想是实现欧洲政治与经济一体化。1991年12月，欧洲共同体马斯特里赫特首脑会议通过《欧洲联盟条约》，通称《马斯特里赫特条约》。1993年11月1日，《马斯特里赫特条约》正式生效，欧盟正式诞生，体现了欧洲一体化的最终目的。也就是说，欧洲理事会的成员资格是加入欧盟的前提条件。

(一) 欧洲理事会人权保护机制

一直以来,欧洲理事会将人权保护事务置于优先位置。欧洲理事会以促进人权、法治和多元民主为目标,坚持只有承认并践行这三项基本价值的国家才能成为欧洲理事会的成员国。欧洲理事会人权体系的建立始于 1950 年 11 月 4 日通过的《欧洲保护人权和基本自由公约》(European Convention for the Protection of Human Rights and Fundamental Freedoms, ECHR),又称《欧洲人权公约》。该公约于 1953 年 9 月 3 日生效。欧洲理事会于 1961 年通过的《欧洲社会宪章》和后来的议定书,宣告了第二代人权——经济、社会、文化权利的产生。

随着冷战的结束,中东欧国家快速加入采取扩张政策的欧洲理事会。"由于这一扩张政策,许多国家虽然法治状况差强人意,也批准了《欧洲人权公约》。结果,欧洲人权法庭来自缺乏有效的国内救济国家(如同俄罗斯)的申诉数量激增,并且实际只好适用双重标准以避免降低老成员国的人权标准。"[①]

1.《欧洲人权公约》的实施机制

《欧洲人权公约》明确保护以下权利:生命权;不遭受酷刑的权利;免受不人道或有辱人格的待遇或处罚;免受奴役的自由;享有人身自由、人身安全和正当程序的权利;不受有溯及力的法律和惩罚的自由;享有思想、良心和宗教信仰自由;享有言论与和平集会的自由;享有结婚和组建家庭的权利等。

(1) 欧洲人权法院

为了保证缔约国遵守承诺,《欧洲人权公约》设立了欧洲人权委员会和欧洲人权法院。1998 年 11 月 1 日,《第十一议定书》生效,欧洲人权委员会被撤销,其职能被合并到欧洲人权法院之下。任择性条款的删除,意味着欧洲人权法院对缔约国的个人申诉和国家间指控案件的受理以及实体问题的裁决是强制性的,并且是唯一的机构。

(2) 国家间指控程序

《欧洲人权公约》生效后,国家间指控虽是强制性的,但极少有国家主动针对其他国家违反人权的情况启动国家间指控程序。其主要原因是,大多数国家考虑到自身的双边利益,通常较少选择这种方式。

(3) 个人申诉

"欧洲理事会在保护人权方面的真正力量和无可争议的成功来自一个独立的国际法院中的个人申诉程序。"[②]欧洲人权法院通过有约束力的裁决,审查缔约国行

[①] 〔奥〕曼弗雷德·诺瓦克:《国际人权制度导论》,柳华文译,北京大学出版社 2010 年版,第 159 页。
[②] 同上书,第 170 页。

为是否违反了《欧洲人权公约》,从而保障区域内缔约国公民的政治权利与自由。

个人申诉的受理条件为:用尽国内救济;在国内最后判决之后的六个月以内提出申诉;非匿名申诉;申诉在实质上与已由法庭审理或者提交其他类似国际程序的事件并非同一事件;申诉没有与公约的规定不符,显然难以成立或者滥用申诉权;被声称的侵犯必须给申诉者带来个人损害;相关事件必须是在公约对相关国家生效以后发生的;等等。

对于有国际法上的约束力的人权法院判决在国内层面的实施,欧洲理事会最高政治机构即部长委员会承担监督义务。欧洲人权法院的个人申诉程序及监督制度创立了欧洲区域有关公民权利和政治权利的最低标准,具有国际上的示范作用。

2.《欧洲社会宪章》的实施机制

《欧洲社会宪章》保护的权利包括:工作权,组织权,集体谈判权,儿童和青年保护权,社会保障权,社会和医疗帮助权,家庭获得社会、法律和经济保护的权利,迁徙工作及牵涉的家庭获得保护和帮助的权利等。附加议定书包括雇佣中的男女平等机会和待遇权、工人的信息和参与权、老年人获得社会保障的权利,修订本中包括工作中的尊严权、住房权等经济、社会、文化权利。

(1) 国家报告程序

由于对《欧洲社会宪章》执行的监督没有创立一个独立的法院,欧洲理事会部长委员会成为监督机关。在20世纪80年代后期的改革进行之前,对宪章的监督限于国家报告程序。缔约国每两年提交一次报告,这些报告首先由一个专家委员会进行审议,再由一个政府委员会和议会大会审查这些专家的结论。最后,基于他们的意见,部长委员会以2/3多数通过对相关缔约国的必要建议。

(2) 欧洲社会权利委员会

考虑到国家报告制度的实际效能问题,为使报告程序得到改善,一个通过选举产生、由任期为6年的12个成员组成的欧洲社会权利委员会(前身是欧洲社会专家委员会)成立。该委员会的主要责任是,从法律角度评估国内法律和实践中遵守《欧洲社会宪章》所规定义务的情况。

3. 欧洲理事会关于具体人权问题的相关条约与机制及特殊制度

(1) 关于具体人权问题的相关条约

这方面的条约主要有:1987年《防止酷刑和其他残忍、不人道或有辱人格的待遇或处罚的欧洲公约》、1992年《欧洲地区性语言或少数民族语言宪章》、1995年《欧洲保护少数民族框架公约》、1997年《欧洲人权与生物医学公约》、1998年《关于禁止克隆人的附加议定书》、2005年《打击人口贩运行动公约》等。

(2) 人权专员

欧洲理事会还在无须签订新条约的情况下,通过不同的活动促进人权保护。1995年5月7日,欧洲理事会创设了人权专员职位。人权专员由议会大会从部长委员会确定的候选人名单中选出,任期为5年,不得连任,主要职责是促进人权教育以及对人权的认识和尊重,具有宣传性与预防性。

(3) 欧洲反对种族主义和不容忍委员会

该委员会根据1993年通过的《维也纳宣言》设立,旨在发挥一个独立的人权监督机构的作用。它负责审议成员国在反对种族主义和不容忍方面的立法、措施,并就地方、国家和欧洲三个层面应采取的行动提出建议。

(二) 欧盟人权保护机制

1. 吸纳《欧洲人权公约》

尊重人权是任何候选国加入欧盟的先决条件之一。《阿姆斯特丹条约》设立了一个程序,即当某个成员国内部出现严重并持续侵犯人权的现象时,欧盟中止其作为成员国的某些权利。《马斯特里赫特条约》在序言中宣称:"联盟应尊重《欧洲人权公约》所保障的基本权利。正是各成员国共同的宪法传统造就了这些基本权利,并使它们成为共同体的一般原则。"

2. 《欧盟基本权利宪章》

1999年6月,欧盟决定通过起草一部关于欧洲基本权利的宪章,承认与联盟内公民相关的所有权利,实际上也就是将《欧洲人权公约》与《欧洲社会宪章》及其他人权议定书合并。2000年12月,欧盟理事会于法国尼斯举行会议,颁布了《欧盟基本权利宪章》。该宪章的序言表达了其制定目的:基于社会变革,促进社会进步和科学技术的发展,加强对基本权利的保护,重申这些权利派生于成员国共同的宪法传统和国际义务、《欧洲联盟条约》、各共同体的条约、《欧洲人权公约》、欧洲共同体和欧洲理事会分别通过的社会宪章以及欧洲法院和欧洲人权法院的判例法。同时,该宪章提出了在《欧洲人权公约》中没有出现的权利,如保护个人信息权、尊重学术自由等。因此,《欧盟基本权利宪章》在人权保护方面更具广度与深度。

(三) 欧洲安全与合作组织人权保护机制

当"铁幕"落下时,被视为冷战机构的欧洲安全与合作组织继续存在的合法性受到了质疑。东欧国家的剧变在民众中产生了意识形态的真空与恐慌,民族主义与种族主义导致了地区性民族冲突。欧洲安全与合作组织为了回应这些问题,从根本上对自己的角色进行了新的定位,其任务主要是:通过组织和监督选举、监督人权等,建设民主社会,实现人权保护。

1. 人的维度机制

依据维也纳结论性文件(1989年),欧洲安全与合作组织关于人的维度是指与人权、基本自由、民主和法治相关的一系列规范和活动。人的维度机制是指处理有关国家不遵守关于人的维度承诺的程序、领域、方式等。随着时间的推移,欧洲安全与合作组织开始监督和报告成员国的人权状况,特别关注的领域有集会和结社自由、公正审判权利与死刑的适用等,并提供人权培训和教育。人的维度机制目前还包括多阶段的谈判、调解和事实调查程序。

2. 少数民族事务高级专员制度

欧洲安全与合作组织于1992年成立了少数民族高级专员办事处,建立了少数民族事务高级专员制度,其主要职责为:在少数民族问题演变、发生冲突之前处理好这些问题。在履行这一职责时,高级专员将受欧洲安全与合作组织的原则与承诺的指导,提供早期预警,并根据情况尽可能早地采取行动以应对少数民族问题。

3. 媒体自由问题代表制度

媒体自由问题代表制度是伴随少数民族事务高级专员开展工作而产生的,因为新闻工作者工作及信息的不自由不利于后者处理相关问题。媒体自由高级专员主要是作为一名倡导者观察欧洲安全与合作组织成员国的媒体发展情况,并促进欧洲安全与合作组织有关言论自由和自由媒体方面的原则与承诺得到遵守。该高级专员还致力于提供预警,对成员国严重违反媒体自由的行为作出快速反应。

二、美洲人权保护机制

"美洲人权体系有两个明显不同的法律渊源:一个源于《美洲国家组织宪章》,而另一个依据是《美洲人权公约》。"[①]这两个系统虽然存在一定的重叠,但是实际上合并在一起协调运作。《美洲国家组织宪章》体系与《美洲人权公约》体系共同构成了美洲人权保护机制。

(一)《美洲国家组织宪章》体系

1.《美洲国家组织宪章》

《美洲国家组织宪章》于1948年签订,1951年生效,是一个多边条约,也是美洲国家组织的组织法,生效之后已经历多次修订。1948年的宪章第3条第10款对人权作出重要规定:"美洲各国宣告个人的基本权利不因种族、国籍、信仰或性别而具有差别。"1970年《布宜诺斯艾利斯议定书》对宪章的人权部分作出重要修订,设立

---

① 〔美〕托马斯·伯根索尔等:《国际人权法精要》(第4版),黎作恒译,法律出版社2010年版,第179页。

了作为宪章机构的美洲人权委员会，并规定了该委员会的主要职责是促进尊重和保护人权。

2.《关于人的权利和义务的美洲宣言》

1948年5月2日，第九届美洲国家组织大会通过了《关于人的权利和义务的美洲宣言》。宣言在序言中强调：人权的国际保护应当成为演进中的美洲法律的主要指南。宣言共宣告了27项人权和10项义务，包含公民、政治、经济、社会和文化等方面的权利。《关于人的权利和义务的美洲宣言》被视为对《美洲国家组织宪章》第3条第12款"个人的基本权利"作出权威性解释的规范性文件。美洲人权法院在解释《美洲人权公约》的条款时，经常引述并适用《关于人的权利和义务的美洲宣言》。

3. 美洲人权委员会的人权保护实践活动

（1）国别研究和实地调查

当个人来文或其他来自非政府人权组织的证据显示某国政府正在大规模侵犯人权时，美洲人权委员会就会启动国别研究，对一国人权状况展开调查。目前，实地调查由委员会的特别委员会负责。1977年以前，实地调查的规则一般临时商定。1977年以后，委员会采用如今已被编入《美洲人权委员会程序规则》的新规则。

（2）个人申诉

1965年，美洲人权委员会获得授权，审理人权受到侵犯的个人申诉。审理的范围是《关于人的权利和义务的美洲宣言》规定的某些公民权利和政治权利：生命权、法律面前的平等、宗教自由、表达自由、不受任意逮捕的自由和正当程序等。自1979年修订的《美洲国家组织章程》生效以后，委员会可以审议《关于人的权利和义务的美洲宣言》所列举任何权利受到侵犯的申诉。个人申诉制度存在两个严重缺陷：第一，美洲人权法院的管辖权来自《美洲人权公约》，并不涉及基于宪章的申诉，导致申诉执行的司法裁决不具有法律约束力；第二，委员会将申诉提交美洲国家组织大会，但是大会对于处理个人申诉兴趣不大。

（3）一般听证会和专题报告员

《美洲人权委员会程序规则》允许美洲人权委员会举行一般听证会和针对特定申诉的听证会，并就人权问题作出报告。目前，委员会较多地通过专题报告员对本区域的特别问题进行研究，涉及的问题有：言论自由、妇女权利、维权人员权利、非洲人后裔权利、气候变化与人权等。

（二）《美洲人权公约》体系

《美洲人权公约》于1969年11月22日在哥斯达黎加的圣何塞举行的会议上签署，1978年7月18日生效。公约规定了二十多项不同的权利，主要是公民权利和政治权利,其中包括具有深远影响的法律人格权、国籍权、平等保护权、政府参与权以及最低限度的经济、社会、文化权利;通过了《经济、社会、文化权利领域附加议定书》《废除死刑议定书》等。

《美洲人权公约》第33条规定了公约的执行机构:美洲人权委员会(也由《美洲国家组织宪章》规定)、美洲人权法院。

《美洲人权公约》第44条(强制性条款)规定了个人申诉程序:任何个人或者群体,或者经美洲国家组织一个或几个成员国合法承认的任何非政府实体,均可以向美洲人权委员会提交内容包括谴责或者指控某一缔约国破坏本公约的申诉状。

《美洲人权公约》第45条(任择性条款)规定了国家间指控程序:当任何缔约国在交存本公约批准书或者加入书时,或者在以后任何时候,都可声明它承认美洲人权委员会有权接受和审查任一缔约国提出的关于另一缔约国侵犯了本公约所规定的人权的来文。

1. 美洲人权委员会

(1) 审查申诉

《美洲人权公约》授权委员会处理个人申诉和国家间的来文。通过成为公约的缔约国,一国便被视为接受了委员会审查指控该国的个人申诉的管辖权。

(2) 参与人权法院的案件审理

依据《美洲人权公约》第57条和第61条,美洲人权委员会被赋予将案件提交给法院的资格,在所有案件的审讯中均应出庭。同时,委员会具有请求法院出具咨询意见的资格。此外,法院对其有权作出的预防保护令,在某种情况下仅按照委员会的请求作出。委员会除了履行在处理申诉上的众多职责以外,还在协助法院履行其司法职权方面发挥重要作用。

2. 美洲人权法院

美洲人权法院具有管辖权的法律依据是《美洲人权公约》第33条。法院由七位法官组成,由公约缔约国在美洲国家组织成员国的国民中选举产生。

《美洲人权公约》第62条(任择性条款)对法院的诉讼管辖权作出规定:一缔约国在交存其对本公约的批准书或加入书时,或在以后的任何时候,都可以声明本国承认法院根据事实而不需要特别协议,对于有关本公约的解释或实施的一切问题的管辖权具有约束力。

《美洲人权公约》第64条(强制性条款)对法院的咨询管辖权作出规定:美洲国家组织成员国和机构(包括委员会)可以就本公约和其他人权条约的解释与法院进行磋商。在美洲国家组织任一成员国的请求下,法院可以就该国任何国内法律规定与人权是否一致提供意见。

三、非洲人权保护机制

1981年通过的《非洲人权和民族权宪章》又称《班珠尔宪章》，于1986年10月21日生效。宪章创立了一个旨在于非洲统一组织机构框架内运作的保护和促进人权体系。非洲统一组织成立于1963年，是一个区域性政府间组织，2001年为非洲联盟所取代。非洲联盟承继了非洲统一组织的职责，包括按照宪章保护和促进人权和民族权。宪章第30条创设了非洲人权和民族权委员会，担负保护和促进人权和民族权以及解释宪章的责任。1998年，非洲统一组织成员国通过了一个宪章议定书，设立了非洲人权和民族权法院，负责审理相关案件，解决相关争端。

（一）权利与义务体系

《非洲人权和民族权宪章》与《欧洲人权公约》《美洲人权公约》相比，具有显著的特点：一是宣告的不仅是权利，还有义务；二是概括的不仅有个人权利，还有民族权利；三是除了保障公民权利、政治权利外，还保障经济、社会、文化权利；四是允许各缔约国对权利的行使施加广泛的限制。

1. 个人权利

《非洲人权和民族权宪章》包含对个人权利的平等和非歧视保护。关于个人权利的内容包括：法律面前人人平等（第3条第1款）；固有尊严受到尊重权（第5条）；人身自由与安全权（第6条）；要求公平无私的法院审判权（第7条）；人人接受信息权、自由结社权、自由迁徙权（第9、10、12条）；自由参与国家管理权（第13条）；财产权（第14条）；受教育权（第17条）；家庭受到国家的保护，消除对妇女的一切歧视，老人和残疾人享有特殊保护权（第18条）。宪章不包含允许缔约国在国家紧急状态或其他特殊情况下中止享有某些特定权利的一般性克减条款。

虽然以上个人权利的范围广泛，但是其中一些权利在表述上采用了限制性条款，使之失去了应有之义。例如，第8条在宣告"良心自由"的同时强调："除非法律和秩序另有规定"。

2. 民族权利

《非洲人权和民族权宪章》关于民族权利的内容包括：一切民族平等，拥有生存权与摆脱殖民统治的权利（第19条）；一切民族在反对外来统治的斗争中，享有各缔约国的援助权（第20条）；自由处置本国天然财富和资源权（第21条）；一切民族享有经济、社会、文化的发展权（第22条）；一切民族享有国内和国际的和平与安全权（第23条）；一切民族享有有利于其发展的普遍良好环境权（第24条）。

3. 个人义务

《非洲人权和民族权宪章》规定的个人义务可以分为两大类：一类是对权利矫正的规定，另一类是以义务之名对权利享有进行限制的规定。例如，第 27 条规定："每一个人在行使其权利和自由时，均须适当顾及他人的权利、集体的安全、道德和共同利益。"这一规定似乎同时包含上述两类义务。宪章第 27—29 条集中对个人义务作了规定。各种个人义务反映了宪章努力促进的非洲价值与社会观念。

4. 国家义务

《非洲人权和民族权宪章》第 1 条规定："各缔约国，应认可本宪章所载的权利、义务和自由，并应承诺采取立法或其他措施使它们有效。"第 62 条进行了补充规定："每个缔约国应当承诺自本宪章生效之日后每两年提交一份有关为实现本宪章所认可和保障的权利和自由所采取的立法或其他措施的报告。"宪章规定了缔约国的另外两项义务：第一项是第 25 条所规定的："缔约国应有义务通过指导、教育和宣传以促进和保障对本宪章所包含的权利和自由的尊重，并保障这些自由和权利以及相应的义务和职责被理解。"第二项是第 26 条所规定的："缔约国有义务保障法院的独立，并允许建立和改进国家机构负责促进、保护本宪章所保障的权利和自由。"

（二）执行机制

1. 非洲人权和民族权委员会

《非洲人权和民族权宪章》第 30 条规定，在非洲统一组织（今天的非洲联盟）的框架内创设一个委员会，以"促进人权和民族权，并确保这些权利在非洲得到保护"。该委员会被称为"非洲人权和民族权委员会"，于 1987 年 11 月 2 日在埃塞俄比亚的亚的斯亚贝巴建立，11 名成员由非洲联盟首脑会议从各缔约国提交的名单中选出，任期为 6 年，以个人身份而非作为政府代表任职。委员会每年召开两次为期两周的会议。

依据《非洲人权和民族权宪章》第 45 条，委员会的主要功能是：通过研究、宣传、研讨会等形式促进人权；保护宪章规定的人权；解释宪章；执行国家元首和政府首脑大会授予的其他任务。

委员会除了每年举行两次例会外，还会召开特别会议。委员会同时具有权利推广和准司法的职能。当前，委员会越来越多地采用包括专题报告员和工作组在内的特别机制开展工作。此外，委员会还采用国别报告员制度，并对一些国家进行访问。

2. 国家间指控

《非洲人权和民族权宪章》设立了一项提供两种不同的方法解决国家间指控争端的机制。第一种方法是,宪章第 47 条创设了双边解决程序:缔约国甲如果相信缔约国乙违反了宪章,则可以将该事项以正式来文的方式提请缔约国乙注意。缔约国乙应当在三个月内作出回复。如果双方在三个月内未能达成和解,则双方均有权将该事项提交非洲人权和民族权委员会。第二种方法是,宪章第 49 条允许缔约国甲直接向委员会提出国家间指控。委员会依据宪章第 50—54 条作出相应处理。

3. 个人申诉

《非洲人权和民族权宪章》第 55—59 条规定了个人申诉制度。非洲人权和民族权委员会根据第 56 条的受案标准审查来文可否受理。依据第 57 条,委员会向相关国家转交来文。第 58 条第 1 款规定,委员会讨论后认为存在"一系列严重或大规模的违反人权和民族权的特别案件"的,应就这些案件提请国家和政府首脑会议注意。第 59 条规定了委员会、国家元首和政府首脑会议对个人申诉的处理程序。

4. 非洲人权和民族权法院、非洲司法与人权法院

1998 年 6 月 9 日,非洲统一组织成员国通过了《非洲人权和民族权宪章关于建立非洲人权和民族权法院的议定书》,设立了非洲人权和民族权法院,负责审理有关宪章的解释和适用方面的案件,解决相关争端。该法院由 11 名法官组成,依据议定书第 11—14 条的规定,通过非洲联盟国家元首和政府首脑会议投票选举产生。法院的主要职能是:咨询、解释和审判。法院对宪章或其他任何相关人权文件的法律问题提供咨询意见。法院的解释主要体现为对宪章及其议定书或者其他相关人权文件的解释。法院作出的判决是终审判决,不可上诉。同时,判决具有约束力,有关各国有遵守判决并保证其实施的义务,部长理事会负责监督执行。申诉程序规定,可以向法院提交案件的主体包括:委员会、向委员会提出指控的成员国、在委员会被提起指控的成员国。在特殊情况下,个人、群体和非政府组织也可以向法院提起诉讼。

在非洲人权和民族权法院设立之前,成员国于 2003 年设立了一个非洲司法法院,成为其主要司法机关。2004 年 7 月,非洲联盟首脑会议决定将以上两个法院合并。2008 年 7 月,非洲联盟首脑会议第十一届例会通过了《关于〈非洲司法与人权法院规约〉的议定书》,规定非洲司法与人权法院由 16 个法官组成。新法院的运作必须在得到成员国的批准之后才能生效。

热点讨论

为什么亚洲还没有区域性人权公约和人权保护机构？依据人权保护的国际经验，分析中国已经与应当采取的人权保护机制。

➢ 小结

人权保护机制的基础或者说第一层级是国内保护。国内人权保护的主体是国家。国家保护人权的主要义务是尊重义务、保护义务、实现义务以及平等与非歧视义务。从实施角度而言，国家机构有确保国际人权法得到遵守的义务，国家的宪法、行政法与刑法必须以人权保护为基本目标。依据人权的水平效力理论，保护人权不仅仅是公法的目标，民商法与专利法等同样具有保护人权的功能。

联合国人权保护作为国际人权保护机制，是人权保护的第二层级。一方面，联合国经济及社会理事会设立的人权委员会、妇女地位委员会、犯罪预防和刑事司法委员会、托管理事会、联合国大会、安全理事会与秘书处等机构和相关工作制度构成了以《联合国宪章》为基础的人权保护机制。另一方面，主要依据联合国条约及条款创立的委员会与相关机制，如人权事务委员会、儿童权利委员会等相关机构，共同构成了以联合国条约为基础的条约保护体系。

欧洲、美洲和非洲三个区域性国际人权保护体系及其保障机制在整个区域性人权保障中占有重要地位。三个区域性人权保护体系各具特点，为世界人权保障提供了启示。相较而言，欧洲人权保护体系的人权保障机制更加完备，操作性更强。

➢ 课外材料

案例（CASES）

1. 孙志刚案
2. 赵作海案
3. 印度仿制药与专利强制许可制度案

法条链接（RULES）

1. 《中华人民共和国宪法》《中华人民共和国行政诉讼法》《中华人民共和国刑法》《中华人民共和国刑事诉讼法》等法律法规
2. 《联合国宪章》《世界人权宣言》《公民权利和政治权利国际公约》《经济、社

会、文化权利国际公约》等联合国核心公约

3.《欧洲人权公约》《欧洲社会宪章》等欧洲人权文件

4.《美洲人权公约》《美洲国家组织宪章》等美洲人权文件

5.《非洲人权和民族权宪章》等非洲人权文件

阅读(READINGS)

1. 龚向和:《国家义务是公民权利的根本保障——国家与公民关系新视角》,载《法律科学》2010年第4期。

2. 李步云主编:《人权法学》,高等教育出版社2005年版。

3. 白桂梅主编:《人权法学》,北京大学出版社2011年版。

4.〔奥〕曼弗雷德·诺瓦克:《国际人权制度导论》,柳华文译,北京大学出版社2010年版。

5.〔美〕托马斯·伯根索尔等:《国际人权法精要》(第4版),黎作恒译,法律出版社2010年版。